室内環境における微生物対策

室内環境学会 微生物分科会 編

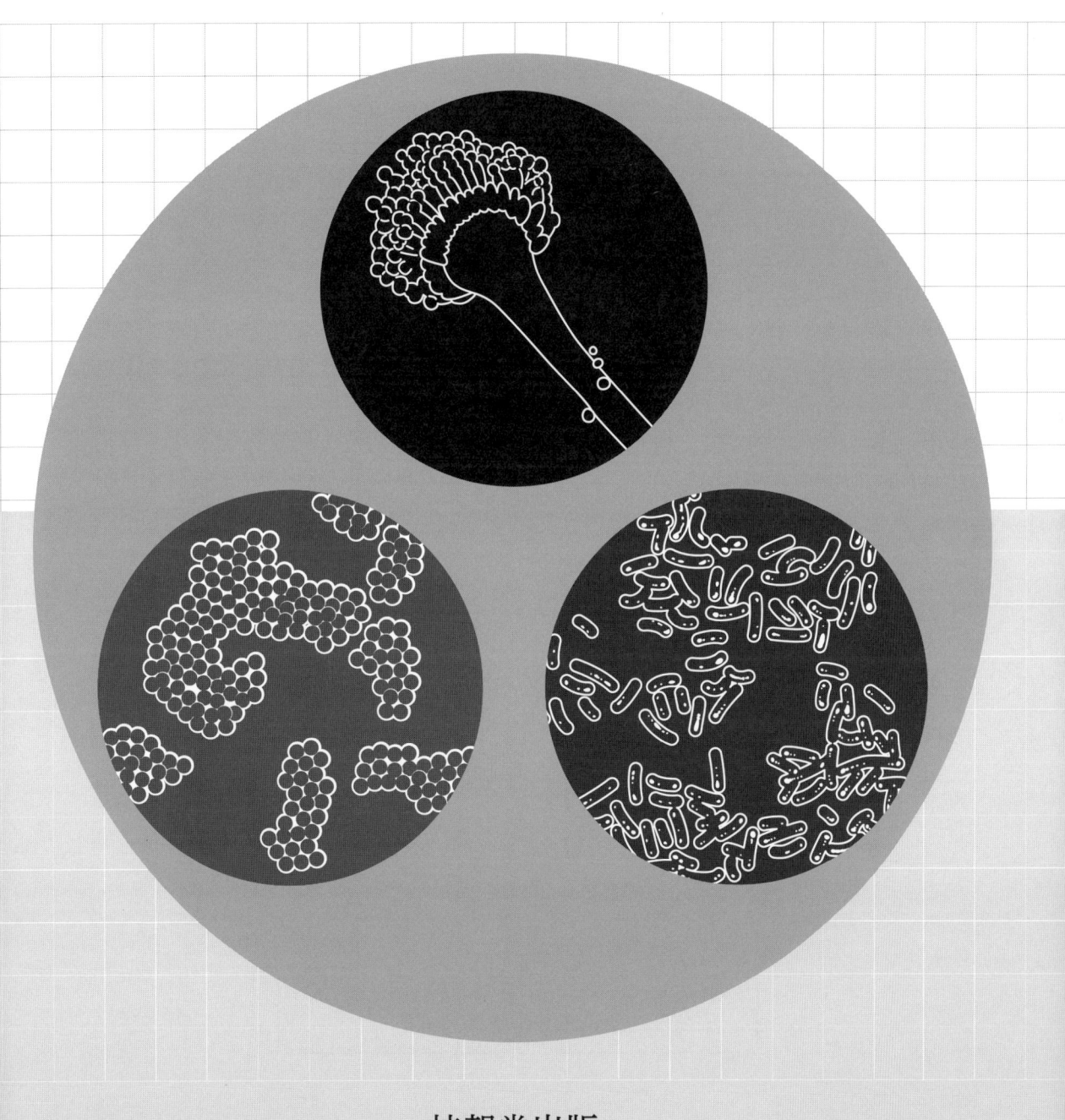

技報堂出版

書籍のコピー，スキャン，デジタル化等による複製は，
著作権法上での例外を除き禁じられています。

はじめに

　身の回りにいる微生物に対して実際にどれくらい注意を払えば良いのか，判断に迷うところがあります。「バイキンは汚いから極力避ける」から「バイキンがいるほうが免疫力が高まって良い」まで受け止めかたはいろいろです。「バイキン」を漢字で書けば「黴菌」です。黴は訓読みにすればカビで，バイキンはカビや細菌などを含む微生物一般を指す言葉です。私たちが暮らしている場には，どこにでも微生物は存在します。私たちと微生物との関係は，避けるほうが良い微生物，傍にいても何ら害の無い微生物，私たちに役立つ微生物までさまざまです。微生物をよく知って，どのようにお付き合いするのが最良か，適切に判断することが求められます。

　本著で扱う「室内環境の微生物」は，私たちが生活している空間に居て，私たちに悪影響を及ぼす可能性がある微生物です。本著は，微生物それ自体を詳細に解説するものではなく，人間の生活と微生物とのかかわりに重点を置いています。身の回りにいる微生物を理解し，私たちがどのように対処すれば良いか考えるヒントを提供したいと考え，関連する情報を一冊の本にまとめました。室内環境や生活環境分野で微生物を扱っている方々や，これから扱うことになる方々に知っておいて欲しい基礎知識をお届けすることを目指しています。室内環境，生活環境，建築などに関係する技術者，学生や大学院生のための参考書とご理解ください。また，一般の方々にも参考にしていただけると幸いです。

　執筆者は，室内環境学会の会員を中心とした構成ですが，室内環境学会員以外の各専門分野の先生方にも執筆をお願いし，できるだけ広範囲で高いレベルの内容を平易に紹介することに努めました。内容に責任を持つ執筆担当者は，各節の見出しの横に記載されています。それぞれの専門分野を執筆している場合と専門分野以外を執筆している場合があるため，説明が不十分な箇所もあり，また内容の選びかたにも偏りがあると思います。本著をきっかけとして，関心をもたれた内容についてはご自身で調べ，それぞれに活用して頂けることを，あるいは新たな研究分野を開拓されることを読者の方々に期待しています。

　本著の編集と出版にあたり，技報堂出版の石井洋平様，星憲一様に多大なご尽力を頂きましたことを感謝いたします。

編集委員代表　阿部　恵子

編集委員

編集委員長		阿部　恵子
第1章，第4章	担当編集委員	阿部　恵子
第2章，第3章	担当編集委員	川上　裕司
第5章	担当編集委員	須山　祐之
第6章	担当編集委員	柳　　宇

執筆者

阿部　恵子	環境生物学研究所　所長・農学博士
石松　維世	産業医科大学産業保健学部　講師・博士（医学）
槇村　浩一	帝京大学大学院医学研究科宇宙環境医学研究室　教授・博士（医学）
小田　尚幸	(株)エフシージー総合研究所環境科学研究室／帝京大学大学院医学研究科宇宙環医学研究部　研究員・博士（生物資源科学）
川上　裕司	(株)エフシージー総合研究所暮らしの科学部　部長／東京家政大学大学院　非常勤講師・博士（農学）
須山　祐之	(株)健康科学　代表取締役・歯学博士
高鳥　浩介	NPO法人カビ相談センター　代表・獣医学博士
谷口　正実	独立行政法人国立病院機構相模原病院臨床研究センター　センター長・医学博士
柳　　宇	工学院大学建築学部　教授・博士（工学・公衆衛生学）

（五十音順，敬称略）

目　　次

第1章　微生物とは ― 1

1.1　微生物の概略 ― 1
 1.1.1　生物進化と微生物 ― 2
 1.1.2　人の生活と微生物 ― 4
 1.1.3　微生物叢 ― 7
1.2　真　菌 ― 8
 1.2.1　真菌の名称と分類 ― 8
 1.2.2　真菌の特徴と形態 ― 9
 1.2.3　真菌の生活環と生態 ― 13
 1.2.4　真菌の有用性 ― 14
 1.2.5　室内環境における真菌の有害性 ― 14
1.3　細　菌 ― 16
 1.3.1　細菌の形態と性状 ― 16
 1.3.2　ヒトの体と細菌 ― 17
 1.3.3　細菌の系統分類と名前 ― 17
1.4　ウイルス ― 19
 1.4.1　ウイルスの生態と種類 ― 19
 1.4.2　インフルエンザ（インフルエンザウイルス） ― 20
 1.4.3　SARS（SARSウイルス） ― 21
 1.4.4　デング熱（黄熱ウイルス） ― 21
 1.4.5　エボラ出血熱（エボラウイルス） ― 21
 1.4.6　急性胃腸炎（ノロウイルス） ― 22

第2章　室内微生物による疾病 ― 23

2.1　感染症 ― 23
 2.1.1　感染症としての白癬 ― 23
 2.1.2　微生物としての白癬菌 ― 23
 2.1.3　室内環境における白癬の分布と感染のリスク ― 24
 2.1.4　感染対策 ― 26
2.2　集団感染 ― 29
 2.2.1　細菌による集団感染 ― 29

	2.2.2 真菌による集団感染	31
	2.2.3 ウイルスによる集団感染	31
2.3	アレルギー	36
	2.3.1 真菌アレルギーの頻度	36
	2.3.2 環境真菌と喘息	38
	2.3.3 室内真菌と喘息・鼻アレルギーの発症，メタ解析から	42
	2.3.4 アスペルギルスと喘息，アレルギー	42
	2.3.5 アレルギー性気管支肺アスペルギルス症（ABPA）とアレルギー性気管支肺真菌症（ABPM）	43

第3章　室内微生物の検出法・測定法 ——— 47

3.1	サンプリング法	47
	3.1.1 浮遊微生物	47
	3.1.2 堆積・付着微生物	51
3.2	分離・培養・同定法	53
	3.2.1 微生物の分離	53
	3.2.2 微生物の培養	54
	3.2.3 形態的特徴による分類	55
	3.2.4 遺伝子配列解析による分類と同定	56
3.3	迅速検出法	62
	3.3.1 迅速検出法とは	62
	3.3.2 蛍光染色法	62
	3.3.3 マイクロコロニー法	65
	3.3.4 ATP法	65
	3.3.5 測定方法	65
3.4	室内微生物叢の解析	68
	3.4.1 細菌叢解析とは	68
	3.4.2 変性剤濃度勾配ゲル電気泳動法（PCR-DGGE法）	69
	3.4.3 網羅的細菌叢解析法（クローンライブラリー法）	71

第4章　室内微生物が発育する環境 ——— 77

4.1	微生物の発生源	77
	4.1.1 住環境	77
	4.1.2 動物，植物，食品	78
4.2	室内の微生物発生に影響する因子	80
	4.2.1 養　分	80

4.2.2 酸　素 ……………………………………………………………………… 82
    4.2.3 温　度 ……………………………………………………………………… 82
    4.2.4 水　分 ……………………………………………………………………… 83
    4.2.5 発育阻害物質 ………………………………………………………………… 86
  4.3 カビを発育させる室内環境の測定 …………………………………………………… 87
    4.3.1 カビセンサ …………………………………………………………………… 87
    4.3.2 カビ指数 ……………………………………………………………………… 88
    4.3.3 カビ指数の値とカビ汚染 …………………………………………………… 91
    4.3.4 カビ汚染リスクの3段階評価 ……………………………………………… 94
    4.3.5 汚染指標（浮遊真菌，付着真菌）とカビ指数 …………………………… 96
    4.3.6 温度と相対湿度からカビ指数の推定 ……………………………………… 97

第5章　室内微生物の制御 ――――――――――――――――――――――― 101

  5.1 微生物制御に関連する用語 …………………………………………………………… 101
    5.1.1 微生物制御で用いられる用語の定義 ……………………………………… 101
    5.1.2 微生物の有害作用に関連する用語の定義 ………………………………… 104
  5.2 室内微生物の制御手段 ………………………………………………………………… 105
    5.2.1 薬剤によらない微生物制御 ………………………………………………… 105
    5.2.2 薬剤による微生物制御 ……………………………………………………… 106
  5.3 カビ指数から考えるカビ防止法 ……………………………………………………… 110
    5.3.1 水分制御によるカビ防止法 ………………………………………………… 110
    5.3.2 環境持続時間の制御によるカビ防止法 …………………………………… 115

第6章　微生物汚染の実態と対策 ――――――――――――――――――――― 119

  6.1 住　宅 …………………………………………………………………………………… 119
    6.1.1 住宅にみる微生物 …………………………………………………………… 119
    6.1.2 住宅に多いカビ ……………………………………………………………… 121
    6.1.3 カビによる住宅汚染 ………………………………………………………… 123
    6.1.4 カビによる害 ………………………………………………………………… 123
    6.1.5 住宅被害の対策 ……………………………………………………………… 124
  6.2 オフィス ………………………………………………………………………………… 125
    6.2.1 濃度の実態 …………………………………………………………………… 125
    6.2.2 室内バイオエアロゾルの粒度分布 ………………………………………… 126
    6.2.3 対　策 ………………………………………………………………………… 129
  6.3 化粧品・医薬品工場 …………………………………………………………………… 131
    6.3.1 BCR室内浮遊微生物濃度の構成機構 ……………………………………… 131

	6.3.2	化粧品・医薬品工場における微生物汚染の問題	131
	6.3.3	化粧品・医薬品工場における微生物汚染の対策	133
6.4	美術館・博物館	135
	6.4.1	IPMとは	135
	6.4.2	文化財・美術品のカビによる被害事例	135
	6.4.3	博物館・美術館のカビ調査法	138
	6.4.4	IPMによる対策について	141
	6.4.5	今後の課題	144
6.5	病　院——院内感染防止の基本的考え方と防止対策	145
	6.5.1	院内感染（病院感染）と日和見感染	145
	6.5.2	病院環境中における感染対策ガイドライン	145
	6.5.3	感染経路別予防策	146
	6.5.4	歯科医療での標準予防策	148
6.6	社会福祉施設	150
	6.6.1	施設現状	150
	6.6.2	実　態	151
	6.6.3	対　策	156

第1章

微生物とは

1.1 微生物の概略

阿部　恵子

　微生物とは，分類学上の表現ではなく，単独では顕微鏡を使えば観察でき，肉眼には見えない大きさの生物の総称で，細菌，放線菌，藍藻，カビ，酵母，微小藻類，古細菌などが含まれる。生物全体を眺めると，高等動物と高等植物以外はすべて微生物といっても良い。高等動植物はすべて真核生物であるが，微生物には真核生物と原核生物の両方が含まれる。ウイルスは細胞構造を持たないため，生物とはいえないが，宿主細胞の機能を借りることで増殖する生物粒子である。図-1.1.1に細胞の大きさの概略を示す。微生物の大きさは，真核微生物よりも原核微生物のほうが小さく，ウイルスはさらに小さい。本章では，1.2節に室内環境と最もかかわりが深い真菌（真核生物）を，1.3節で，人の健康にかかわりが深い細菌（原核生物）を，そして1.4節でウイルスを解説する。微生物について書かれた教科書は多数あるあるので[1)-7)]，微生物の詳細について知りたい場合は参照されたい。

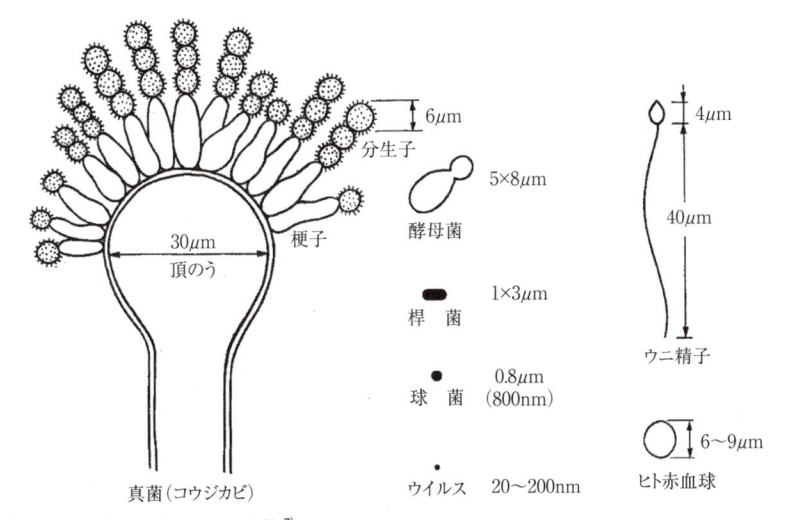

図-1.1.1　微生物の大きさの比較[7)]
　　　　　真菌（コウジカビ），酵母菌は真核生物の例。桿菌，球菌は原核生物の形態例。大きさの比較に，ウニ精子とヒト赤血球を示す。

1.1.1 生物進化と微生物

微生物の分類はウーズ（1928〜2012）らにより提唱された3ドメイン説[8]（図-1.1.2）が一般に認められつつある。生物はそれまで，真核生物と原核生物の2つに大別されると考えられてきたが，ウーズらは，生物間に共通に保存されているリボゾームを構成するRNA（16S rRNA）の塩基配列の違いから生物系統どうしの遠近を判断することで，生物界をバクテリア（細菌。古細菌との対比で真正細菌と表記される場合もある），アーキア（古細菌，アーケアとも表記される），ユーキャリア（真核生物）の3つに大別した。以降，本著ではこの3つを，細菌，古細菌，真核生物と表記する[注1, 注2]。

真核生物と原核生物の細胞構造は大きく異なっている。表-1.1.1に一般的な真核生物と原核生物（細菌と古細菌）の細胞の大まかな違いを示す。真核生物の細胞（以下，真核細胞）には，核（遺伝情報としてのDNAを含む染色体が核膜に包まれた構造体）がある。原核生物の細胞（以下，原核細胞）にはDNAはあるが膜に包まれた核は無い。真核細胞には小胞体，ミトコンドリア，葉緑体（光合成を行う植物や藻類にある）などの細胞内小器官（オルガネラ）があるが，原核細胞にはこれらの構造体が無い。リボゾームの大きさは，真核細胞は80S（ただし細胞内小器官は70S）で，原核細胞は70Sである。ただし，一部に例外的な生物がある。例えば，寄生性の真核細胞（微胞子虫）は進化の過程で多くの遺伝子を失い，ミトコンドリアが無く，リボソームの大きさが一般の真核細胞よりも小さい。

地球と生命の歴史を1年暦に置き換えると図-1.1.3[9]のようになる。地球が誕生したのが46億年前，地球上に生命（微生物）が誕生したのは，約38億年前，太陽のエネルギーを使って二酸化

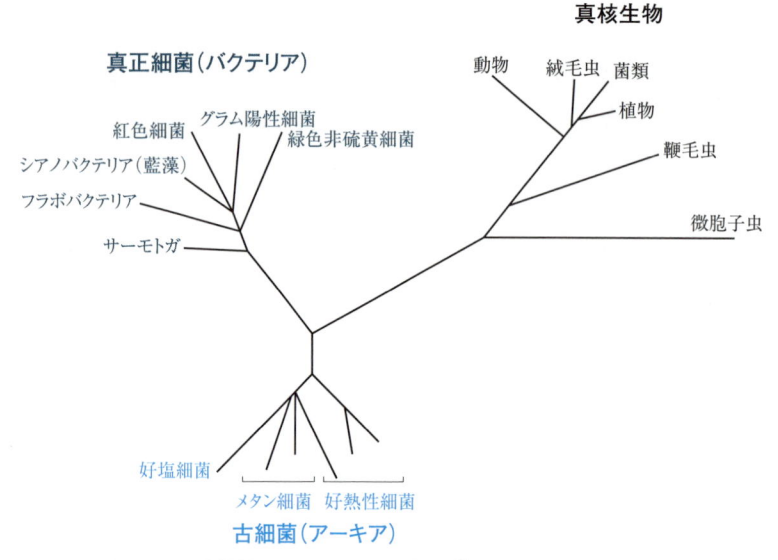

図-1.1.2 生物界の3つのドメイン（文献[9]のp.271を参考に作図）

注1：リボゾームとは，細胞内にあるタンパク合成の場である。DNAの遺伝情報を元に合成されたメッセンジャーRNAから遺伝情報を読み取ってタンパク質へ翻訳する場で，すべての生物に存在する。リボゾームは生物の本質にかかわる機能を持つため変異が少なく，塩基配列が保存されやすく，関係が遠い生物系統どうしでも塩基配列の比較ができる。

注2：リボソームの大きさの表し方として，70S，80Sなど，Sが単位としてつけられている。S値は分子の大きさを表し，超遠心機を利用して測定する沈降係数のことで，超遠心機を開発したスベドベリ（Svedverg）にちなむ単位である。より大きな粒子はより速く沈降し，より大きな沈降係数（S値）になる。

表 –1.1.1 真核生物と原核生物の違い

	真核生物	原核生物
細胞の大きさ	一般に大きい（5μm以上）	一般に小さい（0.2～5μm）
系統学的なグループ	動物，植物（高等生物） 真菌，原生生物（微生物）	細菌，古細菌（微生物）
核膜・核	あり	なし
有糸分裂	あり	なし
DNA	複数で線状，染色体に分かれる （環状：ミトコンドリア，葉緑体のDNA）	単一の環状
小胞体・ゴルジ体	あり	なし
ミトコンドリア	あり	なし
葉緑体	あり（植物）	なし
リボソーム	80S（細胞質） （70S：ミトコンドリア，葉緑体のリボソーム）	70S

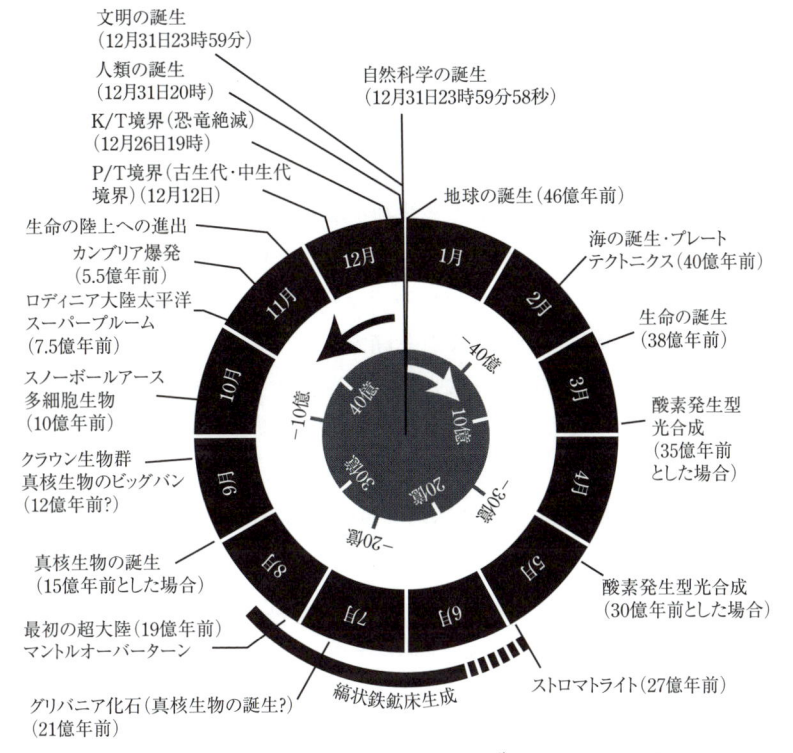

図 –1.1.3　地球史と生命史の1年暦（文献[9]のp.283より引用）

　炭素と水から糖を合成し酸素を発生する藍藻類（シアノバクテリア）が誕生したのが35～30億年前，真核生物が誕生したのが21～15億年前，多細胞生物が誕生したのが10億年前といわれている。現存する生物は，単細胞の微生物を出発点として著しい進化を遂げて出現し多様な生物に至っており，現存する人もカビも細菌も，時間をさかのぼれば1匹の「全生物共通祖先」にたどり着く。

　生物進化の大きな流れを推定すると，図 –1.1.4[10]になる。細胞内小器官であるミトコンドリアと葉緑体の大きさは原核生物と同じくらいのサイズで，独自のDNAとリボソームをもっており，それらのリボソームは原核生物と同じサイズ（70S）である。生物進化の過程で真核細胞の元にな

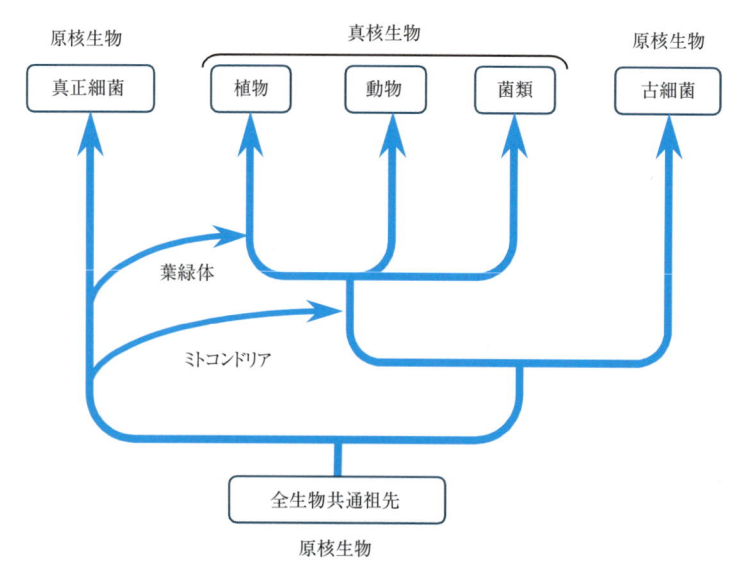

図 –1.1.4 ミトコンドリアおよび葉緑体と生命の進化（文献 10) の p.67 を参考に作図）
呼吸機能を持つ細菌，光合成機能を持つ藍藻が，真核生物の元になる生物細胞に入り共生することによりミトコンドリアや葉緑体が形成されたと考えられている。

る生物細胞がミトコンドリアや葉緑体の元になる生物を取り込み，これらの細胞が共生して真核生物が現れたと推定されている。ミトコンドリアは真核細胞内で酸素呼吸を行う役割を持つが，この細胞内小器官は，好気性の酸素呼吸を行う原核生物の α-プロテオバクテリアが真核生物に共生して細胞の部品として定着したと考えられている。葉緑体はシアノバクテリアが真核生物の部品として定着したと考えられている。真核生物の元になった生物細胞（ミトコンドリアや葉緑体の宿主）は，細菌ではなく古細菌という説や，細菌や古細菌でもない，別の微生物（すでに絶滅している）という説もある。

なお，図 –1.1.1 は現存する生物どうしの遺伝的な遠近を示す図であり，過去に起きた遺伝子変異による分岐の結果，現在がどのような状態であるかを示す図で，線の長さは遺伝的距離を反映している。図 –1.1.4 は，最上段が現在の状態で，下段はそれに至るまでの過去の時間的経過を示す概念図で，線の長さは遺伝的距離や時間的長さを反映するものではない。

1.1.2 人の生活と微生物

人類は昔から酒や発酵食品をつくり，感染症にもかかり，微生物と深くかかわっていたが，微生物の存在やその働き，微生物と病気の関係について人類が気付くのはずっと後の話である。微生物を発見したのは，オランダのレーヴェンフック（1632 ～ 1723）といわれている[11]。レーヴェンフックの時代は顕微鏡で見える微生物が人間生活に与える影響については考えが及ばなかった。微生物の重要性に人が気付くのはそれから 200 年くらい後で，パスツール（1822 ～ 1895）がアルコール発酵や乳酸発酵が微生物の働きによるものであることを明らかにし，コッホ（1843 ～ 1910）が微生物の分離と培養の基礎をつくり上げ，病原菌を発見している。

微生物の分離と培養の基本は，コッホの時代から現在に至るまで変わっていない。液体培地を寒天などで固めた固形培地の上に微生物を撒き，発育させてコロニー（目に見える大きさの塊）をつ

くらせ，そこから1種類の微生物を分離するという作業が繰り返され，過去から現在に至るまで「分離・培養・同定」を通して新しい微生物が発見されてきた。現在も，微生物のサンプリング，分離，培養，同定は，微生物を扱う基本操作である。微生物は培養可能で，種類もかなりわかっていると思われていたが，近年，培養によらない微生物検出法の発展に伴い，自然環境の中には生きているけれど培養ができない微生物が多いことが明らかになってきた。これらは難培養微生物（Viable But Non-Culturable，VBNC菌，VNC菌ともいう）[12]と総称されている。VBNC菌には，死滅はしていないが増殖ができない状態になっている微生物の他に，培養方法が確立されていないために培養ができない微生物がいることがわかってきた。現在のところ，微生物は17万種が知られているが，未知の微生物を含めると，実際はその10～100倍はいるといわれていて，正確な数は誰にもわからない[注3]。

地球上では，多くの生物がバランスを保って生きている。地球という閉じた区域の中の生物とそれを取り巻く環境は1つの生態系と見なすことができる。微生物は，地球の生態系の中でさまざまな役割を担っている。その大きな役割の一つは「分解者」である。地球表面生態系の物質の流れを単純化すると図-1.1.5のようになる。地球上には無機物と有機物がある。地球表面（陸上）では，

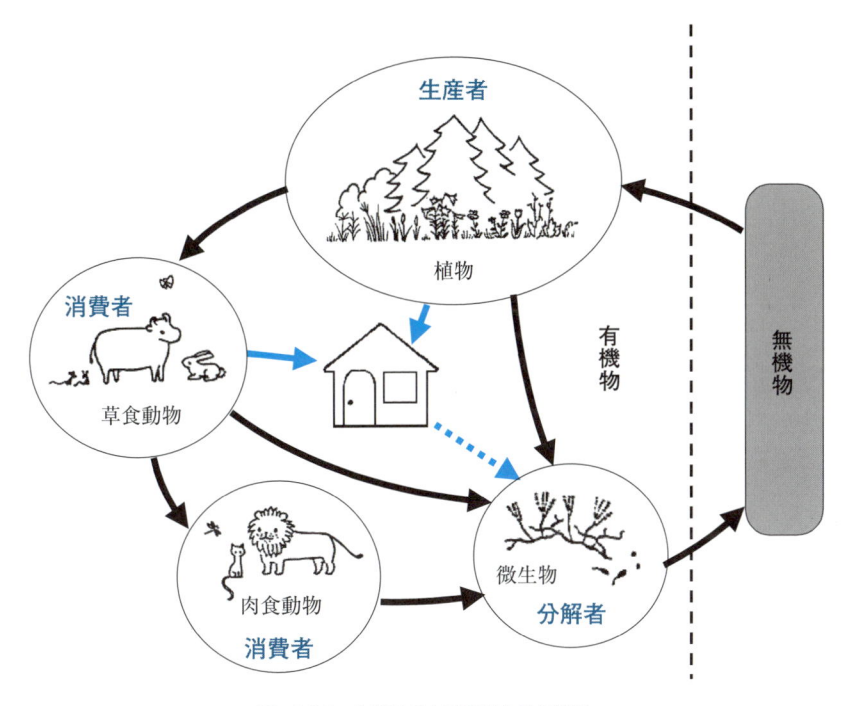

図-1.1.5　生態系の中での微生物の役割

注3：難培養微生物とは，生きているけれど寒天培地上にコロニーができない微生物のこと。その中には，発育速度が遅いため，発育速度の速い他の菌に隠れてしまう，培養するために必要な条件がわからず，培養できない，他の生物の存在が不可欠（他の生物と共生している，あるいは他の生物に寄生している），などの微生物が含まれる。自然界にいる微生物の場合，寒天培地上でよく発育しコロニーを作るほうが特殊な微生物で，大多数は難培養微生物と考えられている[13]。
寒天培地上での微生物の分離・培養は，そこにいる全ての微生物を捉えているわけではない。ある培地を使うということは，常にその培地でよく発育できる微生物だけを選んでいることになる。
近年，未知の微生物も含めて，特定環境中の多種多様な微生物の遺伝子全体の配列を決定する方法が開発され，自然界にはこれまでまったく培養されていないが，遺伝子の違いからその存在が明らかになっている難培養微生物が数多く発見されている。

太陽のエネルギーを利用して植物が無機物から有機物をつくり，植物を食べる草食動物が育ち，さらに草食動物をエサに肉食動物が育つという食物連鎖がある。地表の(太陽の光エネルギーが届く)生態系の中では，植物が「生産者」で，動物が「消費者」である。動物や植物が死ぬと，こんどは細菌やカビなどの微生物により分解され最終的には無機物として土や空気の中に戻る。このように地球表面生態系には「無機物→有機物→無機物……」のサイクルができあがっている。この流れの中で，カビや細菌などの微生物は，有機物を分解する役割を担っている。大部分の微生物は，分解者としてこの生態系のサイクルを維持するという大切な役割で，我々の生存と深くかかわっている。人はこのサイクルの中で生き，有機物を使って家をたて，衣服をつくり，食物を得ている。天然の有機物は，もともと微生物で分解される運命にある。分解を避けたいのであれば，それなりの努力が必要で，「室内環境における微生物対策」が求められるゆえんである。

　表-1.1.2に，微生物利用の代表例を示す。微生物の有機物を分解する作用とその過程で新たな有機物を合成する作用を利用して作る食品が発酵食品である。例えば酒，味噌，醤油などの発酵食品はカビや酵母の働きを利用してつくり，納豆やヨーグルトは細菌の働きを利用してつくる。有機物生産に微生物の働きを利用する産業がある。飲用アルコール，アミノ酸，核酸などは発酵工業製品として製造され，また，医薬品として抗生物質やビタミンなどが微生物の働きを利用して生産されている。微生物が持っている「有機物を分解し新たな有機物を合成する作用」が役立てば「発酵」といい，人間にとって好ましくない場合は「汚染」や「腐敗」といい，微生物の働きを私たちの側から区別している。なお狭義には，「発酵」は「酸素呼吸」に対しての用語で，「発酵」は酸素を用いずに有機物を分解してエネルギーを得る過程「無酸素呼吸」(無気呼吸，嫌気呼吸)を意味する。

　農業分野では，病虫害の防除に微生物農薬が用いられている。マメ科植物での根粒菌との共生は古くから知られており，植物と共生する微生物(エンドファイト)が植物を害虫から守ることが知られている。ただしエンドファイト中毒もあり，動物や人に有害となる微生物があるので，エンドファイトとして利用する場合は十分な調査研究が必要である。下水処理，排水処理，汚泥処理，土壌浄化などにも微生物は利用され，環境浄化の分野では微生物は欠かせない存在である。

表-1.1.2 微生物利用分野の代表例

利用分野		実例
食品	発酵・醸造	清酒，焼酎，ビール，ワイン，みそ，醤油，食酢，鰹節，納豆，漬物，チーズ，ヨーグルト
	微生物を食品とする	クロレラ，スピルリナ，飼料酵母
工業	アルコール発酵	飲料用アルコール
	アミノ酸発酵	グルタミン酸，アスパラギン酸，リジン
	有機酸発酵	クエン酸，リンゴ酸，グルコン酸
	酵素製造	アミラーゼ，プロテアーゼ，リパーゼ
医薬	抗生物質	ペニシリン，ストレプトマイシン，カナマイシン
	ビタミン剤	ビタミンB2，B6，B12，ビタミンC
農業	微生物農薬	ウイルス，カビ，細菌による病害虫の防除
	微生物との共生	窒素固定(マメ科植物が窒素源を根粒菌から貰う) エンドファイト(共生する微生物が植物を害虫から守る)
鉱業	バクテリアリーチング	銅・ウランなどの精錬 石炭・石油の脱硫
環境	バイオレメディエーション (微生物による環境修復)	下水処理，産業排水処理，畜産排水処理，生ゴミ処理，汚泥処理，土壌浄化

1.1.3 微生物叢(び せいぶつそう)

　微生物叢（微生物相，ミクロフローラ，マイクロバイオーム）とは，ある環境中の微生物全体を表すもので，どのような微生物がどれくらい存在するかを示す。

　従来は，単一微生物の分離・培養過程を経てその生理的性質を調査し，自然環境中の微生物叢を明らかにしていたが，近年，微生物を培養することなく，多種類の微生物の遺伝子を混在した状態で採取し，それらのDNA配列を解析することで，ある場所にいる微生物（主として細菌）の種類と数を，混在した遺伝子情報から付きとめることができるようになった。このような，微生物の分離・培養の過程を経ずに微生物集団から一挙に微生物を同定解析する手法を「メタゲノム解析」という[14),15)]（室内微生物叢の解析については第3章3.4をご覧いただきたい）。

　メタゲノム解析により自然環境中には未知の微生物が数多く存在することが明らかになった。さらに，ヒトの腸内細菌や常在菌が健康に影響することが明らかになり，人や家畜の腸内細菌叢や，土壌，海水などの細菌叢について多くの研究が進んでいる。メタゲノム解析により明らかにされる微生物叢は，マイクロバイオーム（Microbiome）と表わされる場合が多い。

　日本酒，味噌，醤油などの発酵食品製造過程における微生物叢（ミクロフローラ）の経時的変遷については古くから研究され，よく知られている。それらの微生物叢は，微生物の採取，分離，培養，同定によって明らかにされたものである。これらの発酵食品製造過程での微生物叢の解析に遺伝子解析手法をとりいれることで，より詳細な微生物叢の変遷があきらかになり，品質向上に役立つ可能性もある。

　下水処理，工場排水処理，生ごみのコンポスト化，土壌汚染の除去には，微生物が有機物を分解する作用を利用している。これらのプロセスに関与する微生物にはまだ培養されていない微生物も多く，微生物叢には不明の部分も多い。微生物叢の解析技術の発展により今後これらのプロセスがより明確になり，微生物処理の効率も上がるものと思われる。

◎参考文献

1) 青木健次：基礎生物学テキストシリーズ4 微生物学，化学同人，2010.9
2) 中村和憲：環境と微生物－環境浄化と微生物生存のメカニズム－，産業図書，2000.5
3) 西尾道徳：土壌微生物の基礎知識，農山漁村文化協会，2013.4
4) 堀越弘毅 編：図解微生物学入門，オーム社，2009.4
5) 村尾澤夫，荒井基夫：応用微生物学 改訂版，培風館，2003.9
6) 福井作蔵，秦野琢之 編：微生物増殖学の現在・未来，地人書館，2008.10
7) 福井作蔵，矢吹稔，星野一雄 編：生活微生物学，技報堂出版，1980
8) Woese, C. R., Kandler, O. and Wheelis, M. L.：Towards a natural system of organisms;Proposal for the domains Archaea, Bacteria, and Eucarya. Proc. Natl. Acad. Sci. USA, 87, pp.4576–4579, 1990
9) 井上勲：藻類30億年の自然史 第2版，東海大学出版会，2009
10) NHK取材班 編著：NHKサイエンススペシャル生命，第1巻海からの創生，1994
11) 天児和暢：レーウェンフックの微生物観察記録，日本細菌学雑誌，69（2），pp.315–330，2014
12) Colwell. R. R., Grimes D. J.：培養できない微生物たち――自然環境中の微生物の姿，学会出版センター，2004
13) 鎌形洋一：難培養微生物とは何か？，環境バイオテクノロジー学会誌，7（2），pp.69–73，2007
14) Venter, J.C., Remington, K., Heidelberg, J.F., *et al.*：Environmental genome shotgun sequencing of the Sargsso Sea. Science 304, pp.66-74, 2004
15) Handelsman, J.：Metagenomics: Application of genomics to uncultured microorganisms. Microbiology and Molecular Biology Reviews 68, pp.669-685, 2004

1.2 真　　菌

川上　裕司

1.2.1 真菌の名称と分類

　一般的な俗称と学問的な名称は，混乱して使われることが多い。黴菌（バイキン）という用語は，広義に細菌やカビなどの有害な微生物の俗称であるが，"雑菌"という場合は，有害・無害にかかわらず，人間の意図に反して増殖した微生物の総称である。室内環境の微生物対策に当たっては，用語を明確に使い分ける必要がある。菌類とは，菌界（Fungi）に属する微生物を指し，細菌や変形菌などと区別するために真菌（fungus, fungi）と呼ぶ。真菌には，糸状菌（カビ），酵母菌（コウボ），担子菌（キノコ）の3つの仲間が含まれている（図-1.2.1）。カビ（黴）は英語でmold（またはmould）と呼ぶが，糸状菌（filamentous fungi）を意味する学術用語としても使われている。ラテン語ではmucorと呼び，これが由来となりフランス語のmoisissureやスペイン語のmohoができたようである。パンを発酵させることで知られている酵母の英名はyeastであり，担子菌の英名はmushroomである[1]。

　真菌の学名には再評価が必要なものが多く，分類体系も日々改訂されつつあるが，菌類全体としてみた既知種は世界中で約8,000属8万種，日本では約1万3,000種が知られている。しかしながら，新種記載の頻度とDNA解析による分子系統分類から，地球上に存在する推定現存種は約150万種に達するといわれている[2]。真菌の分類体系の基本となる教科書が，世界的に認知された「Dictionary of Fungi」である。1943年に第1版が出版されて以来，改訂版が断続的に出版され，2001年に第9版が，2008年に第10版[3]が出版され，今後も改訂されることが予想される。

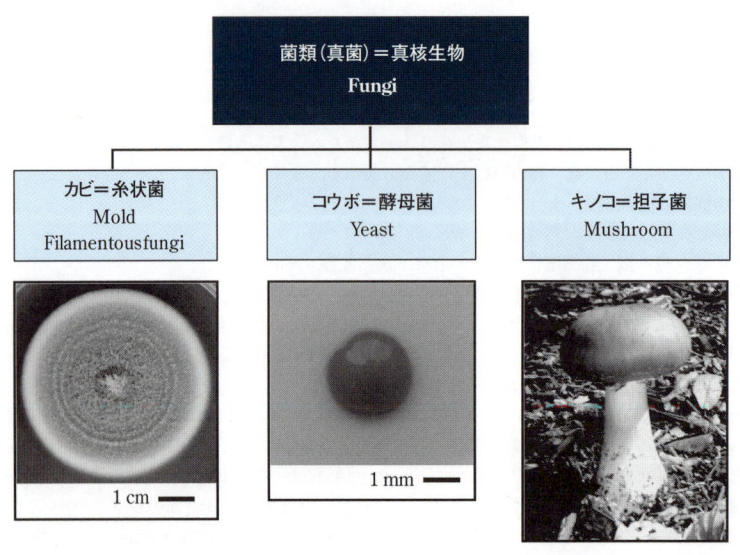

図-1.2.1　菌類（真菌）に属する微生物
カビとコウボはコロニー，キノコは子実体の写真

1.2.2 真菌の特徴と形態

(1) 細胞構造

真菌は細胞に核膜で仕切られた明らかな核をもつ真核生物（Eukaryota）であり，細胞核を持たない原核生物（Prokaryota）の細菌とは，形態的にも生態的にも大きく異なっている（表–1.2.1）。真菌の特徴としては，以下の10項目が挙げられる。

① プラスチッド（葉緑体など細胞小器官としての色素体）を欠く。
② ゴルジ体と嚢（cisterna）を持つ。
③ 従属栄養であり，栄養摂取は吸収による。
④ 生活環にアメーバ状の偽足世代が無い。
⑤ 細胞壁はキチン（chitin；ポリ–β1-4-N-アセチルグルコサミン。直鎖型の含窒素多糖で，ムコ多糖の1種。昆虫やエビなどの節足動物の硬い外骨格を覆うクチクラの成分）とβ-グリカンを含む。
⑥ ミトコンドリアには板状のクリスタがある。
⑦ 単細胞または菌糸状で，菌糸は多細胞性または多核無隔壁。
⑧ 胞子は鞭毛を持たない。
⑨ 有性生殖または無性生殖により増殖する。
⑩ 腐生，共生，寄生的に生活する。

表–1.2.1 真菌（カビ）と細菌の違い

特　徴	真　菌（糸状菌＝カビ）Fungi	細　菌 Bacteria
大きさ	菌糸の幅：3～10μm 単細胞性胞子：3～10μm 多細胞性胞子：10～80μm	0.2～5μm
細胞の構造	真核細胞（核がある）。細胞壁の成分はキチンとβ-グリカン・複数の染色体を持つ。	原核細胞（核膜がない）。細胞壁の成分はペプチドグリカン・1つの染色体を持つ。
発育温度	多くの種が25～30℃が至適温度であるが，0～10℃でも発育可能な種や40℃以上の高温を至適温度とする種もいる。	多くの種が30～37℃が至適温度である。
湿度・水分	低湿度～高湿度 好湿性カビ（発育下限値：90～100 % RH）[注] 耐乾性カビ（発育下限値：80～89 % RH） 好乾性カビ（発育下限値：65～79 % RH）	高湿度（高水分）
酸　素	偏性（絶対）好気性	好気性 通性嫌気性 偏性（絶対）嫌気性
生活環	複雑で，有性胞子（雌雄配偶子の接合による）の生活環と無性胞子の生活環のグループがある。	概ね単純で，細胞分裂による。
増殖の速さ	胞子が発芽し，菌糸が伸びて集落を形成する。集落形成まで3～10日と遅い。	1つの細胞が2個に分裂することを繰り返して増殖する。分裂が早い細菌では2時間後には1億個になる。集落形成まで1日と早い。
人への健康被害	カビ毒産生，アレルギー疾患，皮膚疾患など	食中毒，多くの感染症
殺菌剤の有効性	細胞壁が強靭で総じて効きにくい。	真菌と比較すると総じて効きやすい。
絵画・文化財への有害性	変色，腐食させることで有害性が大きい。	水分劣化した文化財の腐敗に関わることもある。

注） 好乾性～好湿性の区分には，発育可能な水分活性（平衡相対湿度）の下限を用いる。好乾性～好湿性の定義は研究者によって異なるが，本書では食品，美術品や文化財のカビ対策についての記述もある上記の区分を提唱する。

一般に微生物は，生理学的状態の違いによって栄養型と休止型に分けられる。栄養型は栄養を摂取して発育している細胞のことである。真菌の栄養型には，糸状の菌糸（hypha）と球形の酵母（yeasts）の2つの型がある。菌糸は多細胞で，この栄養型を持つものが糸状菌（filamentous fungi）または菌糸状真菌（mycelial fungi）と総称される。一方，酵母は栄養型が単細胞である。栄養型が酵母であるが，菌糸または仮性菌糸をよく形成する場合は，酵母様真菌（yeast-like fungi）と呼ばれる。休止型は分裂を停止して，代謝活性をほとんど示さない細胞であり，真菌では胞子（spore）がこれにあたる。真菌の増殖は胞子の発芽（germination）から始まる。胞子は適度な温度と水分のある条件下で発芽し，さらに発芽管を形成する。発芽管は枝わかれしながら先端発育により伸長して菌糸となり，発育を続ける。一定の伸長後に隔壁（septum）を形成して細胞間を仕切る有隔菌糸タイプ（septate hypha）と隔壁を形成しない無隔菌糸タイプ（aseptate hypha）が存在する。

（2） 糸状菌（カビ）の増殖形態

カビを構成する菌要素（fungal element）は，菌糸（hypha），胞子（spore），特殊器官（special organ）で構成されている。菌糸が分岐して広がることによって形成された栄養体を菌糸体（mycelium，mycelia）と呼ぶ。菌糸の幅は3〜10μmである。食品や木材などの栄養源（基質）の表面を這い，あるいは侵入して栄養分を吸収することにより発育する菌糸を，栄養菌糸（vegetative hypha）と呼び，空気中に伸長する菌糸を気中菌糸（aerial hypha）と呼ぶ（**図-1.2.2**）[4),5)]。

生殖細胞である胞子の形態はさまざまであり，「単細胞胞子」では球形，亜球形，洋梨形，棍棒

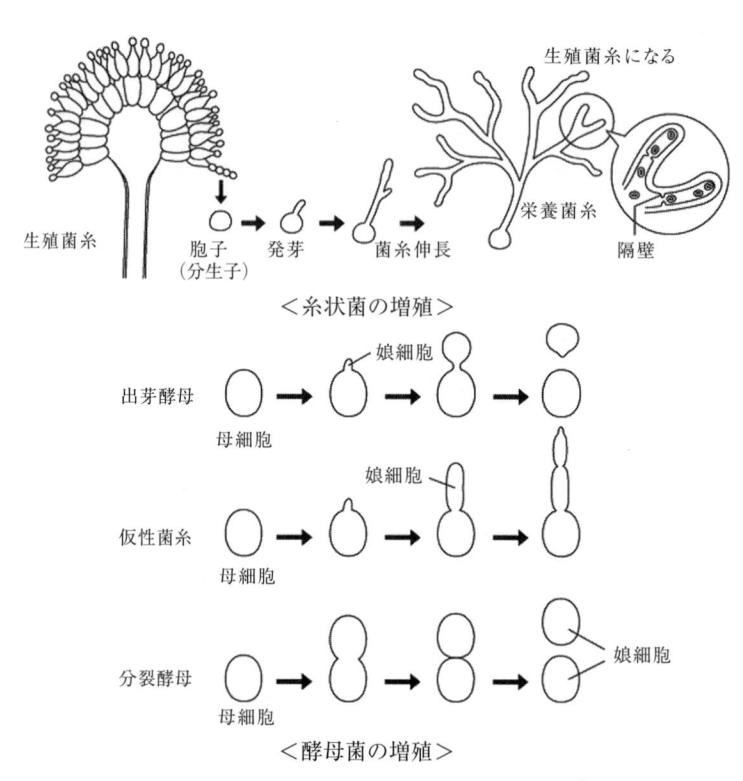

図-1.2.2　糸状菌（カビ）と酵母菌（コウボ）の増殖形態（文献[6)]を参考に作図）

形を呈する。「多細胞胞子」は 2 細胞から数 10 細胞まであり，その形態は多様である。胞子の大きさは種によって異なり，コウジカビ (*Aspergillus*)，クロカビ (*Cladosporium*)，アオカビ (*Penicillium*) などの単細胞性胞子は 3～10μm であり，ススカビ (*Alternaria*) やアカカビ (*Fusarium*) などの多細胞性胞子は 10～80μm と大形である。縦横無尽に広がった菌糸体は，コロニー (colony) を形成し，さらに胞子（分生子）を形成して色彩が明確になる。風呂場の目地などで目にする"クロカビ"はコロニーが形成された状態である[5]。

とくに室内環境において重要なコウジカビ（アスペルギルス，*Aspergillus*）とアオカビ（ペニシリウム，*Penicillium*）の形態について述べる。

【アスペルギルスの形態】

アスペルギルス（アナモルフ）は光学顕微鏡や走査形電子顕微鏡で観察すると，ネギボウズ形や洋梨形の頂嚢 (vesicle) が特徴である（図 -1.2.3）[7)-9)]。単一の微生物の細胞から生育した集合体がコロニーであり，色調は分生子頭 (conidial head) の色が反映している。アスペルギルスのコロニーの色調は黒色，コーヒー色，濃緑色，緑色，黄緑色，黄色，白色などバリエーションが多い。菌糸 (hypha) は無色か黄褐色で，隔壁がある。分生子は単細胞で，卵形か球形。種によって表面が平滑，粗粒状，金平糖状，有棘状などにわかれ，黒色，緑色，黄色，白色などの色のバリエーションがある[10), 11)]。

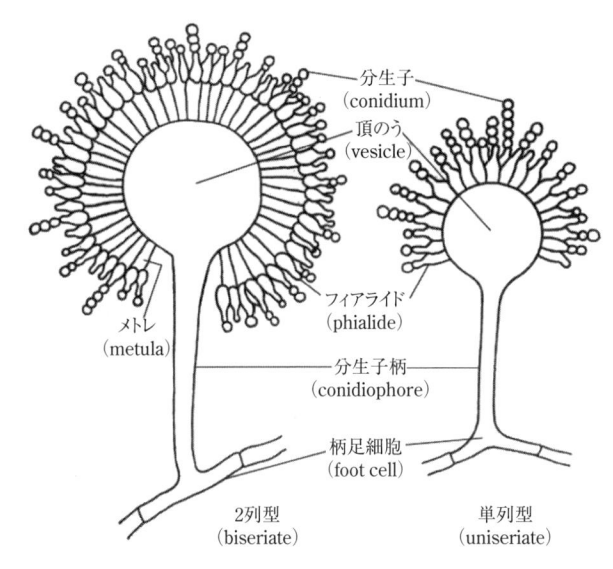

図 -1.2.3 アスペルギルス属 (*Aspergillus*) の形態と各部位の名称
(文献[8]) を参考に作図)

【ペニシリウムの形態】

ペニシリウム（アナモルフ）は光学顕微鏡で観ると，胞子を着生している梗子（フィアライド，phialide）と基底梗子（メトレ，metula）部分の状態が箒状や筆状をしているのが特徴である（図 -1.2.4）[8)]。菌糸 (hypha) は無色で，隔壁がある。生殖菌糸はもつれ合ってビロード状，束状，羊毛状，縄状となる。コロニーの発育は比較的速く，形状は扁平状・羊毛状・綿毛状・ビロード状などさまざまで，発育初期には白色であるが，分生子頭の形成と成熟に伴って，色調に変化が見られ

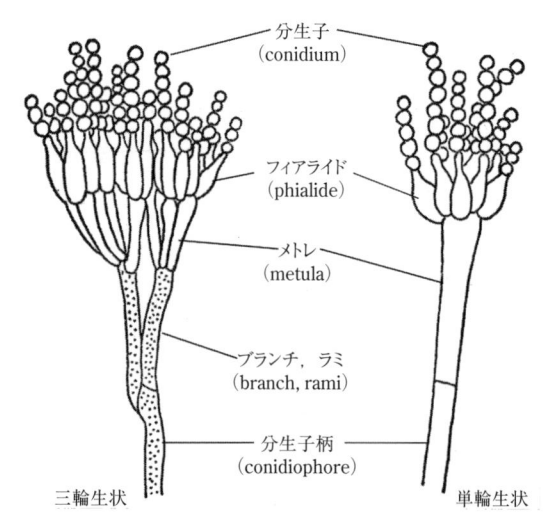

図 –1.2.4　ペニシリウム属（*Penicillium*）の形態と各部位の名称
（文献[8]を参考に作図）

る。黄緑色，緑色，濃緑色，灰緑色，灰白色，淡桃色，オリーブ様黄褐色など種によってさまざまな色調を呈する。俗に「青カビ」と呼ばれるのは，緑色系の種が多いことによる。分生子は単細胞で，卵形か球形。種によって表面が平滑，粗面などさまざまで，色調は緑色系である[12]。

(3) 酵母様真菌（コウボ）の増殖形態

コウボの形態は，球形，だ円形，ソーセージ形などさまざまであり，出芽という様式で増殖する。母細胞が突出して芽細胞が出芽し，芽細胞が成長して娘細胞となり，娘細胞が成熟して母細胞から分離して更に増殖していく。2形性のコウボでは，娘細胞の分離が遅れると，母細胞に付着したまま伸長してその先端に娘細胞が生じるという過程を繰り返して連結するような「ウインナーソーセージに似た仮性菌糸」になることもある。また，病原性コウボの一部では母細胞が伸長して有糸分裂が生じた後に，伸長細胞を分断する隔壁によって核が分けられ，隔壁が2つの娘細胞に分けられる「分裂形増殖様式」がみられる。細胞分裂しながら増殖していき，寄り集まって小さなコロニーを形成するが，1つ1つの細胞が独立している（**図 –1.2.2**）[2),6)]。

(4) 担子菌（キノコ）の増殖形態

キノコは，土壌中で菌糸が絡まり合ってコロニーを形成する。菌糸の状態で地中を広がり，有性生殖が行われると地表に柄を出してカサをつける。このカサの部分は巨大な繁殖器官であり，子実体と呼ぶ。菌糸の形をしていれば"糸状菌"，丸い単細胞の形をしていれば"酵母"，大きなカサがあれば"キノコ"と呼び分けているが，これは見た目から便宜上分けているだけであって，分類学的な分け方ではない。糸状形のカビだけでなく，酵母形のカビも存在する。温度条件，二酸化炭素濃度，栄養状態など置かれた環境によって糸状菌の形態をとったり，酵母の形態をとったりする二形性真菌（dimorphic）と呼ばれるカビもいる。キノコも菌糸が広がっている状態の時には，糸状菌というのが適当であり，室内環境中からもたくさん見つかる。このような形態的特徴から，真菌類全体を指して，「カビ類」と呼称しても間違いではない[2),12)]。

1.2.3 真菌の生活環と生態

(1) 有性生殖と無性生殖

　真菌には有性生殖（sexual reproduction）と無性生殖（asexual reproduction）がある。雌雄の区別があり，雄株と雌株の2つの細胞が接合し，核融合〜減数分裂が起こり，有性胞子（sexual spore；子囊胞子 ascospore）を形成することを有性生殖と呼ぶ。また，雄株と雌株の接合がなく，無性胞子（asexual spore；分生子 conidia）を形成することを無性生殖と呼ぶ。アスペルギルスやペニシリウムは，無性生殖世代（アナモルフ，anamorph）の名称であり，これらの種には有性生殖世代（テレオモルフ，teleomorph）の世代が知られている種もある（図-1.2.5）[2),7),8)]。その場合，同じ種の真菌であっても現在は学名が2つになり，学名を1つに統一する方向で検討されている[13),14)]。本書では，従来の慣習に従って，テレオモルフ名で学名を表記する（例えば，*Eurotium* はそのまま表記）。有性生殖能を持つ真菌でも，通常は無性生殖によって増殖しており，普通見られる胞子はほとんどが無性胞子（分生子）である。分生子には，分芽型分生子，厚膜分生子，分節型分生子がある（表-1.2.2）。

　胞子形成は真菌の増殖と環境中への播種にとって重要である。胞子は代謝的には休眠状態にあり，菌糸体から大量に放出される。胞子は空気や水の動きによって運ばれて，新たな場所で発芽してコ

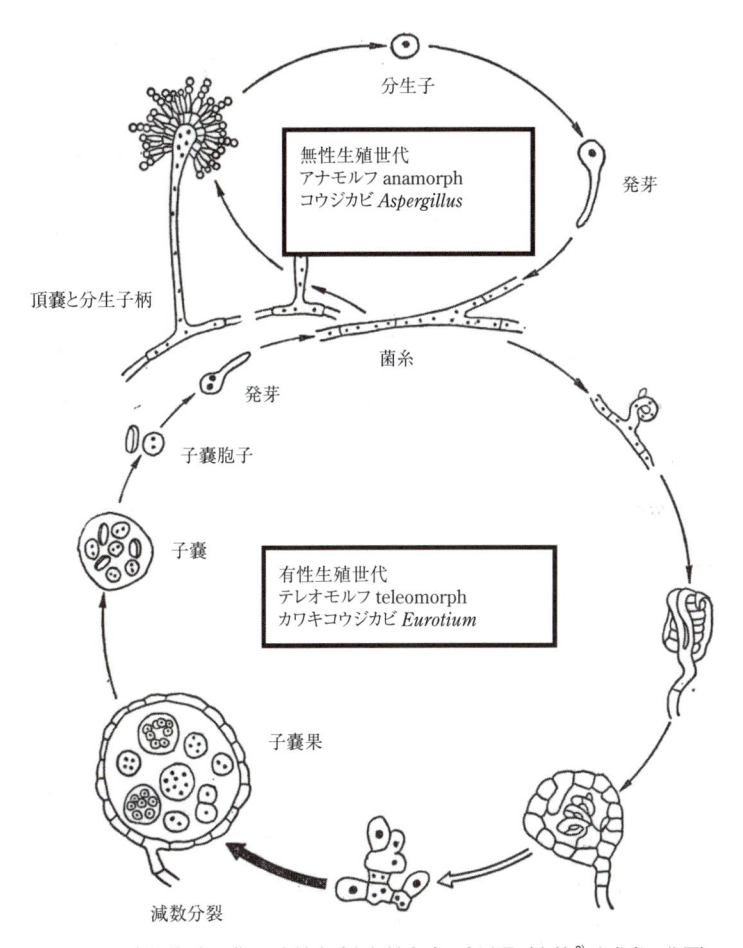

図-1.2.5　糸状菌（カビ）の有性生殖と無性生殖の生活環（文献[8)]を参考に作図）

表 –1.2.2　分生子の種類

分生子の名称	特　　徴
分芽型分生子	分生子の先端または側壁が膨らんで胞子が形成される
厚膜分生子	菌糸の先端または中間に厚い膜に包まれた大型の胞子が形成される。医真菌の重要種 *Candida albicans* に見られる
分節型分生子	菌糸が断裂し，細胞が一列に連鎖して，細胞の一部が胞子となる

ロニーを形成する。胞子は特徴的な形態と形成様式を有しており，種の同定の指標となる。

(2)　真菌の栄養と生息環境

　真菌は従属栄養生物（heterotroph）であり，有機物を栄養源として生活している。栄養素の取り方から大きく2つに分けられる。一方は，デトリタス（*Detritus*，生物遺体，生物由来の破片，微生物遺体，それらの排泄物を起源とする微細な有機物粒子）など死滅した有機物を栄養源として生活する腐生菌（Saprobic fungi）である。もう一方は，生きた生物に寄生して，そこから栄養を吸収する寄生菌（Parasitic fungi）である[2),4)]。一見して腐生菌か寄生菌かを判断するのは難しいが，総じて真菌用の培地で純粋培養できるのが腐生菌，できないのが寄生菌と考えて良い。

1.2.4　真菌の有用性

　人類への有用性は，①食用＜キノコ，食用酵母＞，②食品製造＜味噌，醤油，ワイン，チーズ＞，③微生物工業＜有機酸発酵，クエン酸など＞，④医薬品製造＜抗生物質，酵母製剤，抗癌剤など＞，⑤農業利用＜昆虫病原菌を利用した微生物殺虫剤，植物成長ホルモン＞の5つの利用分野が挙げられる。とくに，日本人の食文化に欠かす事のできない味噌，醤油，酒などの製造は，アスペルギルスが分泌する酵素の作用を使った発酵技術によるものであり，発酵食品の最高傑作といえる[1),7)]。

1.2.5　室内環境における真菌の有害性

　有用菌と有害菌の双方の重要種が含まれるのがアスペルギルスとペニシリウムであり，室内環境においてはクロカビ（クラドスポリウム，*Cladosporium*）とともに優占種となるカビのグループである。室内浮遊カビを調べると，南方起源といわれるアスペルギルスは夏季に，北方起源といわれるペニシリウムは冬季から春季にかけて割合が多くなる傾向がある[15)]。

　有害性からみると，①ヒト・動物・植物の病原，②食品の腐敗・変敗，③工業製品の劣化，④文化財・絵画の劣化，⑤空気質の汚染，⑥住環境の汚染の6つが挙げられる。1970年代以降，都市部の住宅の多くは，高断熱高気密の住宅に移行したことにより，室内の換気回数が減少した。気密性が高く換気回数が少ないコンクリート住宅において，何らかの汚染物質が室内に発生すると，長時間滞留する可能性が高くなる。実際に，エアコンや加湿器の内部で発生したカビの胞子が室内に高濃度で滞留することによる「室内空気質汚染」が顕在化し，ヒトに健康被害を及ぼす傾向が高まっている。「ヒトへの健康被害」が，カビの有害性の筆頭といえる。真菌によるヒトの疾病は，①「真菌中毒症」（マイコトキシンによる急性または慢性の生理的・病理的障害），②「真菌症」（カビの人体への侵入感染による疾病），③「真菌性アレルギー」（真菌胞子がアレルゲンとなる）の3つに大別される[7),16)]。

マイコトキシン（Mycotoxin）は経口摂取による毒性が問題となるが，近年，マイコトキシン産生菌を恒常的に吸入することによる毒性が注目されている[17),18)]。筆者は，「高いオクラトキンA産生能をもつアスペルギルス・オクラセウス（A. ochraceus）が室内環境中に多量に浮遊し，居住者全員が体調不良を訴える事例」を調査した経験から浮遊菌のマイコトキシン産生性を問題視すべきであると考える[19),20)]。

真菌症（mycoses）は感染部位によって①白癬菌による水虫・表在性真菌症（cutaneous mycoses），②真皮や皮下組織に限局する皮下真菌症（subcutaneous mycoses），③肺アスペルギルス症・深在性真菌症（systemic mycoses）[16)]がある。

アレルギー性疾患を専門とする医師によれば，「カビ過敏症 hypersensitivity」と称される疾患の増加が懸念されている。「化学物質過敏症」に似た症状で，カビが出す臭い物質を原因として頭痛，めまい，吐き気，全身不快感などを引き起こすのが特徴である。筆者は，内装工事の不備が原因で「カビ過敏症」を発症し，訴訟事例を経験している[21)]。

◎参考文献
1) 川上裕司，杉山真紀子：博物館・美術館の生物学－カビ・害虫対策のためのIPMの実践－，p.174，雄山閣，2009
2) 国立科学博物館 編：菌類のふしぎ 第2版－形とはたらきの驚異の多様性，p.221，東海大学出版会，2014
3) Kirk P. M., Cannon P. F., Minter D. W. and Stalpers J. A.:Dicirnary of fungi, 10th Edition, p.771, CAB International, UK, 2008
4) 川上裕司：都市環境と真菌類（1），都市有害生物管理，第1巻，pp.55-64，2011
5) 川上裕司：都市環境と真菌類（2），都市有害生物管理，第1巻，pp.189-198，2011
6) 牛島廣治，西條政幸：新クイックマスター微生物学，p.338，医学芸術社，2006
7) 川上裕司：都市環境と真菌類（3），都市有害生物管理，第2巻，pp.29-42，2012
8) 小笠原和夫：カビの科学，p.116，地人書館，1987
9) Klich M.A.：Introducion of common Aspergillus species, p.116, Centraalbureau voor Schimmelcultures, Utrecht, The Netherland, 1988
10) Samson R.A., Hoekstra E.S and Frisvad J.C：Introduction to food-and airborne fungi 7th.ed., p.389, Centraalbureau Voor Schimmelcultures-Utrecht, Wageningen, The Netherlands, 2004
11) Samson R.A, and Varga J.：Aspergillus systematics in the genomic era, p.206, CBS Fungal Biodiversity Centre, Utrecht, The Netherlands, 2007
12) 川上裕司：都市環境と真菌類（4），都市有害生物管理 第2巻，pp.131-139，2012
13) 岡田元：第18回国際植物学会議（IBC2011, Melbourne）で採択されたアナモルフ菌類および多型的生活環をもつ菌類の統一命名法，日菌報，第52巻，pp.82-97，2011
14) 宇田川俊一：真菌の分類体系と学名の一元化－菌学における最近の話題から－，かびと生活，第4巻第2号（通巻10），pp.95-103，2011
15) 橋本一浩，川上裕司：一般住宅における室内浮遊真菌の年間変動，防菌防黴，第43巻，pp.269-273，2015
16) 宮地誠，西村和子：住まいとカビと病原性－カビはどの程度危険か－，p.207，八坂書房，2009
17) Hashimoto, K., Kawakami, Y., Asano, K. and Onji, Y.：Mycotoxin production of some Aspergillus ochraceus and Aspergillus fumigatus isolated from the air. Mycotoxins 62, pp.1-6, 2012
18) 川上裕司：室内浮遊カビとマイコトキシン，空気清浄，第52巻，pp.51-57，2014
19) 川上裕司：神奈川県横須賀市の住宅におけるアスペルギルス オクラセウスの発生事例，室内環境学会誌，第9巻，pp.37-43，2006
20) 川上裕司，髙橋佑子：肺アスペルギルス症患者宅の室内浮遊真菌調査，室内環境，第10巻，pp.155-162，2007
21) 西口智子，川上裕司，宮岡孝之：設備工事の不備によるカビの被害事例とその後の裁判について，室内環境，第12巻，pp.13-24，2009

1.3 細　　菌

須山　祐之

1.3.1 細菌の形態と性状

　細菌は原核生物で，細胞の大きさは，真核生物である真菌に比べると小さい。例えば，大腸菌の幅は 0.6 μm で長さは 1.5 μm 程度である。放線菌も細菌であり，シアノバクテリア（ラン藻類，かつては藻類に含められていた）も細菌である。

　細菌の細胞は DNA を含む核様体，細胞質，細胞膜，細胞壁からなる。これに，鞭毛，線毛，きょう膜など付属器官を持つものもある（図 –1.3.1）。

　細胞の形から，球菌，桿菌，らせん菌などに分けられる（図 –1.3.2）[1]。

　細菌はグラム染色により 2 群に区別される。すべての細菌は構造上，グラム陽性，陰性，いずれかの仲間に分類される。抗生物質の処方の時にも分離菌がいずれに属するかが大きな参考になる。

　グラム染色は，デンマーク人の医師であるグラム（Christian Gram）が 1885 年に始めた細胞染色法で，細胞壁の構造の違いを反映する。グラム陽性菌と陰性菌の基本的な違いは外膜（outer membrane）があるか，無いかにある。また，細胞壁はグラム陽性菌の方がより厚い。グラム陽性菌にはブドウ球菌，枯草菌，ボツリヌス菌などがあり，グラム陰性菌には大腸菌，赤痢菌，サルモネラ菌などがある。

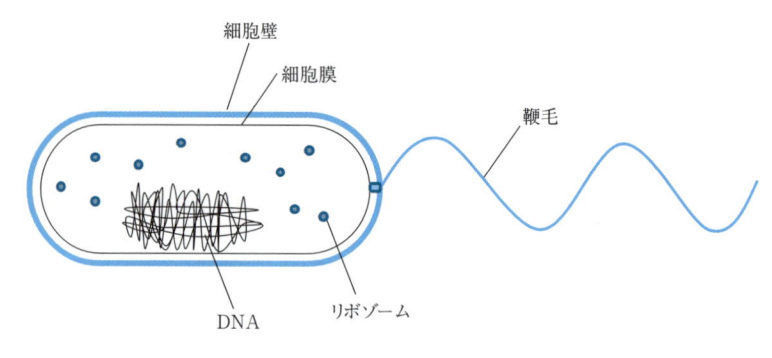

図 –1.3.1　細菌の基本構造

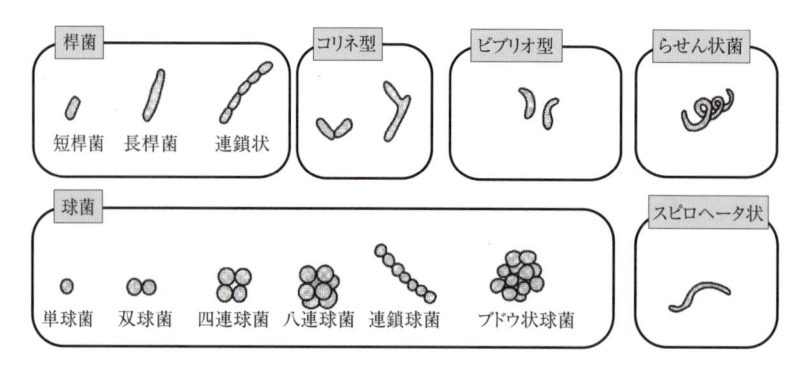

図 –1.3.2　細菌の形状（文献[1] の p.31 より引用）

グラム染色法は以下のとおりである。①細菌をガラス板上に固定する（ガラス板に菌を塗り付け乾かす）。②クリスタルバイオレットまたはゲンチアナバイオレットで青紫色に染色，次いで水洗。③ルゴール液（$KI + I_2$，媒染剤）処理。③アルコールで洗う。④サフラニンまたはフクシンなどの赤色色素で染色。この染色法で青紫色になるものがグラム陽性菌，青紫色にならず赤く見えるみえるものがグラム陰性である。グラム陰性菌は染色操作の③アルコールで洗う処理で青紫色が脱色されるため赤く見えるが，グラム陽性菌は先に染めた青紫色が残っている。

1.3.2 ヒトの体と細菌

人の体には多くの種類の細菌が存在し，その総数は百兆を超え，細菌数は体細胞数よりもはるかに多い。細菌は常在菌として，常に皮膚や歯の表面，歯と歯ぐきの間，のどの粘膜，腸管内，腟などに存在する。それぞれの多様な環境に応じて，部位ごとに異なる種が存在する。多くの常在菌は嫌気性菌で，酸素を必要としない。一般的には，これらの嫌気性菌は病気を引き起こさず，腸で食べ物の消化を助けるなどの，有用な働きをする菌もある。しかし，粘膜が損傷を受けた場合には，これらの細菌が病気の原因となることがある。その場合，普段は細菌が存在しないために防御機構が備わっていない組織へと細菌が侵入する。細菌は付近の組織（副鼻腔，中耳，肺，脳，腹部，骨盤，皮膚など）に感染したり，血流に入って拡散する。

【腸内細菌】

最も細菌数が多い所は腸管内である。腸管内にはヒトが摂取した食べ物があり，食べ物は微生物の栄養源となるため，腸管内に存在する細菌は種類も数も多い。消化管の上流は酸素を消費する腸内細菌が多いが，下流にいくほど嫌気性菌が多くなり，大腸ではほとんどの細菌が嫌気性菌となる。小腸上部には内容物 1 g あたり 10^4 個，小腸下部には 1 g あたり $10^{5～6}$ 個，大腸には 1 g あたり $10^{10～11}$ 個の細菌が存在する。その種類と割合（腸内細菌叢(さいきんそう)，腸内ミクロフローラ）は個人差があり，また年齢や摂取する食品によっても変化する。腸内細菌叢のバランスはヒトの健康にも影響することが明らかとなり，乳酸菌のように健康維持に役立つ菌を善玉菌，ウェルシュ菌のように健康に有害な菌を悪玉菌という分け方がされている。

【口腔内細菌】

口腔には 700 種以上の細菌が常在し，口腔常在菌叢を形成している。その菌数は唾液 1 mL では $10^{6～8}$ CFU/mL，デンタルプラーク 1 g あたり 10^{11} 個であり，糞便 1 g 当たりの細菌数（$10^{10～11}$ 個）より多い。また細菌の形は球菌や桿菌などさまざまな形態をしている。口腔常在菌叢の構成菌は，歯周疾患の進行や歯の喪失および年齢によって変動する。デンタルプラーク（歯垢＝洗口などによって落ちない歯面の付着物）は，細菌によって形成されている。

1.3.3 細菌の系統分類と名前

細菌も属によって分けられ，さらに種によって分類される。種の中での異なるタイプのことを株と呼び，遺伝子構成や化学成分の点で異なる。

従来，原核生物の分類は細胞の形態，分離の条件，染色法などで行っていたが，こうした表現型の形質では系統樹上の上下関係を説明するには至らなかった。しかし1970年代，チトクローム，フェレドキシン，5S rRNA などの塩基配列を基にした系統分類が分子生物学の発展とともに徐々に活発

化してきた。

　遺伝子の一次構造に基づく系統分類は原核生物に対してとくに有効であった。カール・ウーズらはリボソーム小サブユニットを構成する RNA，つまり 16S rRNA の塩基配列を用いて原核生物の系統分類を行い，原核生物が真正細菌と古細菌という 2 つのドメインからなることを証明した（1977 年当時はオリゴヌクレオチドカタログ法を用いた）。現在，16S rRNA を用いた系統解析は系統樹の作成のみならず，任意の環境中における細菌，古細菌の群集構造を網羅することに役立っている。この方法を用いると，分離・培養ができていないが新規の菌が存在することが塩基配列上証明できる。

　表 –1.3.1 に，細菌の分類階級の一例として病原性大腸菌を示す。生物の分類は，ドメイン－門－網－目－科－属－種の階層があり，生物の学名は，属名と種名で表し，必要な場合は菌株名を記載する。属名はイタリック体で冒頭は大文字，種名はイタリック体で小文字のみで表記，菌株名はイタリック体にしない。この表記法は，細菌に限定されるものではなく，真菌その他すべての生物の学名を表す時に用いられる。通常，微生物名を表記する場合，種名のあとに菌株名を付け，他の培養物と区別するために，菌株の抗原番号，由来や保存番号などが表示される。*Escherichia coli* O157（病原性大腸菌 O–157）は，属名が *Escherichia* で，種名が *coli*，菌株が O–157 株（O 抗原が 157 番）。*Escherichia coli* O157：H7 Sakai strain の場合は病原性大腸菌 O–157：H7 サカイ株である（菌体抗原である O 抗原が 157 番で，鞭毛抗原である H 抗原が H7，堺市で分離された菌株）。*Escherichia coli* ATCC BAA–460 は American Type Culture Collection（米国の保存機関）で保存している大腸菌で，保存菌株番号が BAA–460 という意味である。微生物の菌株を保存機関に寄託（deposit）すると，その機関から番号が割り振られる。病原性大腸菌 O–157：H7 サカイ株は ATCC に寄託され ATCC 番号は BAA–460 となっている。

表 –1.3.1　細菌の分類階層と大腸菌（*Escherichia coli* O157：H7 str. Sakai）の例

階級	英文表現	和文表現	英文表現
ドメイン	domain	真正細菌	*Bacteria*
門	phylum	プロテオバクテリア門	*Proteobacteria*
網	class	γ プロテオバクテリア網	*Gammaproteobacteria*
目	order	腸内細菌目	*Enterobacteriales*
科	family	腸内細菌科	*Enterobacteriaceae*
属	genus	大腸菌属	*Escherichia*
種	species	大腸菌	*coli*
株	Strain	O–157 株	O–157
		O–157:H7 サカイ株	O–157:H7 str. Sakai

◎参考文献

1）　青木健次：基礎生物学テキストシリーズ 4，微生物学，化学同人，2007.4

1.4 ウイルス

柳　宇

1.4.1 ウイルスの生態と種類

　ウイルスは細菌や真菌と異なり，遺伝子情報を格納した核酸とそれを取り囲むタンパク質の殻だけで構成されており，代謝を行うために必要な物質を持っていないため，自身のみでは増殖することができない。すなわち，すべてのウイルスは宿主細胞に寄生している。そのため，ウイルスの増殖は，吸着・侵入・脱殻・遺伝子複製・転写・翻訳・タンパク質の修飾・ウイルス粒子の組み立て・

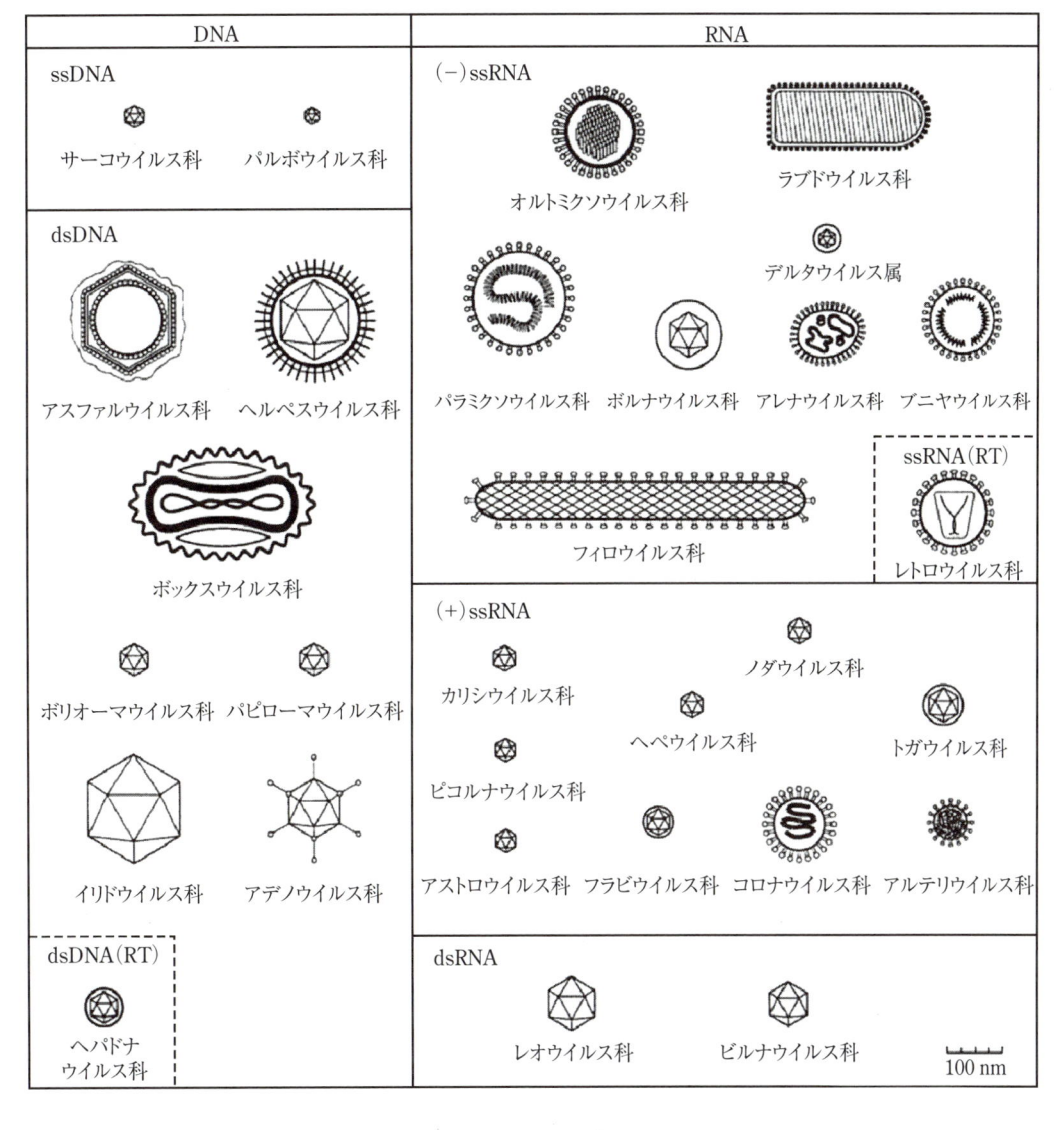

図−1.4.1　ウイルスの分類（文献[1]のp.45より引用）

出芽・放出の各段階を経て行う[1),2)]。

　ウイルスにはDNA型とRNA型があり、前者にアデノウイルスなど、後者にコロナウイルスなどがある。ウイルスのDNAには、一本鎖と二本鎖がある。二本鎖DNAウイルスには、アデノウイルス、ポリオーマウイルスなどヒトに疾患を引き起こす重要なウイルスが含まれている。一本鎖ウイルスには伝染性紅斑を引き起こすパルボウイルスが含まれる。一方、RNAウイルスは一本鎖RNAを持ち、RNAがプラス鎖かマイナス鎖かによって複製方法が異なる。

　ウイルス粒子の形態は球状または多形性で（図-1.4.1）、大きさは20～350 nmであり、細菌と真菌よりはるかに小さい。

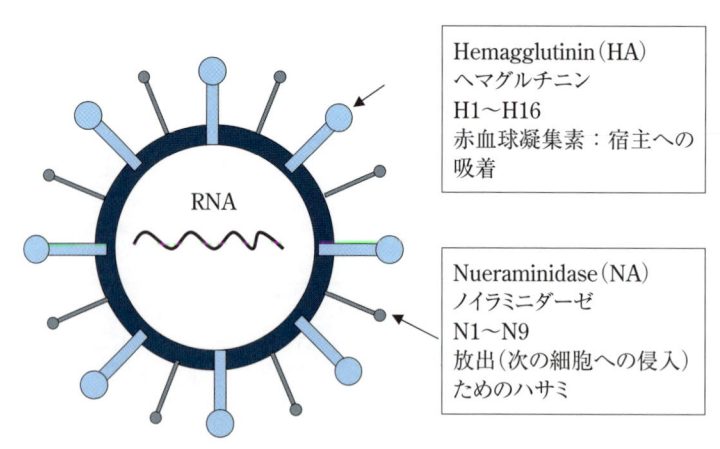

1.4.2　インフルエンザ（インフルエンザウイルス）

　インフルエンザウイルスは一鎖RNAゲノムを持ち、コロナウイルス科に属している。インフルエンザウイルスはA型、B型、C型の3種類に分類される。A型ウイルスはヒト、ブタ、ウマや鳥類に感染する。B型はヒトとアザラシ、C型はヒトとブタに感染する。A型ウイルスは渡り鳥によって世界規模で運ばれることや、亜型が多いことなどから世界的な大流行を引き起こすことがある。また、A型インフルエンザウイルスは表面にあるスパイク状のヘマグルチニン（Hemagglutinin, HA）とノイラミニダーゼ（Nueraminidase, NA）を持ち、その2つの糖タンパクの抗原性の違いによりさらに亜型に分類される（図-1.4.2）。HAは相手の細胞に吸着するためのものであり、NAはウイルスが細胞内で増殖した後に次の細胞へ侵入するためのハサミの役割を果たす。またHAは16種類、NAは9種類があるため、理論上では144通りの亜型が存在しうるが、これまで確認されているパンデミックを引き起こすウイルスは数種のみである。

　インフルエンザには毎年12月～3月に流行する季節インフルエンザがあり、これは連続変異であり、亜型は前年と同じであるが、抗原構造がわずかに変異する。したがって、前年の抗体からつくられるワクチンがある程度効くとされている。一方、30～40年周期で起きる世界的大流行（パンデミック）は不連続変異であり、亜型の異なる2種以上のウイルスが同じ細胞に混合感染したとき、糖タンパク質が置き換わり抗原性のまったく新たな新型ウイルスがつくられる（遺伝子再集合

図-1.4.2　インフルエンザウイルスの模式図

という，例えば H1N2＋H3N1 → H3N2）。2009 年に起きたパンデミックの病原体は数種類ウイルスが混合したもので，WHO は 2011 年 10 月 18 日に，2009 年に発生した新型インフルエンザのパンデミックを引き起こしたウイルスの名称を「A（H1N1）pdm09」と正式に決定した。ちなみに，2009 年のパンデミックにおいて，日本国内での感染者数が累積 2 068 万人に上るが，死亡率は 1 ％以下であった。

1.4.3　SARS（SARS ウイルス）

　2003 年に入ってから中国発の新型肺炎"重症呼吸器症候群"（Severe Acute Respiratory Syndrome，以降 SARS と呼ぶ）はグローバル化の様子を呈し，世界中に緊張が走った。それは，当初病原体の正体と発生源が分からなかったことと，それにも関連するが医療従事者の感染率が高かったことに原因があったと思われる。WHO の統計データによれば，医療従事者は全症例 8 098 例の約 2 割（1 707 例）を占めている。一方，国別では，中国大陸と香港特別行政区の症例数は圧倒的に多く，全体の約 9 割（7 082 例，死亡率 9.2 ％）を占めている[3]。

　SARS ウイルスはコロナウイルスの 1 種である。コロナウイルスはグループ 1 のネココロナウイルス，ヒトコロナウイルス，ブタコロナウイルス，グループ 2 のウシコロナウイルス，マウスコロナウイルス，クループ 3 のトリコロナウイルスの 3 グループに分類されていたが，SARS ウイルスはどのグループにも属していないため，新型コロナウイルスと呼ばれる。SARS ウイルスの大きさは 80～160 nm である。流行期の当初は，SARS が飛沫感染とされていたが，香港大学の研究グループなどの研究結果では，空気感染であることを指摘し[4]，その後アメリカのガイドラインの改定では，SARS について，次のように記している。「飛沫感染，空気感染，接触感染などの多彩な感染経路があると推定される。飛沫感染および接触感染の十分なエビデンスはある。しかし，日和見的な空気感染も除外できない」[5]。

1.4.4　デング熱（黄熱ウイルス）[6]

　デング熱は，黄熱ウイルスが病原体で，潜伏期間 3～14 日，致死率 1～30 ％の感染症である。症状としては，突然の発熱，頭痛，筋肉痛，発疹，血便，出血などである。デング熱の分布地域は全世界の熱帯・亜熱帯で，東南アジア，南アジア，中南米がとくに多い。全世界で人口の 40 ％にあたる 25 億人以上の人がデング熱の脅威下にあるといわれている。2014 年 8 月より，日本国内でデング熱に感染したことが確認された患者が報告されており，同年 10 月末までの症例数は 160 であった。デング熱は蚊を介して感染するものでヒトからヒトへの感染はしない。

1.4.5　エボラ出血熱（エボラウイルス）[6]

　エボラ出血熱は，エボラウイルスが病原体で，潜伏期間は 2～21 日，致死率 50～90 ％の感染症である。症状として，発熱，頭痛，胸部痛，咽頭痛，全身出血などである。エボラ熱出血は 1976 年にアフリカのスーダン南部とザイール（現在のコンゴ）の 2 つの地域で連続して発生したのが最初であった。自然界からヒトへの感染経路は不明であるが，ヒトからヒトへの感染は血液，体液，汚染注射器の使用とされている。2014 年にエボラ出血熱の流行が見られた。世界保健機関（WHO）は 2015 年 1 月 5 日に，感染拡大が続くエボラ出血熱による西アフリカ 3 カ国の死者（疑

い例含む）が8 153人に上ったと発表している。日本では，2014年にアフリカ滞在歴のあるエボラ出血熱の疑い例があるものの，いずれも陰性であった。

1.4.6 急性胃腸炎（ノロウイルス）

1968年に米国のオハイオ州ノーウォークという町の小学校で集団発生した急性胃腸炎の患者の糞便からウイルスが検出され，発見された土地の名前をちなんでノーウォークウイルスと呼ばれた。1972年に電子顕微鏡下でその形態が明らかにされ，このウイルスがウイルスの中でも小さく，球形をしていたことから「小型球形ウイルス」の一種と考えられた。その後，非細菌性急性胃腸炎の患者からノーウォークウイルスに似た小型球形ウイルスが次々と発見されたため，一時的にノーウォークウイルスあるいはノーウォーク様ウイルス，あるいはこれらを総称して「小型球形ウイルス」と呼称していた。

ウイルスの遺伝子が詳しく調べられると，非細菌性急性胃腸炎をおこす「小型球形ウイルス」には2種類あり，そのほとんどは，今までノーウォーク様ウイルスと呼ばれていたウイルスであることが判明し，2002年8月，国際ウイルス学会で正式に「ノロウイルス」と命名された。もうひとつは「サポウイルス」と呼ぶことになった[7]。

ノロウイルスに汚染された貝類（カキ，アサリ，ハマグリなど），患者の糞便や嘔吐物などを感染源として経口感染する。わが国では，11月から翌年4月まで，特に冬季に多く発生する。また，日本では食中毒患者数の第1位の病原体で約30％を占める。

◎参考文献

1) 微生物感染学（第2刷），南山堂，2006
2) 一目でわかる微生物学と感染症，メディカル・サイエンス・インターナショナル，2002
3) 柳　宇，池田耕一，吉澤晋：中国におけるSARS対策，空気調和・衛生工学会.2004, Vol.78（5），pp.51–59，2005
4) Ignatius T.S. et al.: Evidence of Airborne Transmission of the Severe Acute Respiratory Syndrome Virus, The New England Journal of Medicine, 350（17），pp.1731-1739，2004
5) CDC 隔離予防策のガイドライン，2007
6) 感染症ファイル：竹内書店新社発行，2000
7) http://www.mhlw.go.jp/file/06-Seisakujouhou-11130500-Shokuhinanzenbu/0000090135.pdf（閲覧日：150920）

第 2 章

室内微生物による疾病

2.1 感染症

槇村 浩一

　病原微生物が体内で増殖することにより引き起こされる疾病が感染症で，病原微生物にはウイルス，細菌，真菌の何れもある。ヒトの生活，とりわけ都市生活者の生活環境を考えた場合，ほとんどの感染症は室内において曝露した病原微生物によって発症する。その中でも，感染源の所在が明確に室内に限られる感染症としては，「みずむし」等と呼ばれる白癬が広く知られている。そこで本節では室内における感染微生物の代表として白癬菌と，その感染症である白癬について概説する。

2.1.1 感染症としての白癬

　白癬は，足部に生じた場合は足白癬（みずむし），体部に生じた場合は，体部白癬（たむし），また，頭部に生じた場合は頭部白癬（しらくも）と呼ばれる。

　わが国では，人口のおおむね 20 ％が足白癬，10 ％が爪白癬と報告されている[1]。本邦皮膚科新来患者の 13 ％以上が白癬であり，病型別の頻度としては，足白癬が約 64 ％，爪白癬 20 ％，体部白癬 7 ％，股部白癬 5 ％の順である。足部皮膚疾患に限って見れば，その 4 割は足白癬である[2]。

　足白癬は，びらん，小水疱や，角質増殖を伴う。また，体毛の生えている部位（生毛部）では脱毛，爪では白濁を生ずる。角質増殖を伴う場合や爪白癬を除いて，一般に掻痒感を伴う。

　体部の無毛部における典型的な皮疹は，境界が輪状に赤く盛り上がりながらも，中心は治癒する（ぜにたむしまたはリングワーム）であるが，今日ではステロイド剤の使用により皮膚の症状は定型的ではない場合もある。

2.1.2 微生物としての白癬菌
(1) 分 類

　白癬菌は，皮膚糸状菌（dermatophyte）とも呼ばれる。Onygenales（ホネタケ目）に属する糸状菌であり，きわめて近縁の 3 属：*Trichophyton*（トリコフィトン属），*Microsporum*（ミクロスポルム属），および *Epidermophyton*（エピデルモフィトン属）からなる。

　本分類群の菌は，生態学的にヒト寄生菌（anthropophilic dermatophytes），好獣菌（zoophilic

表 -2.1.1　白癬菌とその生態学的分類

生態学的分類	菌　種 学　名	菌　種 学名カタカナ表記	主な宿主
ヒト寄生菌	*Trichophyton rubrum*	トリコフィトン・ルブルム	ヒト
	T. mentagrophytes（ヒト型）＊1	トリコフィトン・メンタグロフィテス	
	T. violaceum ＊2	トリコフィトン・ビオラセウム	
	T. tonsurans	トリコフィトン・トンスランス	
	T. shoenleinii	トリコフィトン・シェーンライニ	
	Microsporum ferrugineum	ミクロスポルム・フェルギネウム	
	Epidermophyton floccosum	エピデルモフィトン・フロッコーサム	
好獣菌	*T. mentagrophytes*（動物型）	トリコフィトン・メンタグロフィテス	ウサギ, モルモット, マウス, ラット, イヌ, ネコ
	T. verrucosum	トリコフィトン・ベルコースム	ウシ
	M. canis	ミクロスポルム・カニス	ネコ, イヌ
	M. equinum	ミクロスポルム・エクイヌム	ウマ
土壌菌	*T. simii*	トリコフィトン・シミイ	サル, ニワトリ
	M. gypseum	ミクロスポルム・ジプセウム	ネコ, イヌ, ウシ, ラット, ニワトリ等
	M. cookei	ミクロスポルム・クーケイ	ラット, ウサギ, イヌ
	M. nanum	ミクロスポルム・ナヌム	ブタ

＊1　シノニム（同種異名）は *T. interdigitale*
＊2　シノニムは *T. glabrum*

dermatophytes），および土壌菌（geophilic dermatophytes）に分類される（**表 -2.1.1**）。ヒトにおける主要病原菌は，*Trichophyton rubrum*（トリコフィトン・ルブルム；白癬のおおむね 70 ％）と *T. mentagrophytes*（トリコフィトン・メンタグロフィテス；おおむね 30 ％）であり，他の菌種がこれに続く[1),2)]。主要 2 菌種は，共に通常ヒトにのみ感染を認めるヒト寄生菌である。

(2) 生物学的性質

白癬菌は，皮膚や毛髪を構成する成分のケラチンを窒素源として利用する糸状菌であり，24 時間程度を要するものの，付着した皮膚角質等の基質表面から直接的に侵入しうる[3)]。また，ヒト寄生菌以外の菌種は有性生殖能を持つものが多い。

(3) 形　態

サブローデキストロース寒天培地上の発育形態は，肉眼的には白色からベージュ色を呈する綿毛状の発育を示し，分生子形成が豊富な場合は粉状を呈する。スライドカルチャー像では，**図 -2.1.1**に示すように特徴的な菌糸の形態や小分生子の着生が観察できる。

2.1.3　室内環境における白癬の分布と感染のリスク

(1) 感染様式

白癬は，患者または患畜との，間接または直接の接触感染により発症する。上述のように健常皮膚においても侵入・感染が生じるが，この際，高湿であること，皮膚が粗造であることによって，菌の侵入が促進される[4),5)]ことが知られている。

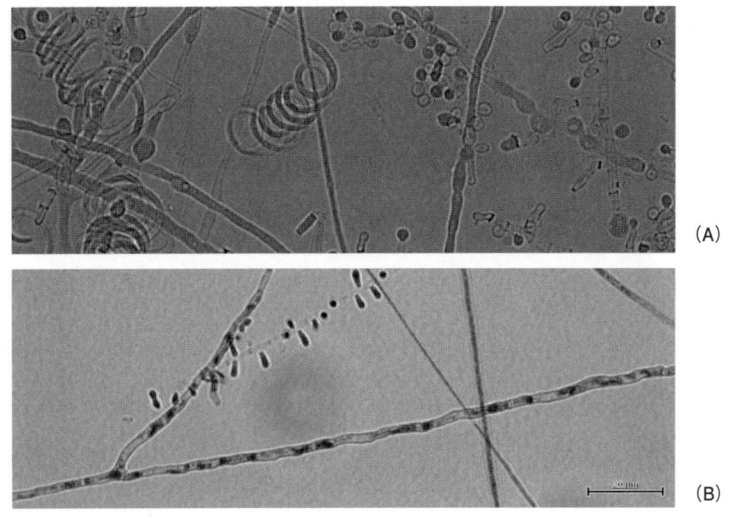

図-2.1.1 (A) *T. mentagrophytes*, (B) *T. rubrum* スライド培養像

① 患者から健常者へのヒト寄生菌の直接感染：近年格闘技選手の間で蔓延しつつある *T. tonsurans*（トリコフィトン・トンスランス）感染症や比較的感染力が強い菌種が関与する場合を除いて稀である。
② 好獣性菌による動物からヒトへの直接感染：一般的には，コンパニオン・アニマルからの接触感染が生じる。ライフスタイルの変化に伴い，従来屋外で飼育されていたイヌ，ネコが家庭内でヒトと寝起きを共にする機会が増え，また飼育される動物種も多様化している。これに伴って，ネコから感染した *Microsporum canis*（ミクロスポルム・カニス）による体部白癬または頭部白癬，ウサギなどのウサギ目またはげっ歯目の動物より感染したトリコフィトン・メンタグロフィテス動物型による体部白癬，ケルスス禿瘡等の症例が報告され始めた。これら好獣菌による白癬の特徴は，宿主動物である患畜においては症状が軽いか，または無症状であることが多いのに反し，ヒトでは炎症症状が激しい点である。
③ 白癬の室内環境介在（間接）感染：白癬の室内における感染の大部分は，患者または患畜から脱落とした落屑または毛との接触によって生じるものと考えられている。実際に，共同浴場，プール，病院などの環境から白癬菌を分離した報告は多く，また，家族内感染が判明した事例では家塵からも白癬菌が分離されることから，患者・患畜から，生育可能な菌が環境中に散布されていることは明らかである。

(2) 室内環境における白癬菌の分布

① 室内で靴を脱ぐ習慣のあるわが国では，家族に白癬患者がいる場合，感染のリスクが最も高い場所は，当然のことながら家庭の屋内居住環境である。足白癬患者の居住環境には白癬菌が多数散布されていることが知られており[6]，これらの白癬菌はナイロンストッキングや綿靴下を通過して，健常者の足裏皮膚に付着することも報告されている[7]。
② 家庭外で素足になる公衆浴場やプールも感染リスクの高い場所である。表-2.1.2 に示したように，公衆浴場の床からは高頻度高濃度に白癬菌が検出されている[8),9)]。浴室から出る際に

表-2.1.2　環境からの白癬菌分離結果報告例

	施設または測定箇所毎分離頻度	発育集落数の範囲（個）	施設または測定箇所毎分離集落の平均値（個）
公衆浴場（I）[6]	5/5	6–37	18.6
公衆浴場（II）[7]	4/4	25–130	59.3
屋外プール[6]	2/3	2–4	2
屋内プール[6]	1/1	38	38
病院内　体重計[9]	2/4	0–5	2
病院内　スリッパ[9]	1/4	0–1	0.3
病院内　リハビリテーションセンターのマット[9]	1/4	4	1
病院内　待合室[9]	0/4	0	0
居酒屋[9]	2/4	0–22	8.3
ホテル　客室[9]	0/4	0	0

　使用する「足ふきマット」を使っても使わなくても，足裏に付着する菌数には大きな差がないとの報告もある[10]。室内プールも白癬菌感染のリスクが高い場所であるが，興味深いことに屋外プールではそのリスクが低い[11]。これは室外で優占的に生育している環境真菌の存在が，白癬菌の頻度および感染効率を下げるため，と考えらていれる。

③　公衆浴場において散布されている白癬菌数には季節変動があることが知られており，夏に最も多く，冬には少ない（**図-2.1.2**）[10]。これは，足白癬の症状が夏期に強く，冬期には軽くなることと一致している。

④　その他の「靴を脱ぐ環境」において白癬菌にさらされるリスクは，より低いことが示されている（**表-2.1.2**）[11]。

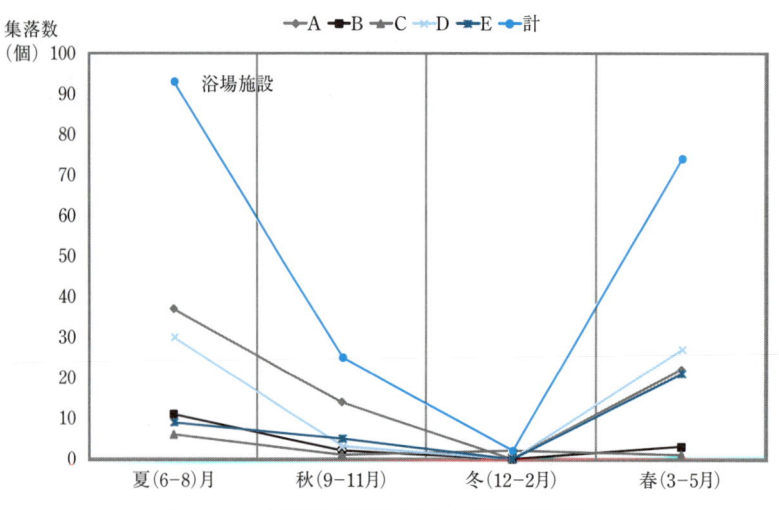

図-2.1.2　公衆浴場利用後の足底白癬菌集落数[10]

2.1.4　感染対策

(1)　診　断

　白癬は，典型的な皮疹を認めた上で，原因菌となる白癬菌を培養し，スライドカルチャー標本の顕微鏡観察によって同定するか（**図-2.1.1**），または皮疹部等のKOH標本を顕微鏡にて観察する

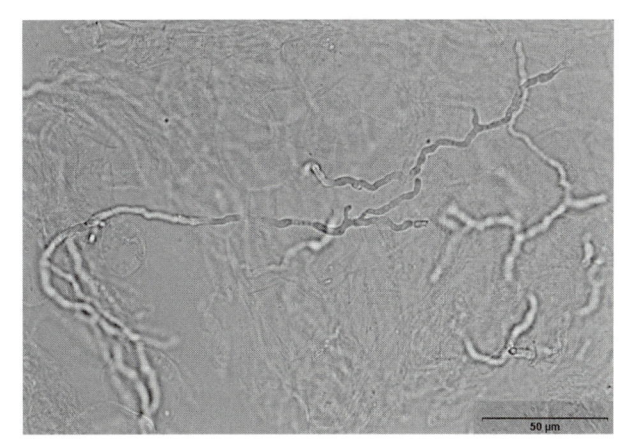

図 -2.1.3　足白癬 KOH 標本に見られた白癬菌

ことによって直接的に白癬菌を検出する（図 -2.1.3）ことで診断できる。近年では，定量 PCR による白癬菌特異的 DNA の検出[12]，または塩基配列解析による同定[13]が行われることも多い。

（2）治　療

無毛部の皮疹に対する治療としては抗真菌剤の外用が有効であるが，一般に爪白癬，角質増殖型白癬，生毛部白癬などでは抗真菌剤の内服（イトラコナゾール等）が必要である。ただし近年，爪白癬に有効な外用剤も市販された。

（3）予　防

白癬に対するワクチン療法としては，獣医学領域において，海外にて開発され一定の予防効果が報告されているが，本邦では検討されていない。

本症の予防は，感染対策として同居している患者・患畜の治療が第一であり，環境と身体の清浄

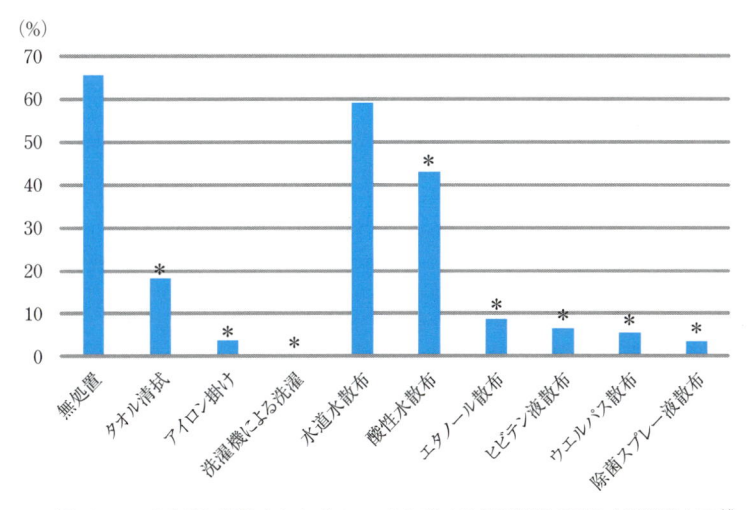

図 -2.1.4　白癬菌に汚染されたバスマットに対する処置法毎の平均白癬菌残存率[14]
＊：対無処理 $p < 0.05$

も心掛ける必要があろう。環境の清掃としては，通常のぬれタオルで拭く程度，汚染されたものについては，単純に洗濯する程度で十分であることが示されている[14]ことから（図-2.1.4），過敏になる必要はない。

むしろ，白癬菌の付着から感染惹起を恐れて過剰な皮膚の洗浄・摩擦等を行うと健常な角質を損ない，むしろ感染を助長するので控えなくてはならない。健常皮膚に付着した白癬菌は角質侵入に一定の時間を要することから，もし付着した場合であっても入浴等を伴う通常の生活で皮膚から脱落とするため，感染に至ることは稀と考えられている[6]-[11]。

以上，今日のわが国室内環境において感染しうる白癬について概説した。生活環境中の白癬菌は想像以上に多いが，その対応が適切であれば過剰に恐れることはない。適切な白癬対策が行われることを期待したい。

◎参考文献

1) 渡辺晋一，西本勝太郎・浅沼廣幸・楠俊雄・東禹彦・古賀哲也・原田昭太郎：本邦における足・白癬の疫学調査成績，日皮会誌，111，pp.2101-2112，2001
2) 西本勝太郎：2002年次皮膚真菌症疫学調査報告，真菌誌，47，pp.103-111，2006
3) 二宮淳也：温度，湿度，角質の外傷が皮膚糸状菌の人角質内への侵入に及ぼす影響，日本医真菌学会雑誌，Vol.41，pp.5-9，2000
4) 森下宣明，二宮淳也，清佳浩，滝内石夫：皮膚糸状菌の侵入機序，日本医真菌学会雑誌，Vol.44（No.4），pp.269-271，2003
5) 森下宣明，二宮淳也，清佳浩，滝内石夫：皮膚糸状菌の角質内侵入と予防に関する研究，日本医真菌学会雑誌，Vol.45，pp.247-252，2004
6) 加藤卓朗，谷口裕子，西岡清：患者家庭における足底への皮膚糸状菌の付着状況 除菌法の検討を含めて，日本皮膚科学会雑誌，109，13，pp.2137-2140，1999.11
7) 渡辺京子，谷口裕子，西岡清，丸山隆児，加藤卓朗：皮膚糸状菌の足底への付着に対する靴下の予防効果の検討，日本医真菌学会雑誌，Vol.41（No.3），pp.183-186，2000
8) 加藤卓朗，木村京子，谷口裕子，丸山隆児，西岡清：銭湯とプールを利用後の非罹患者の足底からの皮膚糸状菌の分離，日本皮膚科学会雑誌，106，4，pp.409-414，1996.4
9) 加藤卓朗，木村京子，谷口裕子，丸山隆児，西岡清：共同浴場利用後の非罹患者の足底からの皮膚糸状菌の分離－複数利用による個人－男女の比較－，日本医真菌学会雑誌，Vol.37（No.4），pp.223-227，1996
10) 加藤卓朗，木村京子，谷口裕子，丸山隆児，西岡清：銭湯利用後の非罹患者の足底からの皮膚糸状菌の分離 季節，年齢，足拭きマットの使用の有無による比較，日本皮膚科学会雑誌，107巻（11号），pp.1387-1392，1997.10
11) 加藤卓朗，丸山隆児，渡辺京子，谷口裕子，西岡清：靴を脱ぐ環境における足底への皮膚糸状菌の付着状況 病院，居酒屋，ホテルの客室の検討，日本皮膚科学会雑誌，109，1，pp.39-42，1999.1
12) Miyajima Y, Satoh K, Uchida T, Yamada T, Abe M, Watanabe SI, Makimura M, Makimura K: Rapid real-time diagnostic PCR for Trichophyton rubrum and Trichophyton mentagrophytes in patients with tinea unguium and tinea pedis using specific fluorescent probes. J Dermatol Sci, Mar; 69 (3), pp.229-235, 2013
13) Makimura K, Tamura Y, Mochizuki T, Hasegawa A, Tajiri Y, Hanazawa R, Uchida K, Saito H, Yamaguchi H: Phylogenetic classification and species identification of dermatophyte strains based on DNA sequences of nuclear ribosomal internal transcribed spacer 1 regions. J Clin Microbiol, Apr; 37 (4), pp.920-924, 1999
14) 谷口裕子，渡辺京子，丸山隆児，加藤卓朗，西岡清：足白癬患者からバスマットに散布された皮膚糸状菌の除菌方法の検討，日本皮膚科学会雑誌，110，8，pp.1289-1293，2000.7

2.2　集団感染

柳　宇

2.2.1　細菌による集団感染

(1)　レジオネラ症

　1976年7月のアメリカ独立宣言署名200年祭に，フィラデルフィア市内で開催された第58回アメリカ在郷軍人大会ペンシルバニア支部会とアメリカ在郷婦人会の参加者，ホテル従業員，ホテル周辺の通行人約4 000人のうち182人が原因不明の肺炎を発症し，29人が死亡したとの集団感染が発生した。これは，冷却塔の水槽に入ったレジオネラ属菌がエアロゾル化し，冷却塔近くの空調機の外気取り入れ口に入り，調和空気とともに室内に侵入したものと，近傍街路上の人に被曝を与えた事例であった。後にこの感染症は在郷軍人（legionnaire）にちなんでレジオネラ症と名づけられ，在郷軍人病（Leginelloisis）とも呼ばれる。

　レジオネラ症の病原体は当初ウイルスと疑われたが，1976年12月28日にアメリカCDC（疾病対策センター）が行った検査の結果，グラム陰性菌であることが判明した。そして，その細菌を*Legionella pneumophila*（レジオネラ・ニューモフィラ）と命名した。「Pneumo–phila」は「肺を好む」意味をしている。レジオネラ属菌は土壌菌の1種であり，湖・河川・沼・温泉などの水源も生息域としている0.3〜0.9×2〜5μmのグラム陰性の偏性好気性桿菌である。2007年に新たに登録された2菌種（*L.yabuuchiae*, *L.impletisoli*）を加えると現在55菌種が確認されている。レジオネラ属菌のうち，検出頻度の最も高いレジオネラ・ニューモフィラは3つの亜種に細分され，15血清型が報告されている。レジオネラ・ニューモフィラ以外でヒトの感染症に関与している菌種として*L. micdadei*（レジオネラ・ミクダディ），*L. dumomoffii*（レジオネラ・デュモモフィ），*L. longbeachae*（レジオネラ・ロングベカエ）などが挙げられる。なお，レジオネラ属菌は通常は短桿菌であるがフィラメント状（〜20μm）になることがある。喀痰や胸水などの臨床検体では小型多形状の染色性の弱いグラム陰性菌として認められる。

　レジオネラ症とは，レジオネラ属菌によって引き起こされる感染症であり，臨床上レジオネラ肺炎とポンティアック熱（Pontiac fever）の2つの病態がある。レジオネラ肺炎は前述した通り，在郷軍人病とも呼ばれ，一般には他の非定型肺炎より重症になることが多い。レジオネラ肺炎は2〜10日の潜伏期の後，倦怠感，疲労感，食欲不振，咳などの初期症状を示し，さらに急激な発熱，悪寒，肺炎症状が呈する。その他，消化器症状として腹痛，悪心，嘔吐などが患者の10〜20％に，下痢は25〜30％に認められている。また，レジオネラ肺炎は腹膜炎と合併する率が60％と高く，死亡例も多い。発病者の多くは成人男性，高齢者，喫煙者である。2007年10月上旬に新潟市在住の60代男性がレジオネラ症で死亡する事例が報告されている。男性は10月初旬，発熱や肺炎の症状を訴えて入院，数日後に死亡したという。市保健所の担当者が男性宅を調べたところ加湿器の噴霧口付近のぬめりから，男性から検出されたレジオネラ属菌と同じ遺伝子パターンを持つレジオネラ属菌が見つかり，その原因を特定した。一方，ポンティアック熱は急性の感冒様症状をきたす病態で自然軽快の特徴を有する。ポンティアック熱は潜伏期間1〜2日で急激に発熱し，悪寒，頭痛，筋肉痛などの症状を示した後，肺炎症状がなく自然軽快する感染症である。なお，感染経路につい

表 –2.2.1 外国におけるレジオネラ症集団感染事例

発症年月	発症国	施設・感染源	推定患者数（死亡数）
2003年2月	イギリス	ホテル	19 (0)
6月	スペイン	医療施設	25 (1)
8月	フランス	冷却塔	30 (3)
11月	イギリス	冷却塔	28 (2)
2004年1月	フランス	冷却塔	85 (13)
6月	スペイン	冷却塔	27 (7)
8月	スペイン	冷却塔	20 (0)
8月	スウェーデン	冷却塔	14 (1)
2005年5月	ノルウェー	化学工場	53 (10)
6月	アメリカ	医療施設	21 (0)
8月	スペイン	不明	15 (0)
8月	イギリス	不明	12 (0)
9月	カナダ	冷却塔	127 (21)
12月	スペイン	冷却塔（疑）	20 (0)
2006年3月	オーストラリア	冷却塔	10 (1)
4月	スペイン	ホテル給湯系	15 (0)
6月	スペイン	冷却塔	139 (0)
7月	オランダ	冷却塔	30 (2)
7月	イタリア	不明	15 (0)
8月	フランス	冷却塔	26 (2)
9月	フランス	循環式浴槽（疑）	12 (0)
2007年6月	スペイン	冷却塔	15 (1)
7月	ロシア	給湯施設	150 (4)
2007年7月	イギリス	湖水周辺	131 (4)
7月	スペイン	冷却塔	18 (2)

ては，ポンティアック熱とレジオネラ肺炎の何れも空気感染とされている[1]。

　表 –2.2.1 に近年のレジオネラ症集団感染事例のうち，患者数 10 例以上の比較的規模の大きい事例を示す[2]。表に示す 25 件のうち，冷却塔が感染源となっているものが半分以上を占めている。

　日本における最初のレジオネラ肺炎の症例は 1981 年に斉藤らにより報告され[3]，最初の集団感染事例が Maesaki[4] らにより報告されている。日本での感染事例の 80％以上は温泉施設，高齢者施設であるが，冷却塔による集団感染事例もある。温泉施設については，2002 年 7 月に宮崎県日向市で起きた集団感染事例があり，感染者 295 名，死亡者 7 名であった。循環式温泉入浴施設内で増殖したレジオネラ属菌 *L.pneumophila* が原因とされている。また，1994 年 8 月にレジオネラの集団発生が報告されている。ある企業の研修センターにおいて，研修生が次々に発熱，喉，腰の痛みを訴え病院に運ばれた。患者の血液中のレジオネラ属菌抗体の量が，通常の 64 〜 128 倍もの値を確認されたという。感染者 45 名（研修生 43 名，職員 2 名）を出したこの集団感染事例の原因は，屋上にある冷却塔の水がレジオネラ属菌によって汚染され，研修生が窓を開けて換気した際にエアロゾル化したレジオネラ属菌が研修室内に侵入したものとされている。なお，冷却水中から *L.pneumophila* 血清グループ 7 が分離されている[5]。

(2) 結　核

　1979〜1980年6月の間にある事業所内で4名の結核患者が発生したので，簑輪らが疫学調査および事務所内環境調査を行った。インデックス患者は，36歳男性で接触者99名の追跡調査の結果16名の二次患者が発見された。また，環境調査の結果，1人当たりの気積が小さく，換気も不十分であることを突き止めた。なお，この集団発生の原因として：①X線間接撮影装置が古い型のため病巣の発見が遅れたこと，②精密検診受診推奨の不徹底など健康管理の不十分さ，③換気量の不足であることが挙げられている[6]。

2.2.2　真菌による集団感染

　真菌による集団感染の事例報告は細菌ほど多くない。表在性真菌症については，白癬の病原体である *Trichophyton tonsurans*（トリコフィトン・トンスランス）による格闘技選手の間で集団感染事例の報告がある。一方，深在性真菌症については，アスペルギルス症の院内集団感染事例報告がある。図-2.2.1 にアスペルギルス症の院内感染53例の感染源を示す。病院では増築・改修工事が行われる際や空調装置から発生するアスペルギルス属菌が集団感染の原因とされている[7]。

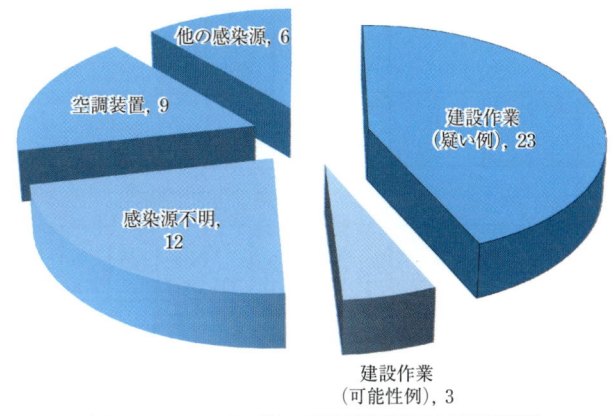

図-2.2.1　アスペルギルス症の院内感染53例の感染源

（他の感染源, 6／空調装置, 9／感染源不明, 12／建設作業（疑い例）, 23／建設作業（可能性例）, 3）

2.2.3　ウイルスによる集団感染

(1)　SARS

　2003年に入ってから中国発の新型肺炎"重症呼吸器症候群"（Severe Acute Respiratory Syndrome，以降 SARS と呼ぶ）はグローバル化の様子を呈し，世界中に緊張が走った。それは，当初病原体の正体と発生源が分からなかったことと，それにも関連するが医療従事者（Health Care Workers，HCWs）の感染率が高かったことに原因があったと思われる。WHOの統計データによれば，HCWsは全症例8 096例の約2割（1 706例）を占めている。一方，国別では，中国大陸と香港特別行政区の症例数は圧倒的に多く，全体の約9割（7 082例，死亡率9.2％）を占めている[8]。ここでは，代表的な集団感染事例について述べる。

【事例1－香港メトロポールホテル】

　SARS感染症のグローバル化は香港九龍にあるメトロポールホテルから始まった。同年2月に中山大学医学院付属第二医院12階呼吸内科で，あるスーパースプレッダーに対する緊急処置を施し

た際に感染したA氏は結婚式に出席のため，香港を訪問した。A氏は2003年2月21日メトロポールホテルへチェックインし，9階の911室に滞在した。実はA氏がその前の2月15日すでに発熱，呼吸器症状が見られたが，その後改善していたという。ホテルにチェックインした翌日の22日に発病したため，香港の病院に入院し，その翌日に死亡した。A氏はこのホテルに1日しか滞在していないが，同ホテルの滞在者の12人にも感染させたという。そのうち，10人は同じ日に滞在しており，11階と14階の各1人を除いた10人がA氏と同じ9階に滞在していた。図-2.2.2に9階の平面図を示す。図中塗りつぶしているのは感染した者が泊まっていた部屋である。感染者らはエレベータから部屋までの間はA氏と同じ廊下を歩いていたことがわかる。なお，938室に泊まっていた2人は，上記感染者10人中の3人と同時期に滞在していた[9),10)]。メトロポールホテルで感染した12人が後に，香港を始め，ベトナム，シンガポール，ドイツ，アメリカ，アイルランド，カナダへと感染を拡大させた。

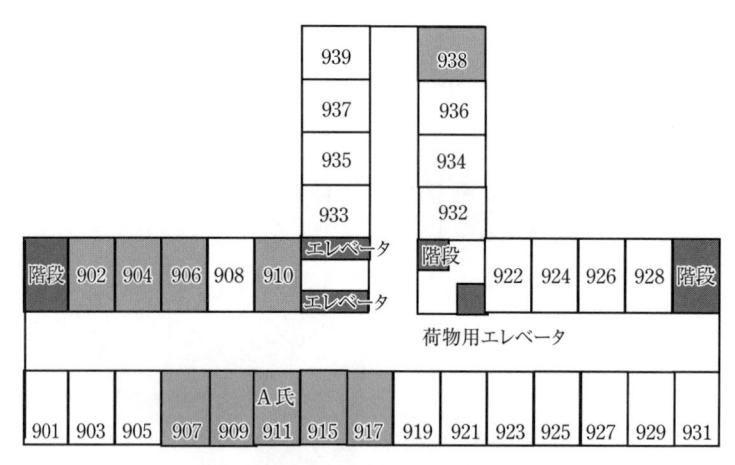

図-2.2.2 メトロポールホテル9階平面図

【事例2－香港アモイガーデン】

アモイガーデンにおけるSARS感染のインデックス患者は，香港のPrince of Wales Hospitalで感染した中国深圳に住む33歳の男性D氏であった。D氏は慢性腎臓病を持っており，2003年3月13日にPrince of Wales Hospitalで1日入院した翌日の14日にアモイガーデンE棟に住む弟夫婦を訪ねた。当時D氏は下痢症状があったため，弟宅のトイレを使用していた。D氏訪問後まもなく弟夫婦がSARSを発病した。

図-2.2.3に3月14日から3月27日間アモイガーデンE棟におけるSARS感染拡大の状況を示す[11)]。D氏が訪問した10日後感染者数がピークを迎えることが読み取れる。また，E棟のSARS感染者は7号室，8号室に集中し，低層階に比べ，10階以上での発生が多かったことがわかる。2003年11月にWHOから出されたSARS流行に関するコンセンサスドキュメントでは，アモイガーデンの感染事例について以下のように述べている[12)]。

浴室床排水口に接続している乾燥したUトラップは，汚染された下水の飛沫が室内に侵入するための通り道を与えた。下水システム内では，汚物に伴って排出されたSARSウイルスの量が増え

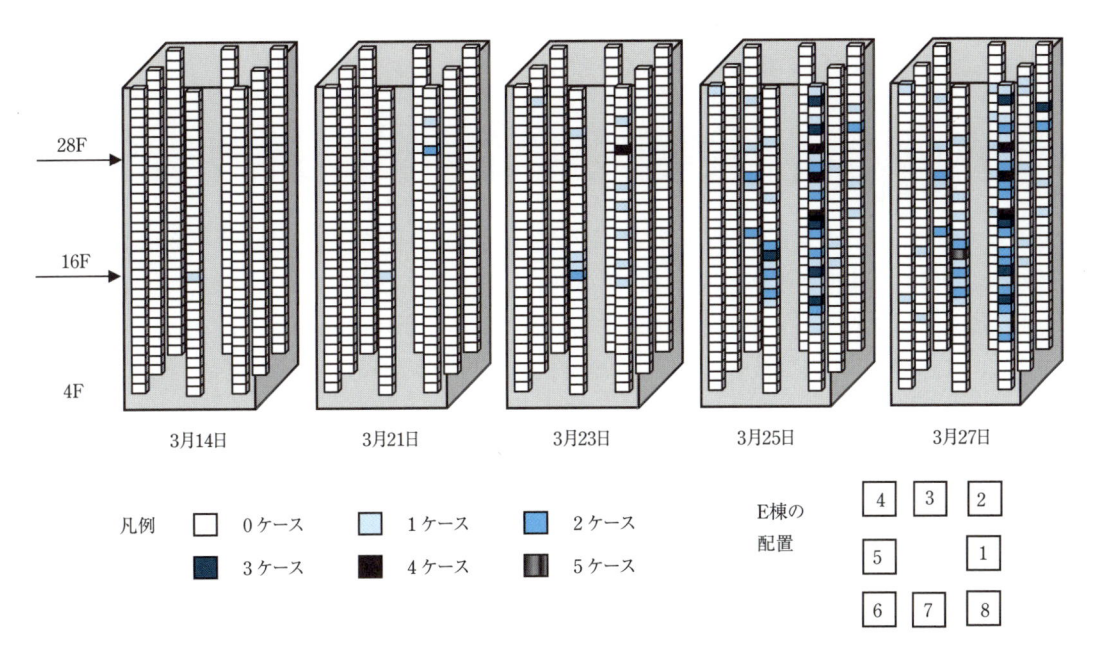

図 –2.2.3　アモイガーデン E 棟 SARS 感染拡大状況

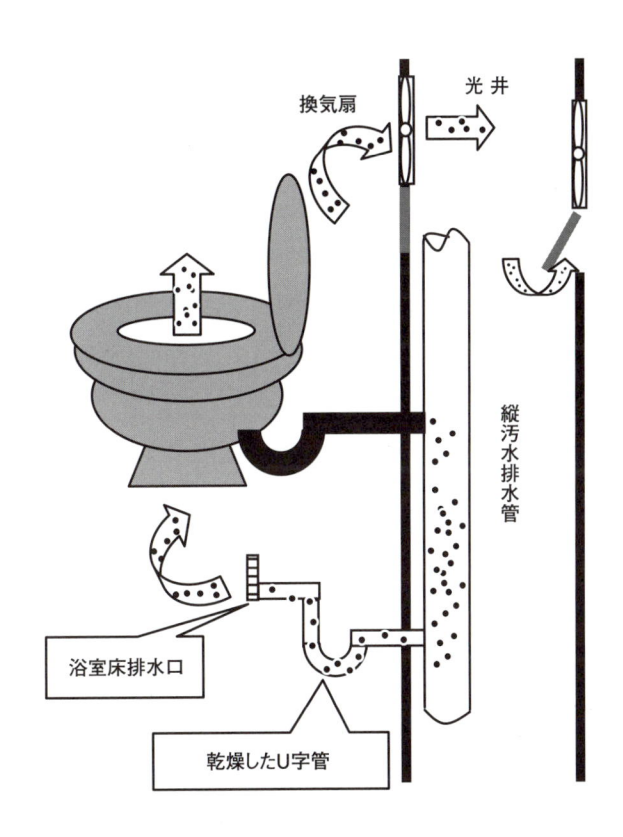

図 –2.2.4　浴室の排水システムと汚染拡散イメージ

る。ウイルスは非常に狭いバスルーム内（3.5 m²）にエアロゾル化し，吸入，摂取，またエアロゾルが付着している媒介物との接触によって間接的に感染を生じる（図 -2.2.4）。

(2) ノロウイルス
【事例1 － M ホテル】 [13)]

　2006年12月2，3日の東京都内にあるMホテルの宴会等の利用客で複数グループから嘔吐・下痢等の症状を呈した集団感染が起きた。12月5日に池袋保健所は食中毒および感染症の両面から調査を開始し，ホテルへの立ち入り調査，主厨房等のふきとり検査，残品食材の収去・検査，12月2日と3日の宴会場の利用客を中心とした健康状況調査，従業員の健康状況調査と便検査，利用客の有症状者の便検査等の疫学調査を実施し，消毒の指導を行った。ホテルは食中毒の可能性も考慮し，12月6日より宴会主厨房や一部レストラン等の営業を自粛し，体調不良従業員の出勤停止，数回に及ぶ全館の消毒を実施した。

　この集団感染に関しては，嘔吐物の処理は洗剤で清掃し，ノロウイルスの消毒が不十分であったため，かなりのノロウイルスが絨毯に付着し，乾燥して，その絨毯の上を多くの人が歩くことにより，また絨毯を掃除機で掃除したことなどから，空中にノロウイルスが飛散し，経口感染につながった可能性があることが指摘されている。また，嘔吐した利用客が3階と25階のトイレを利用していることから，トイレや介助した従業員にもノロウイルスが付着して汚染を拡大し，多くの人が接触して経口感染につながった可能性があることが指摘されている。**図 -2.2.5**にノロウイルスの感染経路を示す。

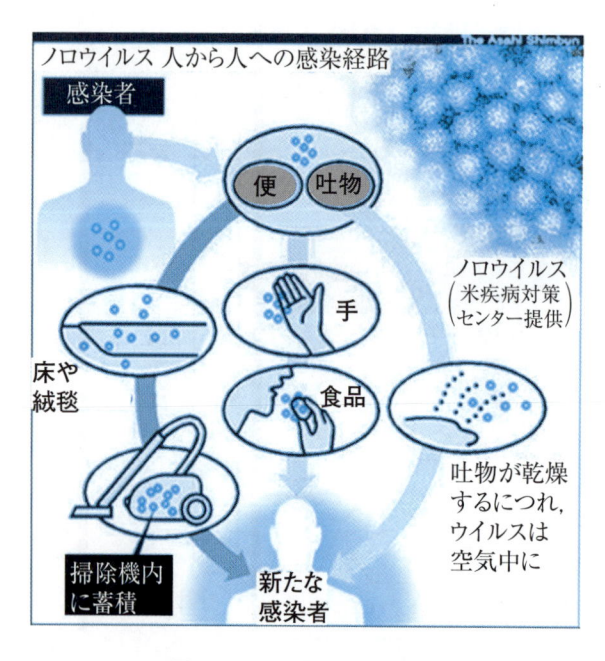

図 -2.2.5　ノロウイルスの感経路

【事例2－老人福祉施設】[14]

　2005年1月に福山市内の老人福祉施設においてノロウイルスによる感染性胃腸炎集団感染が発生した。2005年1月7日に，市民から「施設において食中毒のような事例が発生しているのではないか」との通報が保健所へ入り，保健所の職員がただちに同施設に対して調査を開始した。調査の結果，2004年12月末から新たな有症者（下痢，嘔吐または発熱）が発生しなくなった1月半ばまでの間に，有症者は入所者，職員合わせて計67人に及ぶ集団感染事例となった。

　保健所は食中毒，感染症の両面から疫学調査を行うとともに，消毒や二次感染防止等の衛生指導を実施した。市内部で組織する対策会議を設置し対策を検討し，さらに外部の専門家等による調査委員会において原因究明等の検討を行った。また，市内の福祉施設等に対して，感染症対策の啓発・周知を行った。

　当時の調査結果は次の通りである。

① 発症の状況：12月29日入所者1人が発症（発熱）し，その後，事例探知の1月7日までの発症者数は61人であった。その後も有症者は発生したが1月16日以降新たな発症者は認めなかった。有症者は入所者72人中47人（65％），職員69人中20人（29％）であった。この間，入所者の有症者のなかで7人の死亡者がでた。

② 食中毒の視点からの調査：入所者および職員の有症者に共通食材はなかった。また食材および給食施設ふき取りの検査結果，ノロウイルスは陰性であった。

③ 感染症の視点からの調査：食事介助，排便介助など介護を受ける入所者に有症者が高率で発生していた。職員のうち，有症者は介護を行う職種に多かった。検便の結果，有症者38人に加え無症状者17人からもノロウイルスが検出された。遺伝子解析の結果，検出されたノロウイルスはすべてGII/4であった。

◎参考文献

1) 柳宇：冷却塔・冷却水系における衛生的維持管理，防菌防黴，2010；38（5），pp.331–337
2) 日本建築衛生管理教育センター：レジオネラ症防止指針（第3版），2009
3) 斉藤厚 他：本邦ではじめてのLegionnaires disease（レジオネラ症）の症例と検出菌の細菌学的性状，感染症誌，55，pp.124–128，1981
4) Maesaki S, et al.: An Outbreak of Legionnaires' pneumonia in a nursing home. Internal Med. 31, pp.508–512, 1992
5) 感染症ファイル．東京，竹内書店新社，2000
6) 簑輪真澄，吉澤晋，池田耕一 他：一事業所内における結核の集団発生，日本公衆衛生雑誌，30（2），pp.77–86，1982
7) 大野秀明：自然環境と深在性真菌症－地域流行型真菌症も含めて－，Animus，No.65，p.7，2010
8) http://www.who.int/csr/sars/country/table2004_04_21/en/ (accessed 2014-08-01)
9) CDC. Outbreak of severe acute respiratory syndrome–worldwide. MMWR.；52（12），241–8., 2003
10) Tsang T. Environmental issues. WHO Global Conference on Severe Acute Respiratory Syndrome, 17–18；Kuala Lumpur, Malaysia. pp.17–18., 2003.6
11) Yeoh EK. SARS Response from Hong Kong. WHO Global Conference on Severe Acute Respiratory Syndrome, 17–18, Kuala Lumpur, Malaysia. pp.17–18, 2003.6
12) Consensus document on the epidemiology of severe acute respiratory syndrome（SARS）.WHO/CDS/CSR/GAR/, 2003.11
13) http://idsc.nih.go.jp/iasr/28/325/pr3251.html（閲覧日：20150121）
14) http://idsc.nih.go.jp/training/17kanri/011.html（閲覧日：20150121）

2.3 アレルギー

谷口　正美

2.3.1 真菌アレルギーの頻度

　アレルゲン感作を検討する場合，一般的には，血清特異的 IgE 抗体よりも，皮内テストのほうが感度が高い。逆にプリックテストは特異的 IgE 抗体よりも感度が低いとする指摘もある。とくに真菌の場合は，血清の特異的 IgE 抗体価は感度が不十分で，皮内テストのほうが陽性化しやすい。国立病院機構相模原病院アレルギー科外来における成人喘息の皮内テスト成績では，ダニとスギの陽性率が 50～60％と最も高く，次いでヒト粘膜皮膚常在真菌である *Candida*（カンジダ），*Malassezia*（マラセチア）の陽性率が高い（図-2.3.1）。カンジダは IgE 抗体がなくても陽性化しやすい（とくに遅発反応は細胞性免疫能を反映）。またマラセチアは，アトピー性皮膚炎の増悪因子として知られており，アトピー患者で陽性化しやすい。この 2 種の真菌を除いて，少なくとも 1 つ以上の環境真菌に対する皮内テスト陽性率は成人喘息患者において 22％あり，これは他の主要喘息抗原であるネコアレルゲンの皮膚テスト陽性率 14％を上回る。

　各種環境真菌の皮内テスト陽性率は，図-2.3.1 に示すように *Penicillium*（ペニシリウム）が最も高率で 14％，次いで *Aspergillus restrictus*（アスペルギルス・レストリクタス），*Alternaria*（アルタナリア）が 10％を越える陽性率であり，*Aspergillus fumigatus*（アスペルギルス・フミガタス），*Cladosporium*（クラドスポリウム），*Eurotium*（ユーロチウム），*Aureobasidium*（オウレオバシジウム）がそれらに続く。ペニシリウム，アルタナリア，クラドスポリウムはダニアレルゲン同様，若年者やアトピー皮膚炎合併例に陽性率が高い，いわゆるアトピー体質反映のアレルゲンである。一方，アスペルギルス・レストリクタス，アスペルギルス・フミガタス，ユーロチウムの 3 種は，中高齢者でも陽性者が少なくなく，年齢による陽性率の差が少ない（図-2.3.2，2.3.3）。この理由

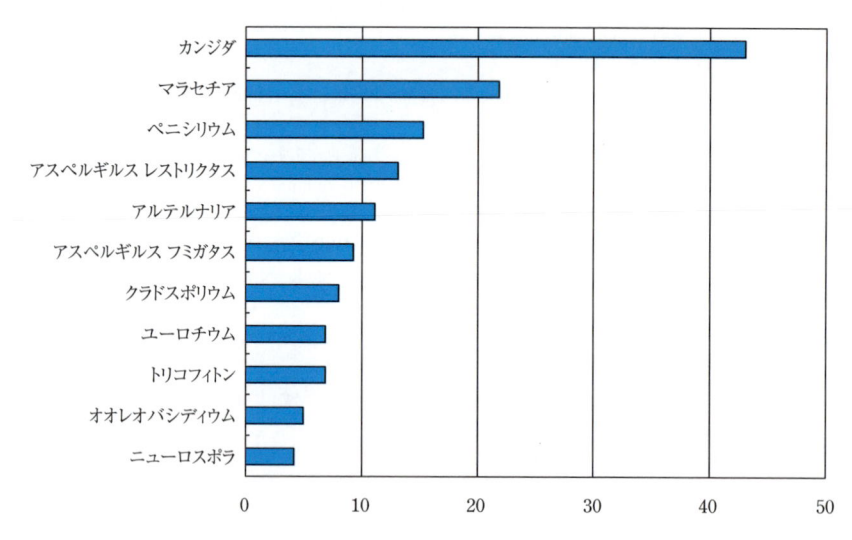

図-2.3.1　成人喘息患者における真菌皮内テスト陽性率
　　　　　国立相模原病院 アレルギー外来（*n* = 1 318）

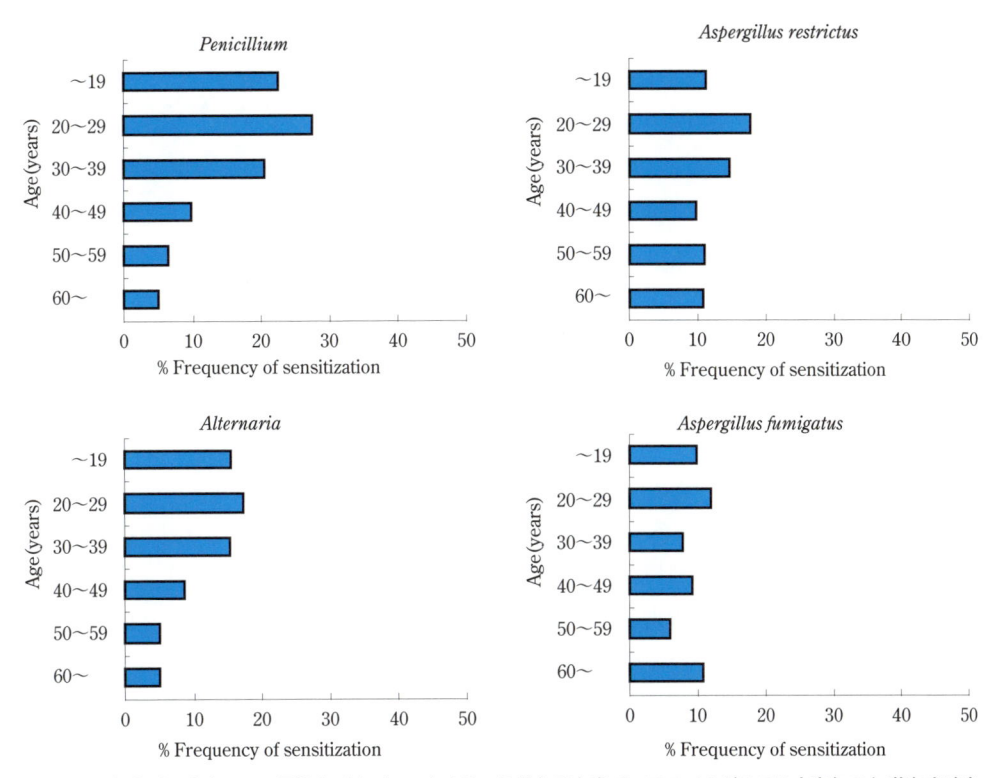

図 -2.3.2 年代別の皮膚テスト陽性率（1）（アルタナリアは若年層有意で，アスペルギルスは中高年でも 若年者喘息同様の陽性率を示す）

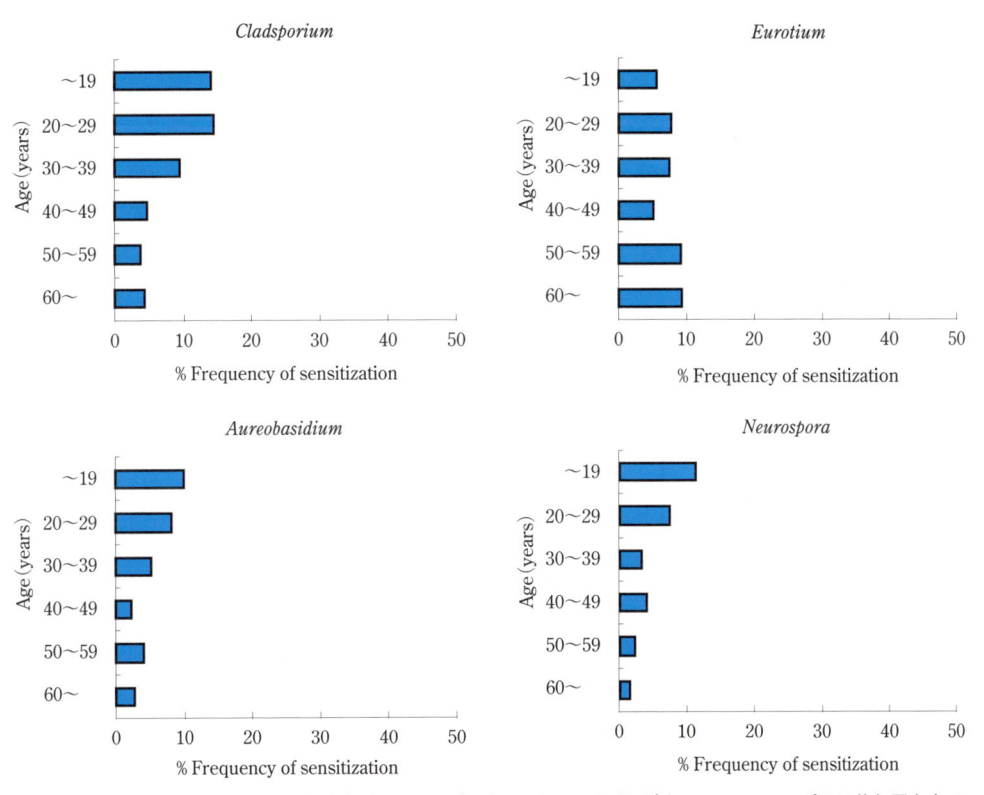

図 -2.3.3 年代別の皮膚テスト陽性率（2）（クラドスポリウム，オーレオバシジウム，ニューロスポラは若年層有意で，ユーロチウムは中高年喘息でも若年者喘息同様の陽性率を示す）

は明らかでないが，①好乾性の特徴を有し，畳などの環境に比較的多いこと，② IgE 抗体以外（IgG 抗体など）の機序がかかわっている可能性，③高齢者が若年時期に多くのこれら 3 種の真菌曝露を受けていた可能性などが考えらる。

2.3.2 環境真菌と喘息

(1) 喘息の原因となる屋内外の環境真菌

真菌には抗原種（アレルギー免疫反応の原因種）として 70 以上同定されているが，その抗原性，共通性など不明な部分が多い。喘息に関与する環境真菌は，室内だけでなく屋外真菌も重要である。高鳥らの相模原病院屋上における経時的測定によれば，6～10 月（雨期）は，冬季の 5 倍以上飛散し，その主体はクラドスポリウム＞アルタナリア＞*Fusarium*（フザリウム）などの好湿性真菌であった[1),2)]。このような屋外真菌飛散パターンは国外でもほぼ共通であり[3)]，後述する梅雨から 9 月にかけての喘息悪化要因である。さらに雷雨喘息の原因にもなりうる[3)]。環境中の CO_2 増加が飛散真菌増加につながっている報告もある。屋外の主要真菌であるクラドスポリウムとアルタナリアの胞子が実際にヒトの気道に吸入されるのかを検討した報告があり，屋外活動で花粉以上に両真菌胞子がヒト鼻腔に多く吸入される成績が示されている[4)]（図 -2.3.4）。

一方，室内空中の主要真菌は，クラドスポリウムとペニシリウムであり，屋外同様の梅雨から 9 月の増加を認める。高鳥によれば，室内塵中の真菌は 1 年間を通じて大きな変動はなく，その主な

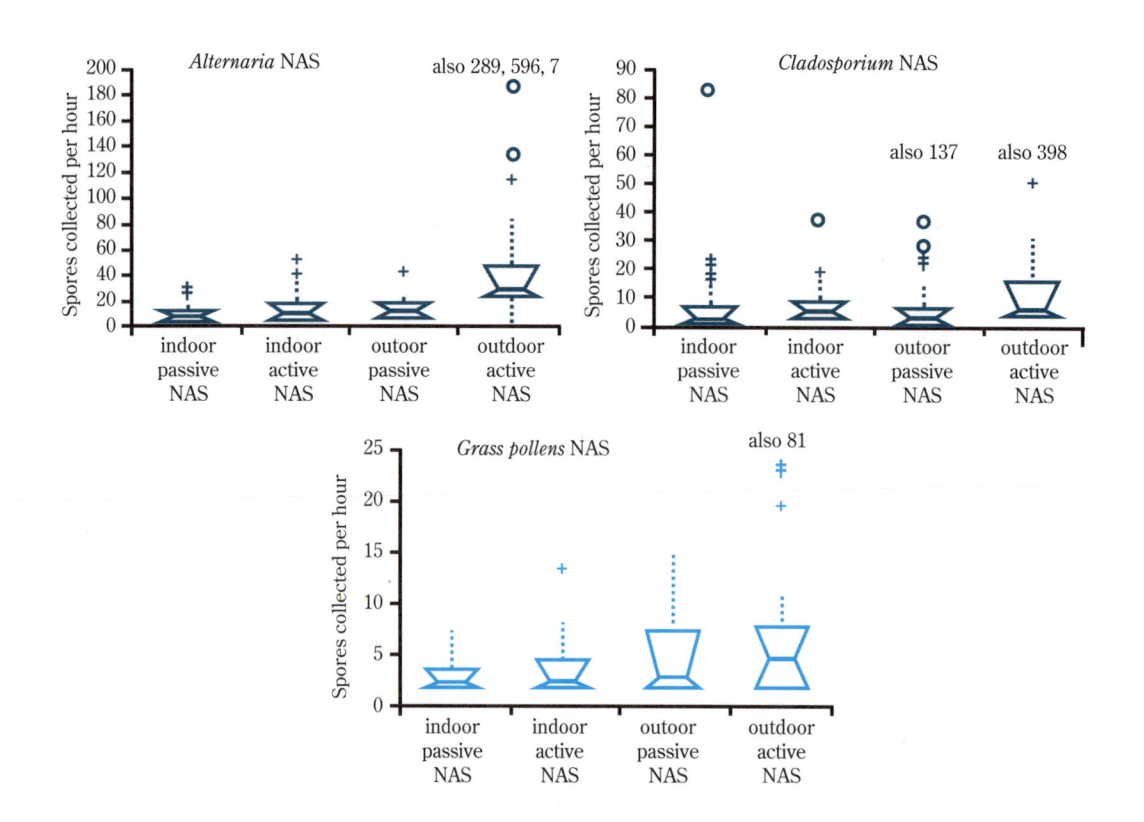

図 -2.3.4　室外と室内におけるカビ胞子と花粉の吸入量の比較[4)]（アルタナリアとクラドスポリウムの胞子は室外活動で実際のヒト鼻腔に花粉よりも多量に吸入される）

真菌は，アスペルギルス・レストリクタス，クラドスポリウム，ペニシリウム，*Wallemia*（ワレミア）などとされる[5]。これら室内真菌は，ネコ飼育，換気不良，湿気，カーペット敷き，水漏れなどで増加することが海外の多くの研究で確認されている[6)-8)]。また米国都市部では，低所得，ゴキブリが多い家庭で室内真菌の増加が指摘されている[6),8)]。ただし真菌の種類やその数を評価する上での問題点として，培地，測定法や検体による差があり，真菌抗原量を同定する一般的な測定法もない。また気象や場所，時間の影響も受けるため，環境中の真菌抗原量を正確に判断する方法は現在でも確立されていない[8]。これらの点が真菌とアレルギー症状との関連を検討する際の大きな障害になっている。

(2) 屋外真菌（胞子）の季節性飛散と（アトピー型）喘息増悪（海外報告）

英国では，かって6～9月に若年成人の喘息死が増加していた[9),10)]。その要因として，6～9月は屋外のアルタナリアやクラドスポリウム，その他の真菌胞子の飛散数増加が関与していると考えられていた[10)-12)]。実際，6～9月の喘息死やICU発作入院患者の40～60％以上がアルタナリアに感作されている成績がある[16]。また英国だけでなく，米国，メキシコ，カナダ，デンマークなどで複数の同様報告あり，現在では6～9月の喘息死，発作入院や発作受診に屋外真菌の飛散増加が強く関与していると考えられている[11),12)]。ただし，2000年代後半の吸入ステロイド薬普及後の成績や本邦での検討報告はないため，現在では若年成人や小児の喘息死や発作入院は減少しており，その影響は過去ほど顕著でない。

(3) 雷を伴う嵐（サンダーストーム）による喘息発作の主原因は屋外真菌飛散（海外報告）

英国バーミンガムで6月におきたサンダーストームの際，喘息発作で受診する患者が急増した。その機序として真菌胞子飛散増加が関連するとした報告が1985年のLancet誌においてなされた[13]。

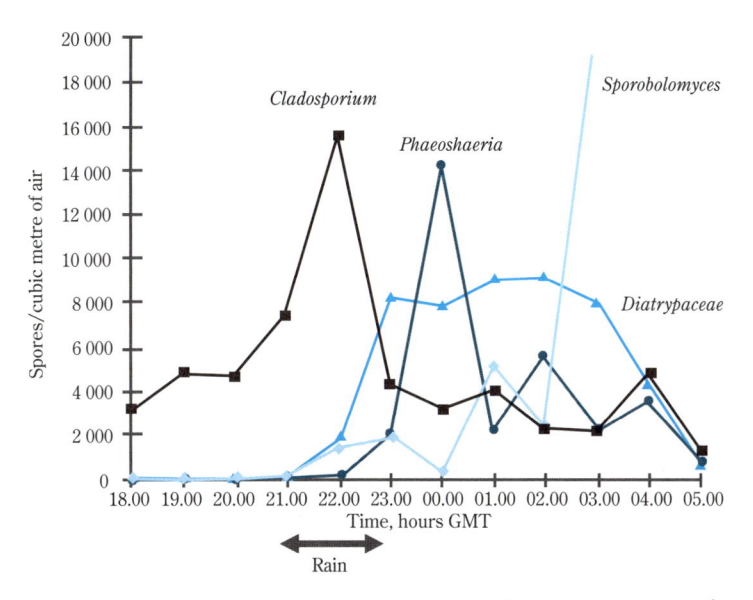

図-2.3.5 サンダーストーム後の急増する真菌胞子の飛散量（英国でのデータ）[14]

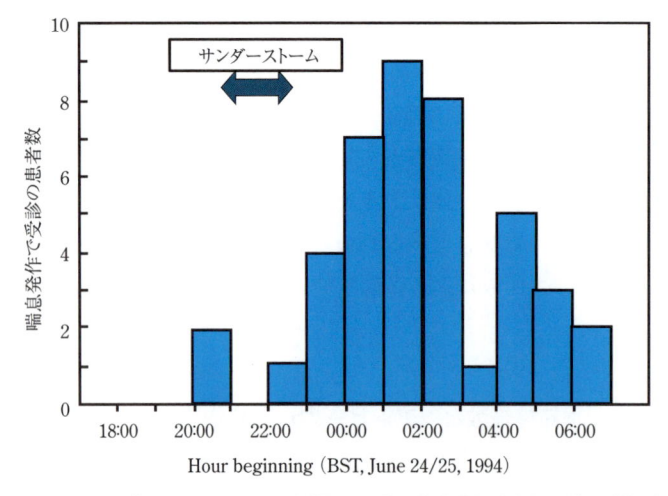

図 -2.3.6　サンダーストームによる真菌胞子飛散と喘息発作受診者の増加（英国）[14]

それ以降，オーストラリア，ニュージーランド，カナダ，イタリア，米国などで同様の報告が相次いだ。現在では，サンダーストームの際に湿気を含んだ激しい風が，アルタナリアやクラドスポリウム，その他の多種の真菌胞子の増加と拡散をもたらし（図 -2.3.5），アトピー喘息において急性増悪をもたらすことは世界的に認知されている（図 -2.3.6）[11), 14]。また従来は真菌飛散の指標として真菌の胞子数で研究されていたが，近年，実際の真菌胞子の数よりも破壊されたアルタナリア胞子が最も喘息悪化と関連する報告がなされた[15]。しかし以上の研究は海外のみであり，国内で検討した報告はない。

（4）*Alternaria* などの環境真菌は喘息重症化に関連

アルタナリア皮膚テスト陽性率は，北欧やウィーンの数％以下からアリゾナ州（米国）の50％まで，地域によってさまざまな報告がある[16)-21]。喘息死にアルタナリア皮膚テスト陽性者が多いことは前述したが，若年成人において，アルタナリア皮膚テスト陽性患者は，陰性者に比し重症化しやすく，その影響はダニやネコ，花粉よりも強い[19)-21]。この傾向は国内においても同様である。

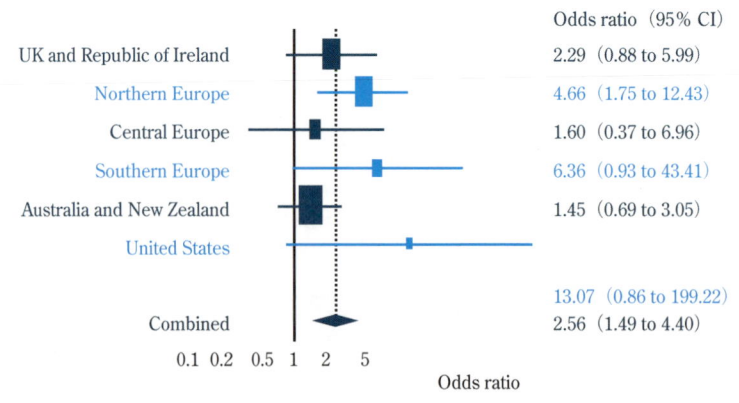

図 -2.3.7　44歳以下の喘息患者においては，アルタナリアと（または）クラドスポリウムへの感作は重症化につながる（欧州・米国・ニュージーランド）[20]

図-2.3.7は欧州，北米，ニュージーランドにおけるアルタナリア陽性患者における重症喘息のリスクを示している。このように世界的にアルタナリアアレルギーのある喘息では重症化しやすいことが確立している。

大気中のアルタナリア胞子数が増加すると，アルタナリアアレルギー患者の喘息症状が悪化する[22]。またアフリカ系米国人（小児）の方が白人系よりもゴキブリとアルタナリアの感作率が2倍以上高い[18]。米国家庭内のアルタナリア抗原量の検討では，同抗原が多いほど喘息症状が出現しやすいが，鼻炎症状は影響されないと報告されており，他の真菌でも同様報告がある[21]。ただし小児から若年喘息全体でみると，その気道過敏性と真菌抗原感作との関連はないとする報告が多い[22],[23]。すなわち，ダニやペットが喘息発症や気道過敏性亢進，鼻炎に関与しているのに対し，真菌抗原はすでに形成された喘息の重症化因子ととらえることができる。とくにアルタナリアは屋外抗原としてだけでなく，室内の湿気に伴う重要抗原であり，回避しづらいこともあり重症化に関与する。アルタナリア以外では，クラドスポリウムの報告[24]やオウレオバシジウムの関連性，あるいは真菌全体への感作と重症化について数多く報告されている。ただし以下に述べるアスペルギルスは，持続的閉塞性障害（β刺激薬吸入後のFEV1低下）や気管支拡張をきたしやすく，さらにアレルギー性気管支肺アスペルギルス症（allergic bronchopulmonary aspergillosis，ABPA）に発展することから，近年では特別な難治化アレルゲンとして別格の認識をされている[25]-[27]。

(5) 真菌アレルゲンはなぜ重症化するのか

真菌アレルゲン感作により喘息が難治化する理由として，真菌アレルゲンの特殊性がある。①真菌アレルゲンそのものの測定や感作判定が困難，②真菌種が多岐であり，回避方法がほとんど確立していない，③真菌は，多種の抗原蛋白と多くのプロテアーゼ活性を有し，気道上皮破壊，好酸球性炎症，さらにステロイド抵抗性の好中球性炎症をもきたしやすい，④抗原性だけでなく，細胞壁のβグルカンは炎症惹起物質，マイコトキシンは毒素として作用し，非特異的刺激物質（irritant）としても非アトピー喘息の悪化因子となる（後述），⑤アスペルギルスやペニシリウムの胞子は，5μm以下で容易に末梢気道に到達する，⑥アスペルギルスなどは気道内に腐生菌として定着し，より強い気道炎症をもたらす，などが挙げられる[23],[26],[27]。

(6) 環境真菌吸入による非アレルギー性急性・慢性気道症状とその他の症状

真菌細胞壁構成成分であるβグルカンと産生されるマイコトキシンは，真菌に共通する非特異的刺激物質として，アレルギー喘息だけでなく感作のない非アトピー喘息や人体に作用する[23],[28]。それゆえ真菌の大量吸入は，感作されていない健常人においても，急性の強い呼吸困難・喘息様症状をきたしうる。これがRADS（reactive airway dysfunction syndrome）と称される「強い気道上皮細胞障害」である。また真菌の持続曝露により，sick building syndromeなど（いわゆるシックハウス症候群同様の症状）の非アレルギー性過敏症状を起こしうる[28]。また室内真菌が増えると，感冒などの気道感染や各種呼吸器症状，さらに集中力低下が生じやすいことも証明されており，非アレルギー機序を介してもさまざまな健康被害が生じるといえる[28]。

2.3.3 室内真菌と喘息・鼻アレルギーの発症，メタ解析から

　欧州における0～2歳までの室内環境とその後のアレルギー発症をみた8つのEuropean Birth Cohort研究のメタ解析によれば，「カビを室内で認める（visible mold）」と「湿気（dampness）」は，3歳以降の喘息症状やアレルゲン感作には有意な関連はなかったが，0～2歳までの喘息症状を1.4倍に有意に増加させ，有意水準を満たさないが，6～8歳の喘息ORを1.12倍に増加させた[29]。さらに3～10歳までのアレルギー性鼻炎症状を1.2倍程度に有意に増加させていた[29]。また11の臨床研究と5つのケースコントロール研究のメタ解析においても，何らかのカビに付随した環境が喘息発症を1.5倍に増加させており，とくに室内のカビの臭いがある場合では1.73倍に，「湿気」が1.33倍，visible mold「カビを室内で認める」が1.29倍に増加させたとしている[30]。しかしながら，β-Dグルカンやマンナンなどの従来用いられた室内真菌量のバイオマーカーと喘息などのリスクとの関連は認めておらず[31]，新しい室内真菌汚染の客観的な指標が待ち望まれている。また「湿気」やカビに汚染された建物を改築・改善することが，喘息や呼吸器感染を改善，減少させるかが，コクランレビュー（Cochrane Database of Systematic Reviews）により報告されている[32]。それによると2つのRCTを含む8つの研究のメタ解析の対象となり，カビ汚染のある建物の改良により；喘鳴は0.64倍に，気道感染は0.54倍に減少することが示されている[32]。しかし，薬剤の介入試験のような高いエビデンスを示す研究ではないことも指摘されている[32]。

2.3.4 アスペルギルスと喘息，アレルギー

(1) アスペルギルスとアレルギー

　感染病原性のあるのは，300種以上あるアスペルギルスのなかで，アスペルギルス・フミガタス，アスペルギルス・フラバス，アスペルギルス・ニガー，アスペルギルス・テレウスなど19種であり，これらは，アスペルギローマや深在性真菌症の原因となる[33]。一方，抗原としてアレルギー反応を惹起こしやすいのは，これらに加え，アスペルギルス・オリゼがあり，味噌しょうゆの醸造[34]やパン製造[35]に用いる職業性アレルゲンとして重要である。また室内の比較的乾燥した環境でも生存するアスペルギルス・レストリクタス[2,5]もIgE抗体陽性率が高い[36]。海外の報告においては，屋外のアスペルギルス飛散数が多いとされるが，国内（相模原地区）では，アスペルギルスの大気中の飛散数は，1970年代では主要真菌であったものの，1990年代には全真菌の1％以下と減少したことが報告されている[1]。アスペルギルスが国内の屋外大気中において減少した理由は不明であるが，もともと土壌に多い真菌であり，都市化による影響かもしれない。米国都市部の低所得者家庭における室内アスペルギルス濃度に影響する因子としてゴキブリ，ネコ飼育が危険因子として挙げられている[6]。Woodcockらは，枕からの真菌培養でアスペルギルス・フミガタス，*Aspergillus pullulans*（アスペルギルス・プルランス）が主に検出されたことを報告しており[65]，寝具にも注意を払う必要がある。

　アスペルギルスの胞子は，ペニシリウムとともに5μm以下で容易に末梢気道に到達しやすい[23]。さらにアスペルギルスの中でもとくにアスペルギルス・フミガタスは好温菌であり，通常の分生子菌と異なり高温を好み，体温に近い35℃以上でも増殖しやすい[2,5,19,23]。そのためアスペルギルス・フミガタスは下気道において腐生（持続生息）しやすく，アレルギー性気管支肺真菌症（allergic bronchopulmonary mycosis, ABPM）の原因真菌になりやすいと考えられている。

(2) 喘息におけるアスペルギルス感作は難治化につながる

アスペルギルスに単独感作された喘息例はほとんど存在しない。またダニに感作された喘息例において，他の真菌（クラドスポリウムやアルタナリアなど）のIgE抗体が陰性でアスペルギルスのIgE抗体のみが陽性の例もまれである（ただし最近は，環境アレルゲンでアスペルギルスのみ陽性の成人喘息例が漸増している）。すなわち，外因型喘息やアトピー疾患における抗原感作は，少なくとも国内では，ダニ感作がほぼ必須であり，その同時期もしくは遅れてアルタナリア，クラドスポリウムの感作が成立し（あるいは感作されやすく），その後にアスペルギルス感作が生じる例がほとんどと思われる[38)-41)]。またアスペルギルスは，他の真菌，とくにペニシリウムとの交差抗原性が強く，またアスペルギルス・フミガタスのコンポーネントAsp6はマラセチアなどのMoSODと交差抗原性を示すため，この意味でも単独陽性例はほとんど無い[42),43)]。そのため現実の臨床では，アスペルギルスに感作された喘息例は，同時にダニ，多種の真菌，ペットに感作されているアトピー体質の強い喘息といえる。アスペルギルス感作（IgE陽性もしくは皮膚検査陽性）の喘息では，肺機能低下や臨床的なリモデリング（気管支拡張薬投与後でも肺機能低値が持続）を生じやすいことを我々は指摘したが，同様の報告も海外である[44),45)]。またアスペルギルス感作重症喘息は非感作例に比し，肺機能低下だけでなく，気管支拡張を生じることも報告されている[45)]。このように，近年，喘息におけるアスペルギルスは最も難治化しやすいアレルゲンと認識されている[26),27)]。

2.3.5 アレルギー性気管支肺アスペルギルス症（ABPA）とアレルギー性気管支肺真菌症（ABPM）

相模原病院での頻度は，まずアスペルギルスに対するIgE抗体陽性例（＝ABPA予備軍）が成人喘息の約6％存在する。そのうちアスペルギルスに対するオークタロニー法による沈降抗体（≒IgG抗体）陽性者は約1/2であり，成人喘息全体のほぼ3％がABPA-seropositive（＝血清学的なABPA）+典型的なABPAとなる。さらに画像で明らかな中枢性気管支拡張を認める典型的ABPAは，その約1/2（成人喘息全体の1.5％）である（自験未発表データ）。国際的にもインドの10％以上の高頻度と除けば，2～3％で一致しつつある。

ABPAは，アスペルギルスに感作された（＝IgE抗体陽性）喘息患者において，アスペルギルスが下気道に腐生することにより，しだいにIgG抗体も産生され，喘息（Ⅰ型アレルギー）だけでなくⅢ型アレルギー反応（粘液栓による無気肺，好酸球性肺炎，その後に中枢性気管支拡張や肺嚢胞形成と線維化）をきたす疾患である。アスペルギルス以外の真菌もまれに原因となるため，それらを総称してABPM（アレルギー性気管支肺真菌症）と呼ぶ。

ABPAの診断は，古くはRosenbergの診断基準によりなされることが多い[46)]。表-2.3.1にその診断基準[46)]を示したが，典型例ではこの7項目をすべて満たす。もっとも特徴的かつ早期に出現するのが「中枢性気管支拡張所見」である。ABPAを含めABPMでは，喀痰から原因真菌が培養検出できる頻度は30％かそれ以下であり，あくまで血清学的な診断による例が多い[48),49)]。

また現在まで報告されているABPMの原因真菌を表-2.3.2に示す。アスペルギルス，とくにアスペルギルス・フミガタスがABPM全体の実際は80～90％以上を占める[48),49)]。その理由はアスペルギルス・フミガタスがヒト体温でも腐生・増殖しやすいこと，また多種の抗原性と組織侵入性の強いプロテアーゼ活性を有するからと推定されている[48),49)]。またアスペルギルス・フミガタス

表 -2.3.1　ABPA の一次診断基準（Rosenberg 1977）

1） 発作性気管支閉塞（喘息）
2） 末梢血好酸球増加
3） アスペルギルス抗原に対する即時型皮膚反応陽性
4） アスペルギルス抗原に対する沈降抗体陽性
5） 血清 IgE 高値
6） 肺浸潤影の既往（一過性または固定性）
7） 中枢性気管支拡張

表 -2.3.2　アスペルギルス以外の真菌が原因となった ABPM の報告例

原因真菌	発表者	発表年度
Penicillium spp.	Dolan	1970
Stemphylium spp.	Benatar	1980
Drechslera spp.	MaAleer	1981
Torulopsis spp.	Petterson	1982
Mucor–like spp.	Petterson	1982
Candida spp.	Akiyama	1984
Helminthosporium spp.	Sharma	1985
Pseudallescheria spp.	Lake	1990
Bipolaris spp.	Lake	1991
Curvularia spp.	Lake	1991
Schizophyllum spp.	Kamei	1994
Fusarium spp.	Backman	1995
Cladosporium spp.	Fujimoto	1995
Sacchromyces spp.	Ogawa	2004

では多種のアレルゲンコンポーネントが同定されており，抗原性が多種でかつ強いことが示唆される[42),43)]。アスペルギルス・フミガタス以外のアスペルギルス・フラバス，アスペルギルス・ニガー，アスペルギルス・テレウス，アスペルギルス・オリゼによる ABPA も時に経験される。最近では，とくに本邦ではスエヒロタケによる ABPM 報告が多いこと[50),51)]，インドではカンジダによる ABP 報告が多いことが指摘されている[51)]。これらアスペルギルス・フミガタス以外による ABPM は，典型的な ABPA に比べ，血清総 IgE 値の著増は少なく，喘息症状に乏しいこと，気管支拡張もきたしにくいこと，が指摘されている[50),51)]。

◎参考文献

1) 高鳥美奈子，信太隆夫，秋山一男 他：最近 10 年間の相模原地区の空中飛散真菌．アレルギー 43，pp.1-8，1994
2) 高鳥浩介：生活環境中の真菌とその生態．アレルギー，54（6），pp.531-535，2005
3) de Ana SG, Torres-Rodriguez JM, Ramirez EA, *et al*.：Seasonal distribution of Alternaria, Aspergillus, Cladosporium and Penicillium species isolated in homes of fungal allergic patients. J Investig Allergol Clin Immunol, 16（6），pp.357-63，2006
4) Mitakakis TZ, Tovey ER, Xuan W, Marks GB.：Personal exposure to allergenic pollen and mould spores in inland New South Wales, Australia. Clin Exp Allergy, 30（12），pp.1733-1739，2000
5) 高鳥浩介，太田利子，高橋淳子，村松芳多子：環境中の真菌分布と生活．職業・環境アレルギー誌，20（2），pp.21-29，2013
6) O'connor GT, Walter M, Mitchell H.*et al*.：Airborne fungi in the homes of children with asthma in low-income urban

communities:The Inner-City Asthma Study. J Allergy Clin Immunol, 114 (3), pp.599-606, 2004

7) Matheson MC, Dharmage SC, Forbes AB, et al.：Residential characteristics predict changes in Der p 1, Fel d 1 and ergosterol but not fungi over time,. Clin Exp Allergy, 33 (9), 1281-8, 2003

8) Burge HA.：An update on pollen and fungal spore aerobiology. J Allergy Clin Immunol, 110 (4), pp.544-552, 2002

9) O'Hollaren MT, Yunginger JW, Offord KP, et al.：Exposure to an aeroalergen as a possible precipitating factor in respiratory arrest in young patients with asthma. N Eng J Med, 324, pp.359-363, 1991

10) Targonski PV, Persky VW, Ramekrishnan V.：Effect of environmental molds on risk of death from asthma during the pollen season. J Allergy Clin Immunol, 95, pp.955-961, 1995

11) Denning DW, O'Driscoll BR, Hogaboam CM, et al.：The link between fungi and severe asthma:a summary of the evidence. Eur Respir J., Mar；27 (3), pp.615-626, 2006

12) Black PN, Udy AA, Brodie SM.：Sensitivity to fungal allergens is a risk factor for life-threatening asthma.Allergy, 55 (5), pp.501-504, 2000

13) Packe GE, Ayres JG.：Asthma outbreak during a thanderstorm. Lancet, 27, 2 (8448), pp.199-204, 1985

14) Venables KM, Allitt U, Collier CG, et al.：Thunderstorm-related asthma—the epidemic of 24/25 June 1994.Clin Exp Allergy, 27 (7), pp.725-736, 1997

15) Pulimood TB, Corden JM, Bryden C, et al.：Epidemic asthma and the role of the fungal mold Alternaria alternata. J Allergy Clin Immunol, 120 (3), 610-7, 2007

16) Reijula K, Leino M, Mussalo-Rauhamaa H, et al.：IgE-mediated allergy to fungal allergens in Finland with special reference to Alternaria alternata and Cladosporium herbarum. Ann Allergy Asthma Immunol, 91 (3), pp.280-287, 2003

17) Nelson HS, Szefler SJ, Jacobs J, et al.：The relationships among environmental allergen sensitization, allergen exposure, pulmonary function, and bronchial hyperresponsiveness in the Childhood Asthma Management Program.J Allergy Clin Immunol, 104 (4 Pt 1), pp.775-785, 1999

18) Stevenson LA, Gergen PJ, Hoover DR, et al.：Sociodemographic correlates of indoor allergen sensitivity among United States children.J Allergy Clin Immunol, 108 (5), pp.747-752, 2001

19) Neukirch C, Henry C, Leynaert B, et al.：Is sensitization to Alternaria alternata a risk factor for severe asthma? A population-based study.J Allergy Clin Immunol, 103 (4), pp.709-711, 1999

20) Zureik M, Neukirch C, Lernaert B et al.：Sensitisation of airborne moulds and severity of asthma:cross sectional study from European Community respiratory health survey BMJ, 325, pp.411-414, 2002

21) Salo PM, Arbes SJ Jr, Sever M, et al.：Exposure to Alternaria alternata in US homes is associated with asthma symptoms. J Allergy Clin Immunol, 118 (4), pp.892-898, 2006

22) Dharmage S, Bailey M, Raven J, et al.：Current indoor allergen levels of fungi and cats, but not house dust mites,influence allergy and asthma in adults with high dust mite exposure.Am J Respir Crit Care Med, Jul 1；164 (1), pp.65-71, 2001

23) Woodcock A.：Moulds and asthma:time for indoor climate change?, Thorax, 62 (9), pp.745-746, 2007

24) Matheson MC, Abramson MJ, Dharmage SC.et al.：Changes in indoor allergen and fungal levels predict changes in asthma activity among young adults. Clin Exp Allergy, 35 (7), pp.907-913, 2005

25) 谷口正実・谷本英則・竹内保雄・斉藤明美・中澤卓也・安枝浩・秋山一男：【好酸球性肺炎とその周辺疾患】アレルギー性気管支肺アスペルギルス症（ABPA）とアレルギー性気管支肺真菌症（ABPM）, 呼吸器科, 16 (6), pp.469-475, 2009

26) Denning DW, Pashley C, Hartl D, et al.：Fungal allergy in asthma-state of art and research needs Clinical Translational Allergy, 4, 14, 2014

27) Knutsen AP, Bush RK, Demain JG, et al.：Fungi and allergic lower respiratory tract disease J Allergy Clin Immunol, 129, pp.280-291, 2012

28) Jaakkola MS, Jaakkola JJ.：Indoor molds and asthma in adults. Adv Appl Microbiol, 55, pp.309-338, 2004

29) Tischer CG, Hohmann C, Thiering E, Herbarth O, Müller A, Henderson J, Granell R, Fantini MP, Luciano L, Bergström A, Kull I, Link E, von Berg A, Kuehni CE, Strippoli MP, Gehring U, Wijga A, Eller E, Bindslev-Jensen C, Keil T, Heinrich J；ENRIECO consortium.：Meta-analysis of mould and dampness exposure on asthma and allergy in eight European birth cohorts:an ENRIECO initiative. Allergy, 2011

30) Dec；66 (12)：1570-9. Quansah R, Jaakkola MS, Hugg TT, Heikkinen SA, Jaakkola JJ. Residential dampness and molds and the risk of developing asthma：a systematic review and meta-analysis. PLoS One, 7 (11), e47526, 2012

31) Tischer C, Chen CM, Heinrich J.：Association between domestic mould and mould components, and asthma and allergy in children:a systematic review. Eur Respir J. Oct；38 (4), pp.812-824, 2011

32) Sauni R, Uitti J, Jauhiainen M, Kreiss K, Sigsgaard T, Verbeek JH. Remediating：buildings damaged by dampness and

mould for preventing or reducing respiratory tract symptoms, infections and asthma. Cochrane Database Syst Rev. Sep, 7 (9), CD007897, 2011

33) Al-Alawi A, Ryan CF, Flint JD, Müller NL.: Aspergillus-related lung disease, Can Respir J., 12 (7), pp.377-387, 2005
34) Greenberger PA.: Mold-induced hypersensitivity pneumonitis., Allergy Asthma Proc., 25 (4), pp.219-223, 2004
35) Sander I, Raulf-Heimsoth M, Van Kampen V, Baur X.: Is fungal alpha-amylase in bread an allergen?, Clin Exp Allergy, 30 (4), pp.560-565, 2000
36) Itabashi T, Hosoe T, Toyasaki N, Imai T, Adachi M, Kawai K.: [Allergen activity of xerophilic fungus, Aspergillus restrictus] Arerugi., 56 (2), pp.101-108, Japanese, 2007
37) Woodcock AA, Steel N, Moore CB, Howard SJ, Custovic A, Denning DW.: Fungal contamination of bedding.Allergy, 61 (1), pp.140-142, 2006
38) Kauffman HF, van der Heide S.:Exposure, sensitization, and mechanisms of fungus-induced asthma., Curr Allergy Asthma Rep., 3 (5), pp.430-437, 2003
39) Ezeamuzie CI, Al-Ali S, Khan M, Hijazi Z, Dowaisan A, Thomson MS, Georgi J.: IgE-mediated sensitization to mould allergens among patients with allergic respiratory diseases in a desert environment., Int Arch Allergy Immunol., 121 (4), pp.300-307, 2000
40) Reijula K, Leino M, Mussalo-Rauhamaa H, Nikulin M, Alenius H, Mikkola J, Elg P, Kari O, Makinen-Kiljunen S, Haahtela T.: IgE-mediated allergy to fungal allergens in Finland with special reference to Alternaria alternata and Cladosporium herbarum., Ann Allergy Asthma Immunol., 91 (3), pp.280-287, 2003
41) Nolles G, Hoekstra MO, Schouten JP, Gerritsen J, Kauffman HF.: Prevalence of immunoglobulin E for fungi in atopic children. Clin Exp Allergy., 31 (10), pp.1564-1570, 2001
42) Kurup VP. Aspergillus antigens:which are important? Med Mycol., 43, Suppl 1:S189-96, 2005
43) 竹内保雄・谷口正実・安枝浩：アレルギー疾患におけるアスペルギルスのアレルゲン解析，アレルギーの臨床 (0285-6379) 30 (7), pp.619-623, 2010
44) Fairs A, Agbetile J, Hargadon B, Bourne M, Monteiro WR, Brightling CE, Bradding P, Green RH, Mutalithas K, Desai D, Pavord ID, Wardlaw AJ, Pashley CH.Fairs, Agbetile, Hargadon et al.: IgE sensitization to Aspergillus fumigatus is associated with reduced lung function in asthma.Am, J Respir Crit Care Med, 192, pp.1362-1368, 2010.
45) Menzies D, Holmes L, McCumesky G, Prys-Picard C, Niven R.: Aspergillus sensitization is associated with airflow limitation and bronchiectasis in severe asthma. Menzies et al. Allergy, 66, pp.679-685, 2011
46) Rosenberg M, Patterson R, Mintzer R, Cooper BJ, Roberts M, Harris KE.: Clinical and immunologic criteria for the diagnosis of allergic bronchopulmonary aspergillosis, Ann Intern Med., 86 (4), pp.405-414, 1977
47) Greenberger PA.:Allergic bronchopulmonary aspergillosis.J Allergy Clin Immunol. 110 (5), pp.685-692, 2002
48) Gibson PG.: Allergic bronchopulmonary aspergillosis., Semin Respir Crit Care Med., 27 (2), pp.185-191, 2006
49) Tillie-Leblond I, Tonnel AB.: Allergic bronchopulmonary aspergillosis., Allergy. 60 (8), pp.1004-1013, 2005
50) Masunaga A, Morimoto K, Ando T, Ikushima S, Takemura T, Oritsu M.: [Three cases of allergic bronchopulmonary mycosis due to Schizophyllum commune]. Nihon Kokyuki Gakkai Zasshi., 48 (12), pp.912-917, 2010
51) Chowdhary A, Agarwal K, Kathuria S, Gaur SN, Randhawa HS, Meis JF.: Allergic bronchopulmonary mycosis due to fungi other than Aspergillus:a global overview.,Crit Rev Microbiol., Feb, 40 (1), pp.30-48, 2014

第 3 章

室内微生物の検出法・測定法

3.1 サンプリング法

柳　宇

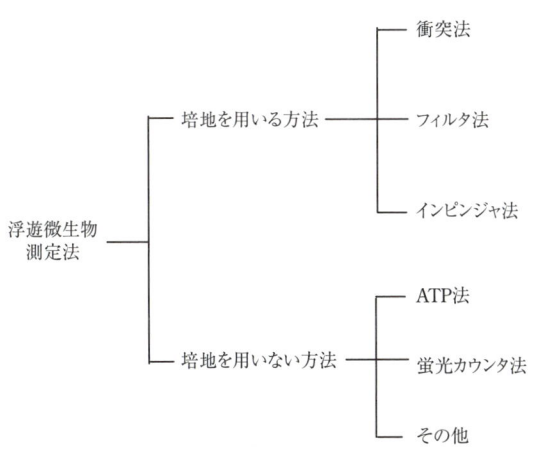

3.1.1 浮遊微生物

(1) 浮遊微生物測定法の分類

　浮遊微生物の測定には培地を用いる方法と用いない方法がある。図-3.1.1 に浮遊微生物測定法の分類を示す[1]。なお，ここでいう微生物とは細菌と真菌のことを指す。培地を用いる方法では，浮遊微生物粒子のサンプリングと培養の 2 段階の作業が必要になる。サンプリング方法には，日本で一般的に使用される衝突法のほか，欧米でよく使用されるフィルタ法および主に実験室などで使用されるインピンジャ法がある。

　微生物の培養においては，細菌の培養には一般的にきわめて広範囲の菌の発育に適するトリプトソーヤ（SCD）寒天培地が用いられる。また，真菌の培養では一般的にポテトデキストロース（PDA）寒天培地，ジクロラン‒グリセロール（DG18）寒天培地が使用される。

　一方，培地を用いない方法では微生物を直接測定するのではなく，その代謝物のある条件下での発光量を測定するものが多く，培養が不要なため短時間または瞬時に結果が得られるという特徴がある。

図-3.1.1　浮遊微生物測定法の分類[1]

(2) 培地を用いる方法

a. 衝突法

① 原理

空中を浮遊する粒子が持っている慣性力は，その粒子の粒径または運動速度が大きいほど大きくなる。衝突法はこの慣性衝突原理を応用したものである（図-3.1.2）。慣性衝突による浮遊微生物粒子の捕集率を左右するパラメータはStokes数（式 (1)）である。

$$S_{tk} = \rho p_{d\,p}^{2} C c U o / 18 \eta d_f \tag{1}$$

ここで，

S_{tk}：Stokes 数
ρ_p：粒子の密度
d_p：粒子直径
Cc：すべり補正計数
Uo：フィルタの表面風速
η：粘性
d_f：ろ材の繊維径

Stokes 数が大きくなるにつれその慣性衝突の捕集率は高くなる。Stokes 数が大きくなる要素として，粒子の大きさ（粒径）と密度が大きいこと，粒子の運動速度が大きいことなどが挙げられる。

図-3.1.2 衝突法の原理[1]

② 種類と特徴

現在一般に使用されている衝突法の測定器の種類とその特徴を表-3.1.1 に示す。図-3.1.3 ～ 図-3.1.5 に衝突法の測定器の例を示す。

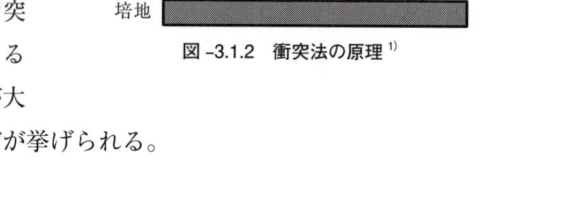

表-3.1.1 衝突法の浮遊微生物粒子測定器[1]

方式	測定方法	サンプリング 吸引量 (L/min)	時間 (min)	利点・注意点
1段多孔型	1段の固体板に多数の孔を設けて浮遊微生物粒子を含んだ空気を孔を通して吸引し，慣性力の大きい微生物粒子は流線の屈曲に追随できずに寒天培地に衝突し捕集されるものである。9cm培地使用。	100	0.5～120	簡便な携帯型がある。製造者によっては捕集効率のばらつきがある。
多段多孔型	孔径の異なる多孔板を直列に重ねたものである。下流になるにつれ孔径が小さくなるため，慣性力の大きい粒子は上流の段，より小さい粒子は下の段に捕集される仕組みになっている。9cm培地使用。	28.3	任意	粒径別浮遊微生物粒子の測定ができる。1回の測定に6枚または8枚の培地を使用するため，やや手間がかかる。
スリット型	スリットから空気を吸引し，寒天培地に流線からはずれた微生物粒子を衝突させるものである。9cmまたは15cmの培地使用。	28.3	3～60	1枚の培地で浮遊微生物粒子濃度の経時変化の測定ができる。培地設置の高さに要注意。
遠心型	円筒内にある10枚刃の回転羽根を高速回転させることにより，吸引空気中の微生物粒子を専用培地板挿入口に差し込んである培地に吹き付けるものである。特製帯状培地使用。	40	0.5～8	ハンディータイプのため使いやすい。流量のキャリブレーションが確かでない。現在100L/minの機種も販売されている。

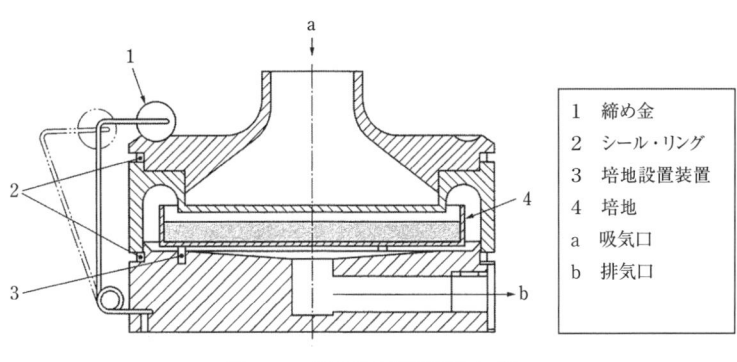

図-3.1.3 衝突法の計測器例（1段）

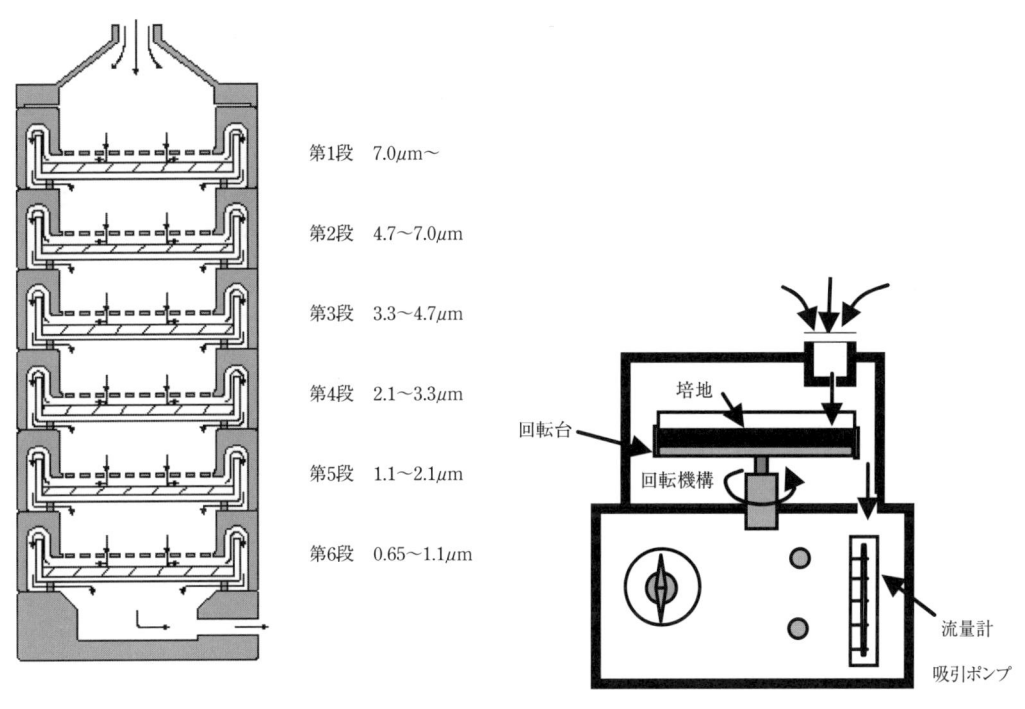

1 締め金
2 シール・リング
3 培地設置装置
4 培地
a 吸気口
b 排気口

第1段　7.0μm〜
第2段　4.7〜7.0μm
第3段　3.3〜4.7μm
第4段　2.1〜3.3μm
第5段　1.1〜2.1μm
第6段　0.65〜1.1μm

図-3.1.4 衝突法の計測器例（多段）[1]

図-3.1.5 衝突法の計測器例（スリット型）[1]

b. フィルタ法
① 原理
　フィルタ法は文字通りフィルタのろ過原理を応用したものである。ろ過では慣性衝突，さえぎり，拡散および静電気の4つの機構によりフィルタ近傍の浮遊微生物粒子を捕集する（**図-3.1.6**）。実際の場合，フィルタによる粒子の捕集は上記の複数の機構によるが，粒子径によってその主な捕集機構が異なる。ろ過による捕集効率は粒子径 $0.2\,\mu m$ 前後を境にそれより大きい粒子は慣性衝突，小さい粒子は拡散の機構が主である。したがって，細菌（$0.5\,\mu m$〜），真菌（$2\,\mu m$〜）のような微生物粒子においては，慣性衝突が主な捕集機構となる。

② 種類と特徴
　フィルタ法のフィルタには一般にポリカーボネートとゼラチンが用いられる。両者は共にメン

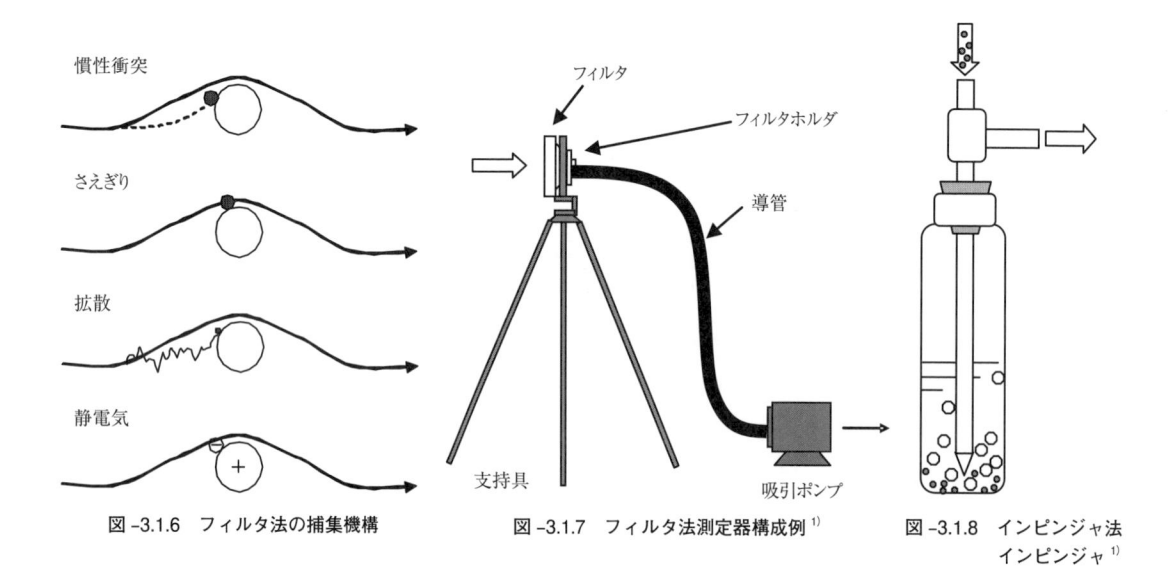

図-3.1.6　フィルタ法の捕集機構　　図-3.1.7　フィルタ法測定器構成例 [1]　　図-3.1.8　インピンジャ法 インピンジャ [1]

ブラン構造となっており，1μm以上の浮遊真菌胞子に対する捕集効率は95％以上とされている。また，ゼラチンフィルタは水溶性であるため，サンプリング後滅菌リン酸緩衝液または滅菌生理食塩水に溶かして培養に用いるか，そのまま培地上に貼付し培養するかのどちらの方法もとれる。図-3.1.7にフィルタ法の構成例を示す。

c. インピンジャ法

① 原理

インピンジャ法はサンプル空気を捕集溶液（滅菌生理食塩水）にバブリングすることにより空気中の微生物粒子を捕集液に捕集するものである。

② 種類と特徴

市販のインピンジャはその容量によっていろいろなものがある（大凡10～30 mL）。また1段か2段を用いることがあるが，一般に1段より直列の2段の方が捕集率は高くなる（図-3.1.8）。

(3) 培地を用いない方法

近年，培地を用いた場合測定対象となる微生物の種類を同定することが可能になる反面，サンプリング，培養，計数，同定などの一連の作業において，細菌では2日間，真菌では5日間以上の時間を要するため，測定現場で結果を知ることができない欠点がある。近年，PL法・HACCPシステムに基づく衛生管理方式の導入や，バイオテロ対策などから，空気中浮遊微生物の迅速測定が強く望まれている。微生物の迅速測定法については，フローサイトメトリー法，マイクロステイン法，酵素反応法（蛍光抗体法），ATP法などの水中の微生物測定方法がある。一方，空気中微生物の迅速測定においては，ATP法が検討されているほか，下記に示す微生物の代謝物からの蛍光発光量を瞬時に計測する方法が開発されている。

細菌，真菌のような微生物に特定波長の紫外線を照射すると，細胞の代謝物，すなわち蛍光物質（蛍光を放射するすべての分子の総称，ニコチンジアミドアデニンネクレオチドNADHやリボフラビンなど）が放出されることが知られている。アメリカで近年開発されたIMD（Instantaneous

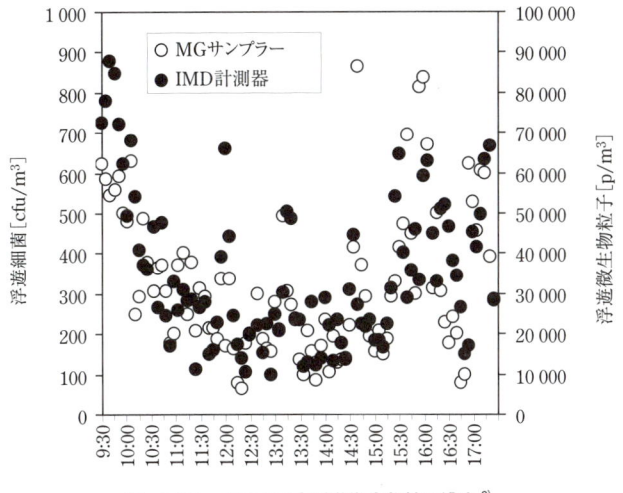

図 –3.1.9 オフィス内浮遊微生物粒子濃度[2]

Microbial Detection，瞬間微生物検出器）はこの原理を応用したものである。IMD は蛍光を計測する検知部，Mie 散乱理論に基づく在来のパーティクルカウンター，微生物と非生物粒子を区別する演算部から構成されている。

図 –3.1.9 にオフィス環境における IMD と同時に行った浮遊細菌濃度（MG サンプラ使用）の結果を示す。総じて両計測器から得られた経時変化のパターンは同様であった。すなわち，IMD の結果は MG サンプラーの濃度と同じように，経時的に上下することから，蛍光カウンタが一般環境でモニタとして使用可能であることがわかる。

3.1.2 堆積・付着微生物 [3], [4]

ハウスダストについての科学的な研究を最初に行ったのは，顕微鏡を考案したオランダ人のアントニ・バン・レーウェンフック（Antoni van Leeuwenhoek）であり，貯蔵食品性ダニ類の生殖習性を調べるのが契機であった。320 年前（1694 年）のことであった。

家屋内のダスト（ハウスダスト）中の微生物が調べられるようになったのは，1970 年前後であり，それは現代の居住環境の気密性・断熱性の向上により，室内の温熱環境は季節を問わず微生物の生息にとって好条件になっているためである。今日，アレルギー性喘息といえばハウスダストが連想されるほど，ハウスダストが有名になっている。無論，アレルギー性喘息の主な原因はハウスダスト中のチリダニ科のヤケヒョウヒダニとコナヒョウヒダニの糞，虫体からなるアレルゲンであるとされているが，研究の遅れを取っているカビアレルゲンも無視できない。近年ではハウスダストを一括りで，ハウスダストとヒトの健康影響の関係についての疫学調査研究が行われている。

ハウスダスト中の微生物の定量はダストの採取，微生物の抽出，微生物の培養との3段階で行われる。採取できるダストの量を勘案して，筆者らはハンディタイプの集塵機を用いている。ハウスダスト中の微生物量を定量するために，1 g 当たりの cfu を求める必要があり，重量への寄与度が大きく，微生物との関係の少ない大きいダストを除去する必要がある。筆者らはダニアレルゲンの研究と同様に，採集したハウスダストを篩い落としたファインダスト（使用メッシュ：300 μm）

を分析の試料としている．また，微生物の抽出については，天秤でファインダストの重量を計り，滅菌緩衝リン酸液10 mLに浸し，均一になるように攪拌したのち，スパイラルプレダーなどにて培地1枚につき50μLを塗布し，微生物の培養・計数・同定を行う．

上記の方法では，ハウスダストの抽出液（10 mL）の1/200の50μLを真菌の分析対象としているため，ハウスダスト中にカビの量が少ない場合の定量が難しい．そのために，筆者らはテープ法（tape-lift法）を併用している．テープ法は，粘着性テープを被測面に密着させ，表面に付着している真菌をテープに転写する．その後テープを培地に密着させ培養する．図-3.1.10（中）にテープ法による測定結果を示す．この方法は付着菌の少ない表面の測定に向いているが，付着菌が多すぎて計数できない場合もある（図-3.1.10の右）．

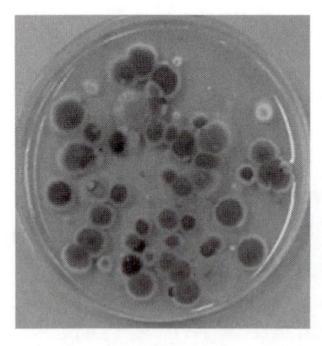

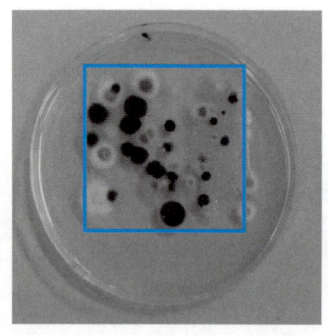

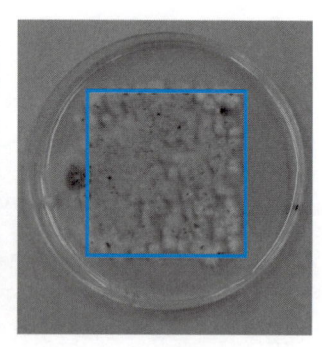

図-3.1.10 堆積・付着微生物の例（左：ハウスダストから抽出，中と右：テープより転写）[3]

◎参考文献

1) 柳　宇：日本建築学会環境基準 AIJES-A008-2013 －浮遊微生物サンプリング法学会規準・同解説，pp.1-2, pp.5-12, pp.22-26, 丸善，2013.3
2) 柳　宇，池田耕一：空中浮遊微生物粒子の測定における瞬間微生物計測器の適応に関する研究，第1報 オフィス環境でのリアルタイム測定，平成18年度室内環境学会総会講演集，pp.128-129, 2006
3) 柳　宇：ハウスダスト中のカビ，空気清浄，Vol.52, No.3, pp.29-33, 2014
4) 柳　宇・吉野博 他10名：居住環境における健康維持増進に関する研究 その9，居住環境と児童の健康障害との関連性に関する調査研究（4）住宅の室内環境に起因する健康影響に関する実測調査（Phase 3）の冬期真菌測定結果，2009年日本建築学会大会学術講演会，pp.1001-1002, 2009

3.2 分離・培養・同定法

小田　尚幸・川上　裕司

3.2.1　微生物の分離

　微生物を検体から分離する方法は，検体（試料）の状態に合わせてさまざまな方法が用いられている。検体が液体であれば，検体1 mLをリン酸生理食塩水（Phosphate buffered saline，以下PBSと称す）9 mLと混ぜ合わせて，10 mLの懸濁液を調製する。検体が固体の場合は，検体10 gとPBS 90 mLをストマッカー袋（滅菌されたナイロンまたはやポリエチレンの袋）に入れて混ぜ合わせ，検体を破砕・粉砕して均質化した後，夾雑物をろ過し，懸濁液とする。フィルタ付ストマッカー袋を利用すると，ろ液を分離しやすく，次に希釈液を調整する際に簡便である。懸濁液（原液）をPBSによって10倍，100倍，1 000倍，10 000倍というように段階希釈してそれぞれ培養する。検体からの微生物の分離は希釈濃度を明確にし，定量化する必要がある。段階希釈は希釈系列を簡単に調整できるPBSが9 mLずつ充填された4連の商品（Pro・media MT-11・エルメックス社など）を使うと簡便である。

　室内環境から微生物を分離する場合には，「液体でなく，破砕・粉砕が不可能な検体」であることが多い。床，壁，テーブルなどに付着している微生物の分離を行う場合には，一定の面積（通常10 cm×10 cm＝100 cm^{2}程度）を滅菌綿棒（抗菌性のあるものは不可）や滅菌スタンプ瓶または綿棒とPBSを組合わせたサンプリング用具（ふきふきチェック・栄研化学など）を用いてふき取る。そして，ふき取ったものを直接培地に接種するか，または前述と同様に希釈液を調整して培養する（図-3.2.1）。

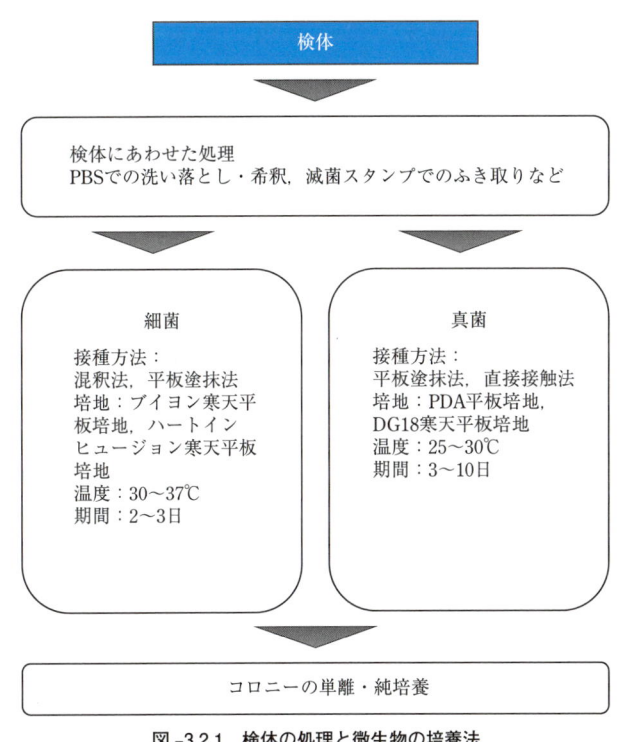

図-3.2.1　検体の処理と微生物の培養法

室内の空気中に浮遊する微生物を分離する場合には，エアーサンプラーを用いる。さまざまな機種が市販されているが，90 mm の平板培地をセットして一定量（100 ～ 200 L）の空気を培地の表面に吹き付ける「多孔板衝突方式」のエアーサンプラー（PBI international 社，ミドリ安全社等）が室内環境学会微生物分化会で推奨されている。目的とする細菌または真菌に適した平板培地をセットして捕集された微生物は，培養後に発生した微生物のコロニーを個別に純培養して最終的な分離株とする。最近では，平板培地ではなく溶液に捕集するタイプのエアーサンプラーが市販されており，捕集された検体をただちに蛍光染色法や PCR 法による迅速微生物検査装置にかけて解析することが可能になっている。

3.2.2 微生物の培養

希釈した検体の培養やエアーサンプラーにセットする培地は，分離目的が細菌であるか真菌であるかによって大きく異なる。さらに，微生物の生理・生化学的な性状に適した培地を用いる必要がある。培地の一例を表 –3.2.1 に示す。

細菌培養では，「平板塗抹培養法」と「混釈培養法」が用いられている。前者は調整した細菌希釈液をコンラージ棒によって平板培地の表面に塗抹する方法。後者は 50 ～ 40 ℃に冷ました液状の寒天培地に希釈液を混ぜ合わせ固化させる方法である。一般生菌数および大腸菌群数などを定量する場合には，「混釈培養法」が一般的である。希釈液を適した培地で一定時間培養することによって培地上に発生するコロニーを計数することで，検体あたりの微生物濃度を定量することができる。得られた数値には，例えば「300 CFU/g」と表記する。CFU は Colony Forming Unit の略で，平板培地に発育したコロニーを計数して得られた数値を意味する。この数値は 1 g 当たりに換算される付着細菌または付着真菌のうち，用いた培地上で発育しコロニーを形成した生菌の数である。培養時間は種によって異なるが，おおむね 30 ～ 37 ℃で 24 ～ 48 時間である。

真菌は好気性であるため，通常は「平板塗抹培養法」で培養する。培養時間は細菌以上に種による差が大きいが，おおむね 25 ～ 30 ℃で 3 ～ 7 日間培養する。発育した複数のコロニーから目的とする菌種をエーゼ（滅菌白金耳）で単離し，新たな培地に接種して純培養する際には，その種に合った適温，例えば *Aspergillus fumigatus*（アスペルギルス・フミガタス）の場合 40 ℃で培養する。また，

表 –3.2.1 微生物分離用培地の一例（種類と組成）

微生物	培地名称	組　成	用　途
細　菌	ブイヨン寒天培地[*1]	肉エキス 5.0g，ペプトン 10.0g，塩化ナトリウム 5.0g，寒天 15.0g，蒸留水 1L．pH7.0 ± 0.2	一般的な細菌の培養
	ハートインヒュージョン寒天培地[*1]	ハートエキス（牛の心臓のエキス）末 10.0g，ペプトン 10.0g，塩化ナトリウム 5.0g，寒天 15.0g，蒸留水 1L．pH7.4 ± 0.2	栄養要求の厳しい細菌群の培養，保存，各種試験用
真　菌	PDA ポテトデキストロース寒天培地[*1]	ポテトエキス 4.0g，ブドウ糖 20.0g，寒天 15.0g，蒸留水 1L．pH5.6 ± 0.2	好乾性以外の酵母，カビ類の分離培養およびその同定
	DG-18 ジクロラン-グリセロール寒天基礎培地[*2]	ペプトン 5g，ブドウ糖 10g，リン酸二水素カリウム 0.5g，ジクロラン 2mg，寒天 15g，蒸留水 1L．グリセリン 220g（18%w/w），pH5.6 ± 0.2	生育が遅くコロニーが小さい真菌および好乾性真菌の分離や培養に適する

＊1　日水製薬の製品を参考に作成。
＊2　関東化学の製品を参考に作成。

室内空気中のアレルゲン性好乾性真菌（*Eurotium*（カワキコウジカビ），*Wallemia*（アズキイロカビ），*Aspergillus restrictus*（アスペルギルス・レストリクタス）等）を分離するためには，DG–18 寒天培地を用いて 10 ～ 14 日間培養する[1]。一般的に多用される PDA 寒天培地は富栄養のために，*Mucor*（ケカビ）や *Rhizopus*（クモノスカビ）が数日で培地全体を覆ってしまい，目的とする真菌の分離・同定が困難になることが多い。エアーサンプラーによって得られたコロニーを計数することによって得られた数値には，例えば「300 CFU/m^3」と表記する。この数値は 1 立方メートル当たりに換算される浮遊細菌または浮遊真菌の数である。

3.2.3　形態的特徴による分類

(1) 細菌の培養と同定

　室内環境に見られる一般的な細菌では，24 ～ 48 時間培養してコロニーを発育させてから同定検査を行う。細菌を増殖させる培養条件は，温度，酸素要求性（好気性，微好気性，通性嫌気性，偏性嫌気性など），栄養要求性，代謝系など対象とする細菌種に合わせて調整する必要がある。同じ検体（試料）に対して，いくつかの培養条件を調整して同時に培養することによって，複数類の細菌を分離培養することが可能である。この操作をふるいわけ（スクリーニング）と呼ぶ。また，目的とする細菌のコロニーを着色して識別できる「選択増菌培地」が多種類市販されているので適した培地を使用することで，初歩的なスクリーニングができる。サルモネラ菌（*Salmonella* spp.）や大腸菌（*Escherichia coli*）などの主要な病原細菌を分離培養する場合には，精度の高い選択増菌培地を利用すると簡便である。

　細菌の形態を観察して同定を行う場合，コロニーから直接プレパラート標本を作製するのではなく，グラム染色を行う必要がある。グラム染色によって「青紫色に染まるものをグラム陽性菌」，「赤色に染まるものをグラム陰性菌」に分類する。グラム染色は，細胞壁構造の違いによって染まり方が異なる原理を利用した染色法である。グラム陽性菌の細胞壁は一層の厚いペプチドグリカン層からなり，一方グラム陰性菌の細胞壁には外膜があり，外膜と細胞質膜の間が薄いペプチドグリカン層になっている。代表的な細菌の菌体形状とグラム染色による分類を**表 –3.2.2** に示す。染色した標本（乾燥して死滅した細菌）を光学顕微鏡で約 1 000 倍に拡大して観察する。「選択増菌培地」，「グラム染色」，「細菌形状の観察」を組み合わせることで，科または属レベルの同定が可能な菌もある。

表 –3.2.2　代表的な細菌の形態的特徴

和　名	学　名	形　状	グラム染色	酸素要求性
大腸菌	*Escherichia coli*	桿菌	陰性（赤）	通性嫌気性
黄色ブドウ球菌	*Staphylococcus aureus*	球菌（不規則集合）	陽性（青紫）	通性嫌気性
枯草菌	*Bacillus subtilis*	桿菌（芽胞形成）	陽性（青紫）	好気性
緑膿菌	*Pseudomonas aeruginosa*	桿菌	陰性（赤）	好気性

(2) 真菌の培養と同定

　室内環境に見られる一般的な真菌では，最短 3 日から最長 14 日くらいまで対象とする種に適した温度で培養し，コロニーを発育させてから同定検査を行う。真菌の場合，コロニーと微細構造の

形態観察が同定の基本である。とくにカビ（糸状菌）はコロニーの大きさ，色彩，平坦かビロード状かなどの形状に加えて，分生子や頂嚢の微細構造を観察することで属レベルの分類が可能である。真菌の場合，細菌のように染色をしなくとも微細構造の確認ができる。コロニーの一部をエーゼでかきとり，ラクトフェノール封入液とともにスライドガラスに取り，カバーガラスをかけて顕微鏡で観察する[2]。白色系の真菌を検鏡する場合には染色液としてメチルブルーを加えた封入液を用いると観察しやすい。これらの封入液や染色液は市販されている。

室内環境中の真菌として分離頻度が高い *Aspergillus*（コウジカビ属，アスペルギルス），*Penicillium*（アオカビ属，ペニシリウム），*Cladosporium*（クロカビ属，クラドスポリウム）の特徴を覚えることが室内真菌の同定の第一歩である。とくに重要種が含まれるアスペルギルスとペニシリウムの形態的特徴については，第1章1.1節を参考にしていただきたい。

3.2.4 遺伝子配列解析による分類と同定

形態的学的な分類・同定の技術は微生物を扱う上で基本かつ必須の技術であるが，微生物に関する知識と情報に精通し，観察技術の修練が必要である。とくに，真菌の形態的特徴は種によって多種多様であり，形態的特徴だけでは同定が困難な種も多い。加えて，細菌と比べて培養時間がかかることが難点である。同定検査の精度と短時間で結果が出ることから，細菌も真菌も遺伝子配列解析による分類・同定検査（以下，DNA解析と称する）が主流になっている。

DNA解析は，おおむね図-3.2.2に示す6つの行程を経て行う。本書では紙面の都合上簡単な解説に留める。DNA解析の詳細について知りたい場合は，試薬やプロトコールについて詳細に記述した手引書[3)-5)]を参考にしていただきたい。

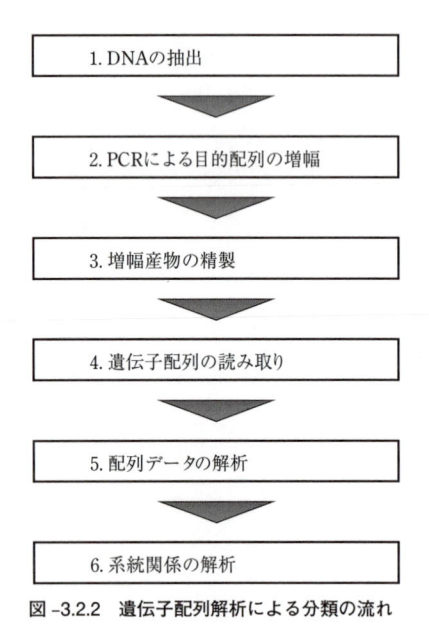

1. DNAの抽出
2. PCRによる目的配列の増幅
3. 増幅産物の精製
4. 遺伝子配列の読み取り
5. 配列データの解析
6. 系統関係の解析

図-3.2.2　遺伝子配列解析による分類の流れ

(1) 微生物からのゲノム DNA 抽出法

　DNAの抽出は単離して純培養した菌体を用いて行う。菌体の細胞組織を試薬や酵素を用いて変性させ，フィルタろ過（スピンカラム）あるいは沈殿させて変性組織を除去することで，核内のゲノムDNAを抽出する。原核生物の細菌と真核生物の真菌では，細胞構造が異なることからDNAの抽出法も若干異なっている。真菌用，細菌用，酵母用など目的に応じたDNA抽出キットがZYMO RESEARCH社やタカラバイオ社など各社から市販されているので，それらを利用すると良い。DNA抽出キットは，カラムを用いるタイプや試薬を混合するタイプなど，いくつかの方法があるが，カラムを用いるタイプの方が複雑な作業を要求されないため，初心者に向いている。

(2) 抽出 DNA を鋳型とした遺伝子配列の複製

　微生物から抽出したゲノムDNAだけでは，DNA解析を行うために必要な配列の量が不十分であるので，PCR（ポリメラーゼ連鎖反応，polymerase chain reaction）によって，目的とする遺伝子配列のみを増幅して解析を行う。PCRはターゲットとするDNA断片（数100～数1 000塩基対）だけを選択的に増幅させることができ，しかもきわめて微量なDNA溶液で目的を達成できる[4]。増幅に要する時間が約2時間と短く，実験手順が単純なことから廉価な全自動の卓上型増幅装置が市販されている。PCRは，変性，2重鎖の解離，アニーリング（プライマーによる部分的な2重鎖の復元），ポリメラーゼ反応，を繰り返して遺伝子を増幅する手法である（図-3.2.3）。この工程を繰り返すことによって，プライマー間のDNAを2時間ほどで約100万倍にまで増やすことができる[3]。

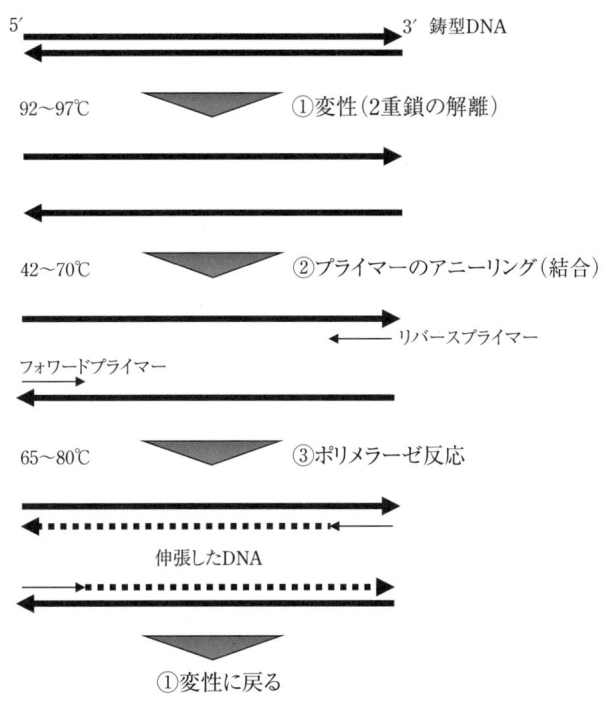

図 -3.2.3　PCR の工程（PCR 実験なるほど Q&A―必ず増やす条件設定とコツ＋様々な実験への活用法を参考に作図）

PCRは①鋳型となるDNA，②3′末端に−OHを持つ20塩基程度の1本鎖DNA断片が2種（フォワードとリバースのプライマー），③伸長反応のための材料であるデオキシリボヌクレオチド三リン酸（dNTP；dATP，dTTP，dGTP，dCTP），④Taq-DNAポリメラーゼ，⑤$MgCl_2$を含んだバッファーが必要である[3]。鋳型DNAおよび2種のプライマー以外は，市販されている「Taq-DNAポリメラーゼ一式」の中に同梱されている。PCR反応で重要なTaq-DNAポリメラーゼは，タカラバイオ社やニッポンジーン社などからさまざまな種類が販売されている。なお，PCRに必要な試薬の種類や量についてはDNAポリメラーゼによって異なるため，各社の取扱説明書を参考にしていただきたい。

DNA合成のスタート地点となるプライマーは，鋳型DNAのセンス側（5′）の配列であるフォワードプライマーと，アンチセンス側（3′）のリバースプライマーを用いる（図-3.2.3）。プライマーは，微生物の種類や増幅対象となる配列によって異なる。微生物を同定するに当たっては，さまざまな種の微生物に存在する共通配列をプライマーとした「ユニバーサルプライマー」が設計され，市販されている。ユニバーサルプライマーを使用することで，目的とする微生物種にとらわれることなく特定の遺伝子配列を増幅することが可能で，増幅配列は「GenBank」や「DNA Data Bank of Japan（DDBJ）」，「European Molecular Biology Laboratory（EMBL）」などの核酸データベースに豊富に登録されているため属や種の同定が比較的容易にできる。ユニバーサルプライマーは，細菌では，リボソーム小サブユニットrRNA（SSU rRNA）遺伝子配列の前半あるいは後半を増幅し，真菌では18S rRNAと5.8S rRNAの間のスペーサー領域（ITS1）を増幅できるように設計されている[4]（表-3.2.3）。

ユニバーサルプライマーは，微生物によっては属内や種内の遺伝子配列の変異が乏しく，分類しきれない場合もある。そこで詳細な系統関係が知りたい場合には，目的とする微生物のDNA解析による分類に適した遺伝子配列を選択し，それに適したプライマーを用いる必要がある。例えば，室内環境中で問題視されることが多い*Aspergillus*属と*Penicillium*属では，β-チューブリン遺伝子を解読するために適したプライマー（Bt2a：5′-GGT AAC CAA ATC GGT GCT GCT TTC-3′，Bt2b：5′-ACC CTC AGT GTA GTG ACC CTT GGC-9′[5]）などがDNA解析に用いられている。

細菌は遺伝子の水平組み換えが頻繁に起こるため，複数のDNA解析から系統関係を調べるmultilocus sequence typing（MLST）法が近年用いられている。MLST法で利用される遺伝子配列には，SSU rRNA遺伝子に加えて，細菌の生存の根幹にかかわるDNAの複製に関与するジャイレース遺伝子（gyrB），ヒートショックタンパクに代表されるストレスタンパク遺伝子をはじめと

表-3.2.3 登録済の汎用性の高いユニバーサルプライマー

	増幅部位	プライマー名称	配列
細菌	SSU rRNA 前半	10F	5′-GTTTGATCCTGGCTCA-3′
		800R	5′-TACCAGGGTATCTAATCC-3′
	SSU rRNA 後半	800F	5′-GGATTAGATACCCTGGTA-3′
		1500R	5′-TACCTTGTTACGACTT-3′
真菌	ITS1	ITS1F	5′-GTAACAAGGT（T/C）TCCGT-3′
		ITS1R	5′-CGTTCTTCATCGATG-3′

注）第十六改正日本薬局方「遺伝子解析による微生物の迅速同定法」を参考に作成。

した housekeeping 遺伝子が用いられている[5]。プライマーの合成は，「オリゴ合成」などの名称でシグマ アルドリッチ社やグライナー社が受託しているので，それらを利用して作製すると良い。

PCR 法とそれから派生した逆転写ポリメラーゼ連鎖反応，リアルタイム PCR，DNA シークエンシングなどの技術は，微量のゲノムや RNA から目的の DNA を選択的に増幅できることから，法医学（DNA 型鑑定）や疾病の診断などにも広く応用されている。

(3) PCR 増幅産物の精製

PCR によって増幅された溶液には PCR 増幅産物以外に，合成に使われなかった dNTP やポリメラーゼなど，この後の DNA シークエンスに不要な物質が含まれている。そのため，不要な物質を取り除く「精製」の工程が必要となる。酵素によって不要物質を不活化するもの，スピンカラムやゲルによって取り除くものなどのキットが販売されており，スピンカラム式のキットを利用するのが容易である。

(4) 遺伝子配列の読み取り（DNA sequencing）

PCR 増幅産物の塩基配列（DNA を構成するヌクレオチドの結合順序）を決定することが DNA 塩基配列の読み取り（以下，シークエンスと称す）であり，塩基配列解析装置（DNA シークエンサー）を使って解析する。ゲル板法やキャピラリー法などいくつかの解析法に基づく DNA シークエンサーが市販されているが，いずれの機種も 1,000 万円を超える高価な機器であり，専門の分析機関でないかぎり自ら導入する必要はない。シークエンスを受託している企業や公的研究機関（ファスマック社，北海道システムサイエンス社など）があり，1 サンプルの読み取りあたり約 1,000 円と比較的廉価であるので，分析委託が普通になっている。

シークエンスによって得られた塩基配列情報は，ATGC の文字情報となってコンピュータ上でデータとして扱うことができる。シークエンスの原理上，読み出しから 50 〜 70 塩基程度は信頼性が低くなるため，それ以降の配列をデータ解析に用いる。

(5) シークエンスデータの解析

シークエンスデータを解析するためには，まず，そのデータが目的とする微生物の配列であるかどうかを確認する必要がある。Web で BLAST（The Basic Local Alignment Search Tool；http://blast.ncbi.nlm.nih.gov/Blast.cgi）を利用して，核酸データベースと照合することによって，高い相同性を示す配列を調べる。そして，形態的特徴から予測された種とシークエンスによる相同性解析の結果をすり合わせてみる必要がある。このような手順を踏むことでほぼ正確な微生物の同定を行うことができる。

(6) 系統関係の解析

種を同定した後，Clustal[7]に代表される，多重相同性解析ソフトを利用することによって，同定した微生物の近縁種との系統関係を知ることができる。前述のデータベースから比較したい微生物種の同一領域の塩基配列を引用し，どの種と近縁であるのかを解析する。相同性は図 -3.2.4 のように，バラバラであった配列が揃うように整列（アライメント）され，どの程度同じ塩基の並び

```
解析前
クロカビ      AAAAACCTCGACTTCG
アオカビ      ACAAACCCGACTTCAG
クロコウジカビ GAAAACCTCGACTTCG
大　腸　菌    GGAAACTGCCTGAT
黄色ブドウ球菌 GATAACCTACCTATA
```

↓ アライメント

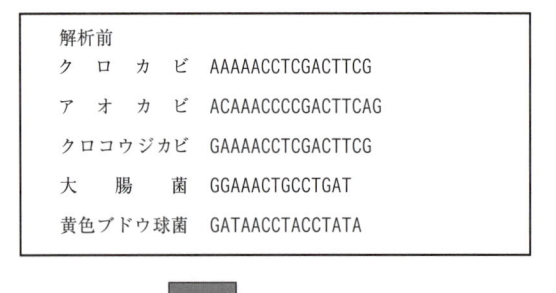

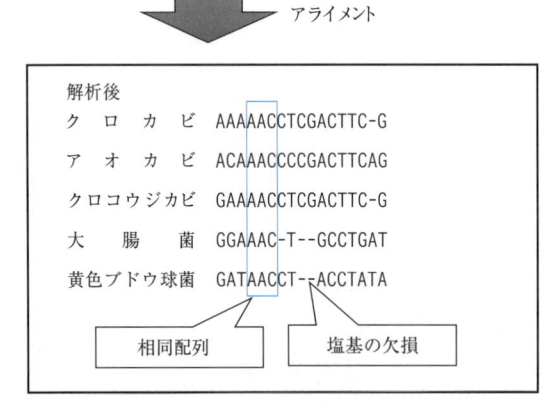

```
解析後
クロカビ      AAAAACCTCGACTTC-G
アオカビ      ACAAACCCGACTTCAG
クロコウジカビ GAAAACCTCGACTTC-G
大　腸　菌    GGAAAC-T--GCCTGAT
黄色ブドウ球菌 GATAACCT--ACCTATA
```

相同配列　　塩基の欠損

図 –3.2.4　相同性解析の一例

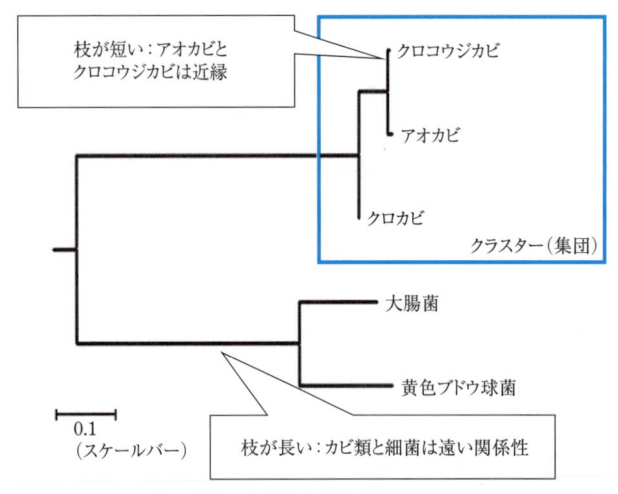

図 –3.2.5　ML法で解析した真菌と細菌の系統関係と系統樹各部名称

があるのか自動的に解析される。さらに，配列の欠損や置換が起きている箇所の有無などによって近縁性が解析される。系統関係を探るために比較する微生物種は，複数の同種と同じ科や属に分類される代表的な菌種を加える必要がある。また，共通祖先を持つ外群とされ，形態学的に比較的離れている微生物種を解析に含めると系統関係が明確になる。比較する菌株の選択は，同定結果と同様の微生物を扱っている研究論文を参考に決定するとよい。

　塩基配列の相同性の解析による事例として，代表的な細菌と真菌のSSU rRNA遺伝子配列を基にクラスタ解析（多重整列プログラム）した系統樹を**図 –3.2.5**に示す。系統樹は，共通の先祖か

らの進化の分岐を，遺伝子配列の変異を基に図形化したものである。系統樹の読み方は，「位置が近い＝遺伝子配列の変異が少ない＝近縁な生物」あるいは「位置が遠い＝変異が多い＝類縁関係が低い」となる。近縁となった株同士をまとめて，クラスターや群，clade などと称する。スケールバーは進化距離を示し，系統関係の解析方法や系統樹の書き方によって，遺伝子の変異の数や時間など詳細な意味が変わってくる。塩基配列を NJ 法で解析した系統樹では，解析塩基配列全長あたりの塩基配列の変異を示している。系統関係の解析法にはいくつかの手法があり，非加重結合法（Unweighted Pair Group Method with Arithmetic mean；UPGMA 法），最尤法（Maximum likelihood estimation；ML 法），近隣結合法（neighbor-joining method；NJ 法）などが代表的であるが[10]，近年ではベイズ推定法（Bayesian inference；観測された事実から，推定したいことがらを確率的な意味で推論する手法）なども用いられている[11]。医学や農学など学問分野によって要求される手法に違いはあるが，室内環境の微生物の解析では ML 法あるいは，NJ 法を使うことをお勧めする。

　菌種によっては，未解析のためにデータベースに情報が無い場合もある。また，形態的な特徴による同定結果と遺伝子配列解析の結果に乖離が生じていないか，確認する必要がある。

◎参考文献

1) 川上裕司：都市環境と真菌類（1），都市有害生物管理，Vol.1, No.1, pp.55-64, 2011.6
2) 高鳥浩介：カビ検査マニュアル カラー図譜，pp.69-160, テクノシステム，2002
3) 大藤道衛：バイオ実験超基本 Q&A―意外に知らない，いまさら聞けない，羊土社，pp.153-154, 2010
4) 谷口武利：PCR 実験なるほど Q&A―必ず増やす条件設定とコツ＋様々な実験への活用法，pp.1-60, 羊土社，2011
5) 田村隆明：バイオ実験法＆必須データ ポケットマニュアル ラボですぐに使える基本操作といつでも役立つ重要データ，pp.75-79, pp.89-90, 羊土社，2012
6) 厚生労働省：第十六改正日本薬局方，G4. 遺伝子解析による微生物の迅速同定法，pp.2029-2031, 厚生労働省告示第 65 号，2011
7) GLASS N. Louise and Gary C. DONALDSON：Development of primer sets designed for use with the PCR to amplify conserved genes from filamentous ascomycetes, applied and environmental microbiology, Vol.61, No.4, pp.1323-1330, 1995
8) 木村凡：これからの細菌のゲノムタイピングとしての MLST 法，モダンメディア［分子疫学］，52 巻，7 号，pp.209-216, 2006
9) THOMPSON Julie D. *et al.*：The CLUSTAL_X windows interface:flexible strategies for multiple sequence alignment aided by quality analysis tools, Nucleic Acids Research, Vol.25, No.24, pp.4876-4882, 1997
10) 宮田隆：分子進化―解析の技法とその応用，pp.43-63, 共立出版，1998
11) Yang Z. 著，藤博幸・加藤和貴・大安裕美 訳：分子系統学への統計的アプローチ―計算分子進化学―，pp138-143, 2009

3.3 迅速検出法

石松 維世

3.3.1 迅速検出法とは

　微生物の検出は，長く培養法で行われてきており，今も増殖能を持つ細菌や真菌を検出する方法として多方面で用いられている。しかし，培養法では，求める細菌や真菌を検出するまでに数日から1週間程度かかることもあることや，培養法で検出できる環境中の微生物は全体の1％程度である[1]ことが問題であった。そこで，環境中の微生物を，より早くかつ通常の培養法では検出できないものも検出するために，多くの方法が研究開発されてきた。ここでは，それらを「培養法」に対して「迅速検出法」と呼ぶ。

　多くの迅速検出法では，捕集した試料を処理したのち数時間から24時間程度で結果が得られるが，ほとんどの方法は微生物の定量に用いられる。迅速検出法には，**図-3.3.1**に示すように，各種蛍光染色試薬を用いる蛍光染色法，培養と蛍光染色を組み合わせたマイクロコロニー法，微生物の持つATPを検出するATP測定法などがあるが，マイクロコロニー法とATP測定法は，生きた微生物を検出する方法である。

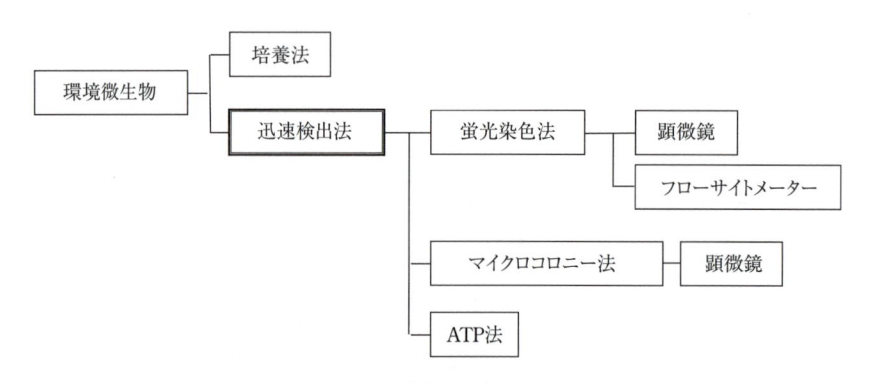

図-3.3.1　環境微生物の迅速検出法

3.3.2 蛍光染色法

　蛍光染色法は，環境中の微生物を捕集し，各種の蛍光染色試薬で染色して量的把握や特定の細菌の検出などを行う方法である。使用する染色試薬の種類やその組み合わせにより，さまざまな情報を得ることができる（**表-3.3.1**）。

　室内環境では，壁面や床等に付着しているものや空気中に浮遊しているものが主な対象微生物になるが，量的把握の手段として，顕微鏡による直接計数やフローサイトメトリーによる解析などがある。また，染色試薬や基質の選択により，生死にかかわらずすべての微生物の検出，生理活性を有する微生物の検出，分裂能を有する細菌の検出などを行うことができる。

　蛍光染色試薬にはさまざまなものがあるが，微生物の測定に使用されている主なものを**表-3.3.1**に示す。蛍光染色に使用する蛍光試薬やバッファー，水などは，必ず0.2μm孔径フィルタでろ過

表 -3.3.1　主な蛍光染色試薬

蛍光染色剤	染色対象または発光機序	励起波長 (nm)	蛍光波長 (nm)	主な用途
Acridine orange	一本鎖・二本鎖核酸	460/500	526/650	全菌数測定
DAPI (4′,6-diamidio-2-phenyl indole)	A-T 領域	359	461	全菌数測定
Ethidium bromide	二本鎖核酸	518	605	全菌数測定
SYBR® Green Ⅰ	二本鎖核酸	284/494	521	全菌数測定
SYBR® Green Ⅱ	一本鎖核酸	254/497	520	全菌数測定
SYTO® 9	核酸	483	500	全菌数測定
CFDA (6-Carboxyfluorescein diacetate)	エステラーゼにより加水分解される	495	520	生細胞の検出
CTC (5-cyano-2,3-ditolyl tetrazolium chloride)	呼吸にともない還元される	488	602	呼吸活性の検出
PI (Propidium Iodide)	細胞膜透過性がないため，死細胞の二本鎖核酸のみを染色	488/536	617	死細胞の検出

したものを使用する。

(1) 全菌数測定法

　微生物の持つ DNA や RNA，核酸やたんぱく質などを染色することにより，生死にかかわらず微生物を検出する方法である。浮遊微生物でよく使われている蛍光試薬には，4′,6-diamidio-2-phenyl indole（DAPI）や臭化エチジウム（EtBr），SYBR® Green などがある。これらは，いずれも捕集試料から回収した微生物を 1 検体につき数 10 分で簡単に染色できる。DAPI は DNA 中のアデニンおよびチミンが豊富な部分に特異的に結合することで，EtBr は DNA の二重らせんの間に入り込むことで発光する。SYBR® Green Ⅰ は，DNA に結合する染色試薬であり EtBr より感度が高い。

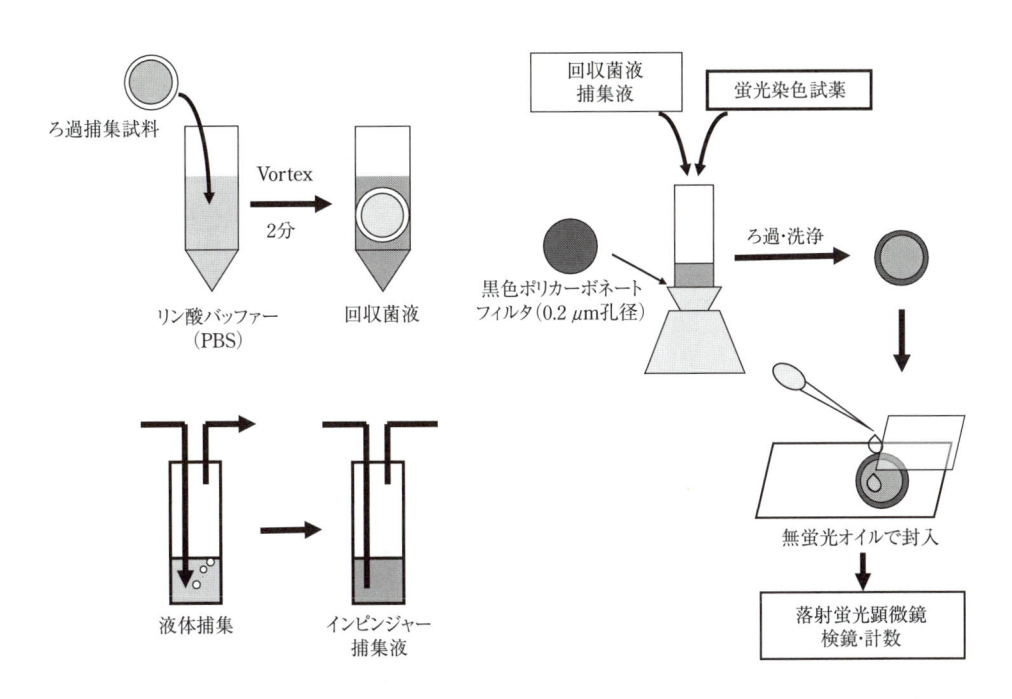

図 -3.3.2　蛍光染色法の概略（捕集試料から計数まで）

また，生菌数測定キット等に用いられている SYTO®9 は，核酸に結合する試薬である。

空気中の微生物を捕集すると，微生物だけでなく浮遊する無機粒子も捕集されるが，それらの多くは土壌由来と考えられる。土壌粒子には紫外線により蛍光を発するものも多いため，土壌粒子を染めにくい EtBr を使用すると観察しやすい[2),3)]。

染色後の計数を顕微鏡で行う場合には，染色をろ過器上で行うことが一般的である。試料捕集から検鏡までの流れを，図-3.3.2 に示す。浮遊微生物をろ過捕集した場合は，まず捕集フィルタ上の微生物を回収せねばならない。通常は，捕集フィルタをりん酸緩衝生理食塩水（Phosphate Buffered Saline，PBS）中に入れ，よく撹拌して捕集微生物を回収する。その後，$0.2\mu m$ 孔径の黒色ポリカーボネートフィルタでろ過し，このフィルタ上で染色や洗浄を行う。

全菌数測定に使用される多くの蛍光染色試薬は，DNA や RNA に結合するものが多いため，変異原性を持つものが多い。したがって，染色時には手袋を装着することや，無害化して廃棄するなど十分な注意が必要である。使用後の EtBr の処理には，「EtBr Destroyer（Favorgen，和光純薬）」や「Ethidium Bromide Green Bag Kit（フナコシ）」などを使用し，EtBr を吸着処理した後に廃棄する。

（2） 生理活性菌測定法

環境中の微生物には，増殖できるほど生理活性が高いものから呼吸活性はあるが増殖できないなど，死に近い状態のものまでが混在している。したがって，環境中微生物の生理的な状態はさまざまである。このような種々の状態の微生物を検出する方法が生理活性菌測定法である。その多くは，菌体内で働く酵素活性を利用する，呼吸による基質の代謝反応を利用するなど，微生物の生理機能を利用して蛍光染色する。一般的な方法として，5-cyano-2,3-ditolyl tetrazolium chloride（CTC）を用いて呼吸活性を持つ微生物を検出する CTC 法[4)]，6-carboxyfluorescein diacetate（CFDA）を使用してエステラーゼ活性の有無を見る CFDA 染色[5)]，などがある。CTC 法には，「Bactain-CTC Rapid Staining Kit（for bacteria）（同仁化学）」というキットも市販されている。また，生細胞内への浸透性のない Propidium iodide（PI）の性質を利用して，SYTO®9 と組み合わせて細胞膜損傷の有無によって核酸を染め分け，膜損傷のない生きた微生物を検出できる LIVE/DEAD® BaclightTM（life Technology）というキットもある。このキットのように，全菌数染色法と組み合わせて二重染色を行うこともでき，地下水で行われた CFDA と EtBr の二重染色法[6)]を浮遊微生物に応用した報告もある[7)]。

（3） 増殖能を有する細菌の検出（DVC 法，qDVC 法）

微生物が増殖する際には，細胞壁の合成と細胞分裂が伴う。DVC（Direct viable count）法は，細胞分裂阻害剤を添加して細菌を培養し，分裂できずに肥大した細菌を「増殖能のある細菌」として検出する方法である[8)]。この方法は，適切な抗菌剤の選択と組み合わせおよびその濃度が重要であるが，環境中の多くの細菌は抗菌剤に対する感受性の差が不明であり，処理条件の検討が必要である。

DVC 法を改変した方法に，qDVC（Quantitative direct viable count）法がある[9)]。この方法は，細菌を抗菌剤とグリシンを加えた液体培地で培養すると，細胞壁合成の際にグリシンを取り込んだ

細菌の細胞壁が壊れやすくなることを利用したものである。培養後に，壊れやすい細胞壁を持った細菌のみを溶菌させ，溶菌前後の細菌数の差から細胞壁合成能を有する細菌数を求める。このときの染色には，全菌数測定ができる染色を行う。

3.3.3 マイクロコロニー法

マイクロコロニー法は，増殖能のある細菌を通常の培養法より短時間で検出する方法である。微生物をろ過したメンブレンフィルタやポリカーボネートフィルタを寒天培地に貼り付け，数時間から1日程度培養した後に生じた小さなコロニーを蛍光色素で染色し，顕微鏡下でその数を数える方法である[10]。この方法では，通常の培養法で観察できるほどの大きさのコロニーが作れないような状態の細菌でも，検出することができる。また，染色時に蛍光試薬の浸透性がよくない場合には，ホルムアルデヒド溶液で固定したのち洗浄することで染色試薬の浸透性が高まるという報告もある[11]。コロニーの染色には，全菌数測定に使用する染色試薬を用いる。

3.3.4 ATP法

アデノシン三リン酸（ATP）は，すべての生きた生物細胞中にエネルギー源として存在している。そのため，ATP量を測定すれば，生きた細胞が存在する量を知ることができる。ATPの測定法として，ホタルが持つ基質ルシフェリンと酵素ルシフェラーゼを利用してATPの発光量（Relative Light Unit；RLU）を測定する方法が一般的である。ATP濃度とRLU量には正の比例関係があるため，検量線によって定量できる。しかし，ATP測定法では，微生物の同定などはできない。ATP量を簡便に測定するためのキットと発光測定機器が，数社から発売されている。

3.3.5 測定方法

(1) 顕微鏡による計数

蛍光試薬で染色したあとは，蛍光顕微鏡で観察して計数することが一般的である。使用する顕微鏡は，フィルタ上の微生物を観察できる落射蛍光顕微鏡を用い，検鏡は目視あるいは画像解析装置を使用する。

黒色ポリカーボネートフィルタ上で染色した試料は，フィルタのまま蛍光顕微鏡用スライドガラスに載せ，蛍光顕微鏡用無蛍光オイルを滴下してカバーガラスで封入する。定量する場合には，計数した微生物数（cells），有効ろ過面積，1視野の面積，観察した視野数およびブランク値（cells）から試料中の微生物数を換算する。目視の場合の検鏡視野数は，微生物数が多い場合は50視野でもよいが，通常は100視野数える。ブランク値は，実験ごとに環境試料を入れずに染色したフィルタを用い，100視野検鏡して求める。

目視での検鏡には時間がかかるが，理論的には1 cellから計数可能である。

(2) フローサイトメーターによる計測

フローサイトメトリー法とは，試料中に存在する微生物を蛍光染色し，1個ずつ高感度に測定し解析する方法である。その特徴として，①短時間に多くの微生物数を客観的に測定できる，②同一条件での測定が可能である，③特定の微生物のソーティングができる，などがある。捕集試料から

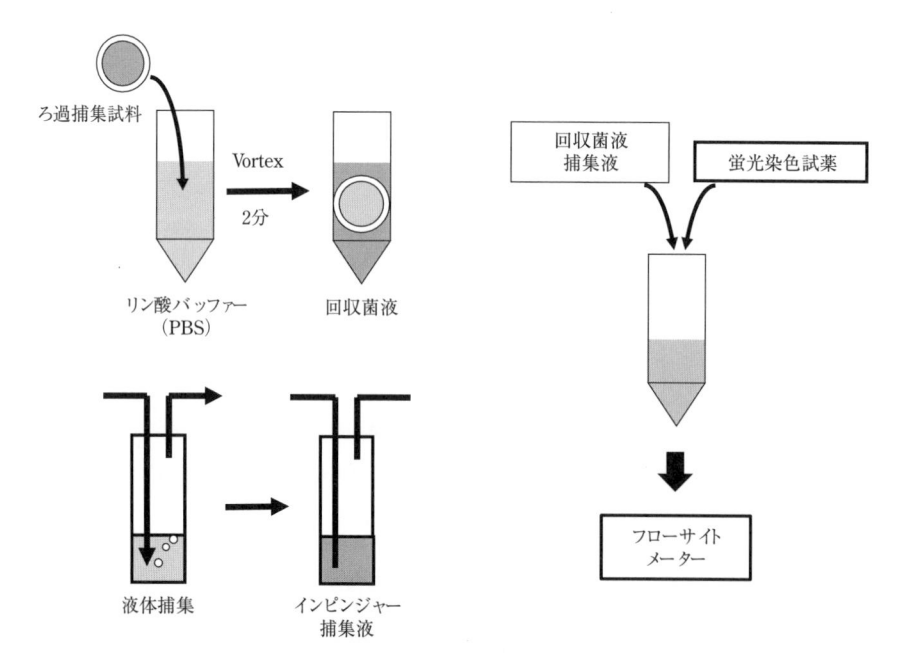

図 -3.3.3　フローサイトメトリー法の概略（捕集試料から測定まで）

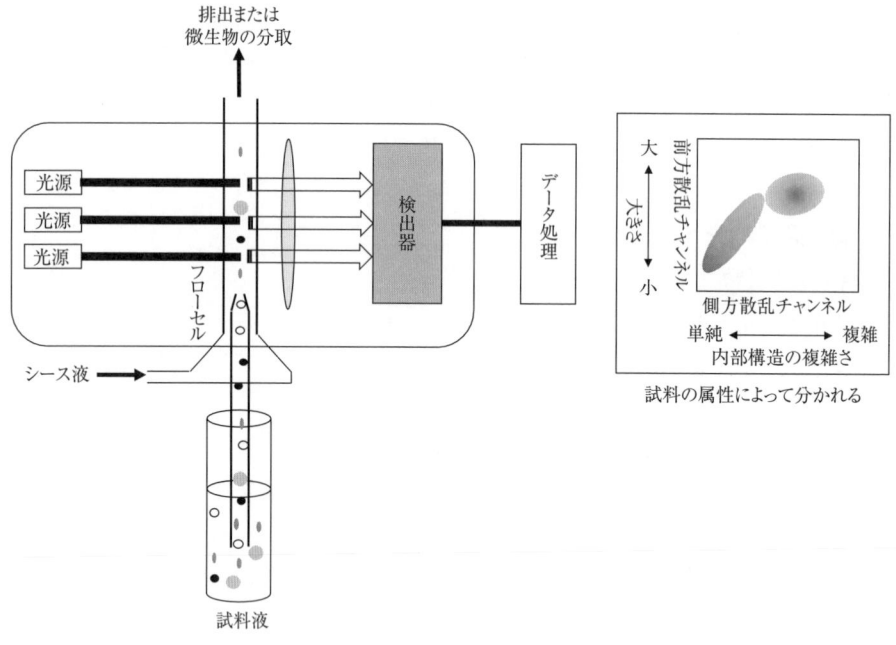

図 -3.3.4　フローサイトメーターの概略

　測定までの流れを図 -3.3.3 に示す。捕集試料を PBS などに回収するまでの手順は顕微鏡法と同様であるが，ろ過はしない。

　フローサイトメーターの概略を図 -3.3.4 に示す。フローサイトメーターは，フローセルの中心を通過する微生物などの細胞にレーザー光を照射し，そこから生じる散乱光と蛍光を同時に測定する。散乱光にも前方散乱と側方散乱があり，それらを分けて測定する。前方散乱光は粒子の大きさ

を，側方散乱光は粒子の内部構造の複雑さを示している。それらの散乱光と蛍光の強さは数値データ化され，複数の相関ヒストグラムとして表される。これらのヒストグラムを解析することにより，サンプルの特性を明らかにすることができる。

　フローサイトメーターは，蛍光染色された粒子であれば検出できる装置であるので，目的に応じて染色方法を組み合わせることで，多様な解析ができる。しかし，試料液を流し続ける必要があるため，試料液中の微生物濃度は 10^6 cells/mL 以上を確保し，液量も 1 mL 以上であることが望ましい。

　フローサイトメトリー法の詳細については，各種成書が出版されているので，それらを参照されたい。

◎参考文献

1) Amman RL, Ludwig W, Schleifer K-H：Phylogenetic identification and in situ detection of individual microbial cells without cultivation, Microbiol. Rev., 59（1），pp.143-169, 1995
2) Roser DJ：Ethidium bromide:A general purpose fluorescent stain for nucleic acid in bacteria and eucaryotes and its use in microbial ecology studies, Soil Biol. Biochem., 12（4），pp.329-336, 1980
3) Someya T：Three-dimensional observation of soil bacteria in organic debris with a confocal laser scanning microscope, Soil Microorganisms,46, pp.61-69, 1995
4) Rodriguez GG, Phipps D, Ishiguro K, Ridgway HF：Use of a fluorescent redox probe for direct visualization of actively respiring bacteria, Appl. Environ. Microbiol. 58（6），pp.1801-1808, 1992
5) Dive C, Cox H, Watson JV, Workman P：Polar fluorescein derivative as improved substrate probes for flow cytoenzymological assay of cellular esterases, Mol. Cell Probes, 2（2），pp.131-145, 1988
6) 邑瀬章文・内山知二・山口進康・那須正夫：蛍光染色法による地下水中の細菌数評価，防菌防黴，27（12），pp.785-792, 1999
7) 石松維世・安部太喜・福田和正・石田尾徹・谷口初美・保利一：職場における浮遊微生物濃度の測定と細菌叢の解析，産業衛生学雑誌，49（1），pp.39-44, 2007
8) Kogure K, Simidu U, Taga N：A tentative direct microscopic method for counting living marine bacteria, Can. J. Microbiol., 25, pp.415-420, 1979
9) Yokomaku D, Yamaguchi N, Nasu M：Improved direct viable count procedure for quantitative estimation of bacterial viability in freshwater environments, Appl Environ Microbiol, 66（12），pp.5544-5548, 2000
10) Rodrigues UM, Kroll RG：Microcolony epifluorescence microscopy for selective enumeration of injured bacteria in frozen and heat-treated foods, Appl Environ Microbiol, 55（4），pp.778-787, 1989
11) 見坂武彦・馬場貴志・山口進康・那須正夫：マイクロコロニー法による食材中の増殖能を持つ細菌数の迅速測定，日本食品微生物学会雑誌，25（4），pp.148-152, 2008

3.4 室内微生物叢の解析

石松　維世

3.4.1 細菌叢解析とは

　環境中にはさまざまな種類の微生物が存在しており，室内環境も例外ではない。細菌や真菌の集団はフローラ（叢，Flora）と呼ばれるが，個々の細菌種は，栄養要求性の違いはもとより，好気性か嫌気性かなど，生育に適した条件がさまざまである。環境中の細菌種を調べる場合，これまでは複数種類の培地を併用し，培養条件（空気の有無，温度など）を変化させるなどして，コロニーとして検出してきた。さらに，コロニーが得られた細菌の染色性と形状を確認し，生化学検査用培地やapi（シスメックス・ビオメリュー）などの市販のキット等により代謝産物等を調べ同定してきた。また最近では，目的とする細菌に特徴的な遺伝子の塩基配列をPCR法により増幅し，標準株とのバンドの位置を確認することで同定を行う分子生物学的手法も多く行われており，培養で得られたさまざまな細菌コロニーを比較的短い時間で同定できる。

　環境からの細菌分離に培養法を用いたのち細菌種を同定するこれらのような方法は，餌をさまざまに変えながら多種類の魚を1本釣りで釣り上げるようなものである（図 -3.4.1）。しかしながら，この方法は，まず培養による細菌コロニーが必要であるため，コロニーが得られなかった細菌は対象とはならない。すなわち，培地や培養の条件が合わないものや増殖能を失いつつあるような，コロニーをつくることができない細菌は調べることができない。

撒き餌をして選別し　　　　　　　　1本釣りで調べる

図 -3.4.1　培養法に基づく細菌種同定のイメージ

　一方，これらとは異なり，培養を介さずに環境中の細菌種を調べる方法がある。細菌の16S rRNA遺伝子や真菌の18S rRNA遺伝子は，タンパク質合成にかかわる重要な遺伝子であるため塩基配列の保存性が高く，系統分類に十分な情報量を持つことから，これらを利用した系統分類が行われている。

　細菌叢解析は，環境中の細菌集団から一括してDNAを抽出し，細菌種の16S rRNA遺伝子断片をPCR法によりまとめて増幅した後に，それらを解析して試料中に存在する細菌種を推定する方法である。これは投網や地引網での漁のように，一度にとらえた多様な魚を，とらえた後に選別する方法にあたる（図 -3.4.2）。この方法は，試料採取等で培養を行わなくても解析が可能であるため，培養条件に合わない細菌や生理活性が低い細菌なども検出でき，試料中に存在する細菌群集（細

一括捕集して　　　　　　　　　　　　　　あとで選別して調べる

図-3.4.2　細菌集団（細菌叢）解析による細菌種同定のイメージ

菌叢）の種構成をとらえることができる。

細菌を集団として解析する方法には，「変性剤濃度勾配ゲル電気泳動法（Denaturing gradient gel electrophoresis；DGGE法）」や「温度勾配ゲル電気泳動法（Temperature gradient gel electrophoresis；TGGE法）」，「網羅的細菌叢解析法（クローンライブラリー法）」などがあるが，ここでは，PCR法と組み合わせた「変性剤濃度勾配ゲル電気泳動法（PCR-DGGE法）」と「網羅的細菌叢解析法（クローンライブラリー法）」について述べる。

3.4.2　変性剤濃度勾配ゲル電気泳動法（PCR-DGGE法）

変性剤濃度勾配ゲル電気泳動法とは，解析に必要な二本鎖の遺伝子断片をPCR法によって増幅し，変性剤濃度に勾配のあるゲルで電気泳動することによって細菌集団構造を解析する方法である。解析手順としては，①DNAの一括抽出・精製，②GCクランプ付プライマーを用いた二本鎖16S rRNA遺伝子の増幅（PCR法），③変性剤濃度勾配ゲルによる電気泳動と，ここまでの操作で細菌集団の構造がバンドのパターンとして読み取れる。その後，各バンドのDNA断片がどのような細菌種に由来しているかを調べるには，以下の手順を行う。すなわち，④濃度勾配ゲルからのDNA断片の切り出しとDNA断片の精製，⑤DNA断片の塩基配列決定，⑥細菌基準株の16S rRNA遺伝子データベースに基づく相同性検索である。

この方法では，目的のDNA断片を切り出すPCRには，「GCクランプ」と呼ばれるGCに富んだ短い塩基配列を付加したプライマーをフォワードプライマー（F）に使用する。それにより，解析用二本鎖DNA断片が1本鎖にならないよう，片側を解離しないように"止める"ことができる。「GCクランプ」は，塩基配列のうちGC含量が高いほど解離しにくい（安定性が高い）という性質を利用したものである。

(1)　細菌群集解析

PCR-DGGE法の概略を図-3.4.3に示す。まず細菌を捕集した試料をそのまま，あるいはリン酸バッファーなどに細菌を回収し，回収した懸濁液中の細菌を破壊してDNAを一括抽出し，精製する。この抽出DNAに対しGCクランプ付プライマーを用いたPCRを行い，各細菌種の特徴的塩基配列を持った長さが等しい二本鎖の増幅産物（DNA断片）を得る。これらのDNA断片を，DNA変性剤の濃度勾配を付けたポリアクリルアミドゲルを用いて電気泳動すると，二本鎖DNA断片の

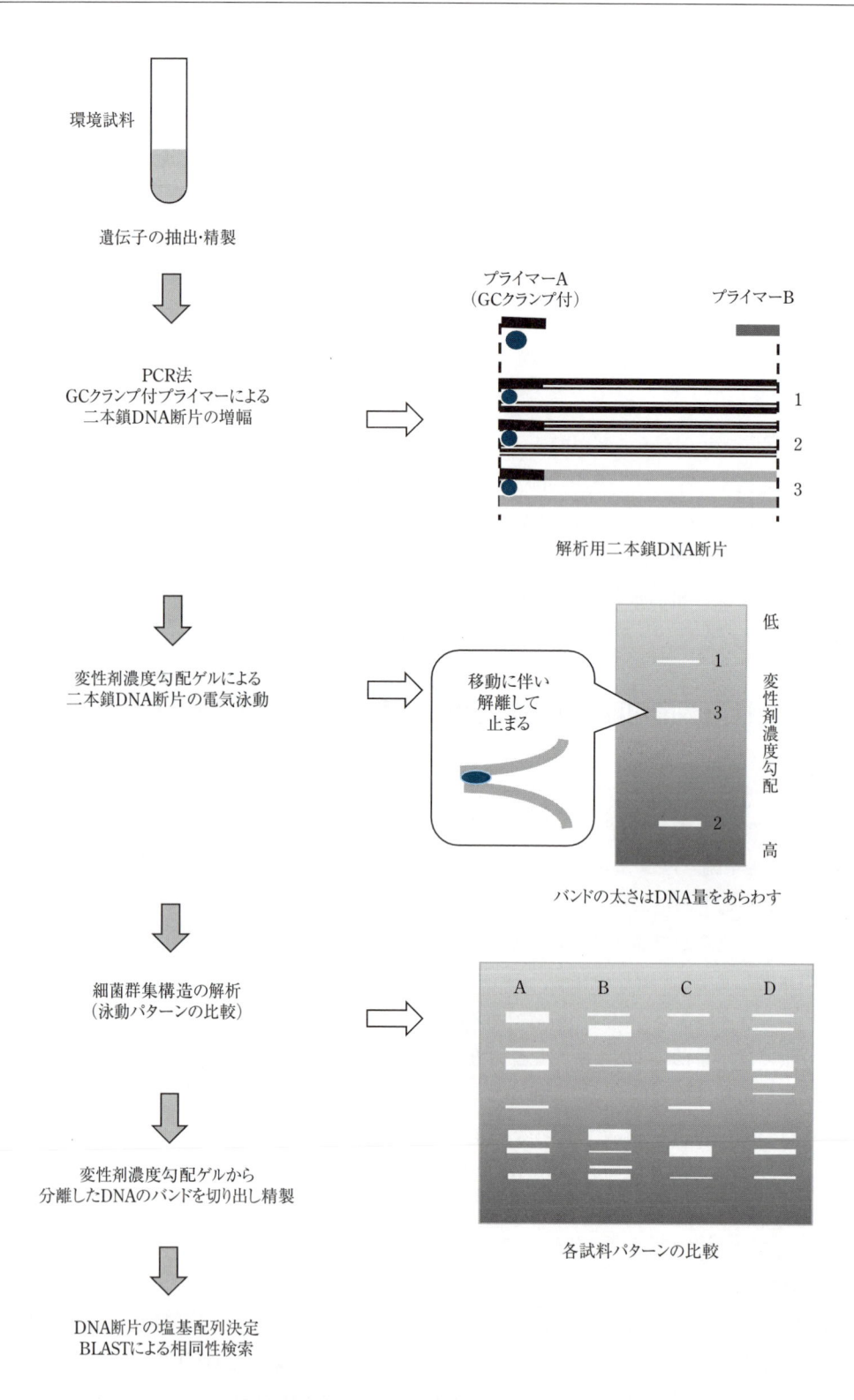

図-3.4.3 変性剤濃度勾配ゲル電気泳動法（PCR-DGGE法）の概略

解離しやすさの違いにより変性剤の濃度に依存して泳動速度が落ちる。すなわち，二本鎖のDNA断片はゲルを移動するうちに二本鎖が解離してゆき，それにより徐々に泳動速度が落ちて最終的には移動しなくなる。ゲル上の停止位置は，解離の度合いによって異なるため，遺伝子断片の塩基配列によって分けることができる。したがって，多種類のDNA断片のバンドはゲル上に縞模様になって現れ，バンドの太さは個々のDNA断片の量を示す。このバンドの太さを数値として読み取ることにより，各DNA断片の相対的な比率を求めることができる。

この方法では，1つのゲルに多種類の試料を電気泳動することにより現れたバンドのパターンから，各試料に含まれる細菌群集構造の比較や変化を見ることができる。季節ごとの試料や，場所の違いによる変化などを調べたい場合には適した方法といえよう。しかし，ゲル間での比較はできないので注意せねばならない。DGGE法では，同じ種のDNA断片であったとしてもゲルによって泳動距離が異なってしまうため，試料を比較したい場合には必ず同じゲル上で同時に電気泳動せねばならない。

(2) 細菌種の相同性検索

PCR–DGGE法によって得られたDNA断片のバンドを用いて，細菌種を推定することができる。すなわち，泳動ゲルから個々のバンド（DNA断片）を含むゲル片を切り出し，フェノール–クロロホルム抽出によって精製したのち，シーケンサーでそれらの塩基配列を読み取り，BLAST（Basic Local Alignment Search Tool）検索によって既知細菌種との相同性を調べる。しかし，バンドが細く薄い場合や隣り合ったバンドとの間隔が狭い場合には，単一のバンドをゲルから切り出すことが難しいため，細菌種の相同性検索ができない場合もあることを念頭に置いておく。

PCR–DGGE法は，土壌の細菌群集解析によく用いられているため，成書も多い。詳細は，それらの専門書を参照されたい。

3.4.3 網羅的細菌叢解析法（クローンライブラリー法）

網羅的細菌叢解析法（クローンライブラリー法）とは，試料中に「どのような細菌種」が「どのような割合」で存在するかを推定する方法である。解析手順としては，①細菌数計測，②DNAの一括抽出・精製，③ユニバーサルプライマーを用いた16S rRNA遺伝子の増幅（PCR法），④クローンライブラリーの作成，⑤クローン化された増幅産物の塩基配列決定，⑥細菌基準株の16S rRNA遺伝子データベースに基づく相同性検索である。この方法では，環境中から得たDNA断片の種類と数は，その環境試料中に存在する細菌種とその数に比例すると考えられることを基にしている。したがって，試料中のDNAの一括抽出において重要な点は細菌の破壊率であり，菌体破壊率が十分高ければ，試料中の総菌数における各細菌種の相対的な割合を推定することが可能である。

網羅的細菌叢解析法の概略を，図–3.4.4に示す。この図に従って，以下に具体的な方法を述べる。使用する水は，できるだけ汚染の少ない新鮮なMili–Q水などを使用し，汲み置きの滅菌水などは使用しない。

(1) 環境試料からの回収

環境中から得た試料（付着細菌，浮遊細菌等）から，リン酸バッファー等に微生物を回収する。

第3章　室内微生物の検出法・測定法

環境試料

↓ 菌体破砕

破砕後の試料

全菌数測定
（臭化エチジウム染色）

全菌数測定
（臭化エチジウム染色）

→ 菌体破壊率の算出

↓

遺伝子の抽出・精製

↓

PCR法
ユニバーサルプライマーによる
16SrRNA遺伝子の切り出し
（約580 bp）

増幅産物の確認（約580 bp）

↓

増幅産物を大腸菌へクローニング
（クローンライブラリーの作成）

↓

ランダムに96個の大腸菌を選び、
Pre–Seqプライマーによる
16SrRNA遺伝子の増幅（PCR法）

↓

遺伝子の精製（酵素処理）
プライマー等の除去（約580 bpに）

↓

塩基配列決定
BLASTによる相同性検索と集計

シーケンサーによる塩基配列の決定

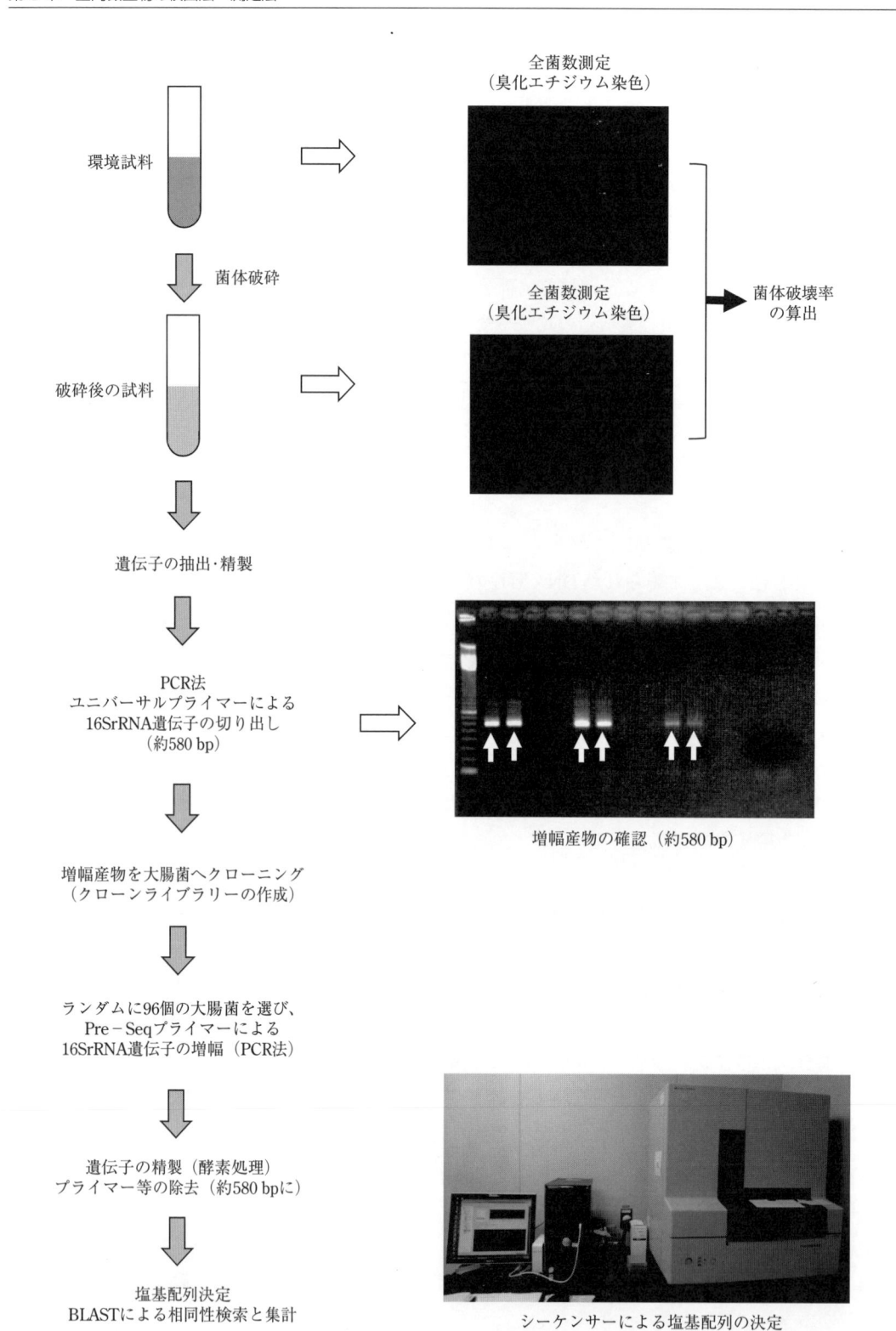

図–3.4.4　網羅的細菌叢解析法（クローンライブラリー法）の概略

その際，1試料につき 10^6 cells 以上の細菌数を確保することが望ましい。DNA 抽出の際の菌体破壊率を算出するため，回収した試料から一部を採り，臭化エチジウム染色などで全菌数計測を行っておく。

(2) DNA の一括抽出・精製

細菌からの DNA 抽出法は通常の PCR 法と同様であるが，環境試料にはさまざまな細菌が混在しているため，できるだけ多くの菌体が破壊されることが重要である。方法としてはビーズ破壊法や超音波破壊法等がある。いずれの方法を用いた場合においても，操作後の沈殿物中の全菌数を計測して菌体破壊率を算出し，溶菌効率を確認した上で実施することが望ましい。

抽出した DNA 溶液を，フェノール−クロロホルム処理や各種 DNA 精製キット等により精製し，TE バッファーで置換する。この試料は冷凍保存（−20〜−30℃）できる。

(3) ユニバーサルプライマーを用いた 16S rRNA 遺伝子の増幅（PCR 法）

抽出した DNA を鋳型として，細菌用のユニバーサルプライマーを用いて，PCR を行う。我々は E341F と E907R のプライマーセットを用いている。ユニバーサルプライマーの中で，E341F と E907R のプライマーセットが既知菌種に対し最も保存性が高い塩基配列であるため，PCR による増幅バイアスが比較的少ないと考えられる[1]。

PCR 増幅産物の一部を用いて 2％アガロースゲルによる電気泳動を行い，約 580 bp 付近にバンドがあることを確認する。また，PCR を行う際には，DNA 抽出物のかわりにネガティブコントロールとして純度の高い水のみの試料を必ず同様に処理し，バンドが出ないことを確認することが必要である。

(4) クローンライブラリーの作製

PCR によって得られた約 580 bp の増幅産物は，クローニングキット（TOPO TA Cloning Kit for Sequence，Life Technology など）を用いて大腸菌にクローニングする。この操作は大腸菌の遺伝子組み換え実験にあたるため，実験施設の決まりに準じて行い，組み換え大腸菌の廃棄等にも注意が必要である。

(5) クローン化された 16S rRNA 遺伝子の塩基配列決定

(4)の手順によりクローン化された大腸菌から，プラスミドの抽出・精製，もしくは組み込まれた 16S rRNA 遺伝子の PCR 増幅・精製を行い，それらを鋳型として BigDye Terminator Cycle sequencing kit および Applied Biosystems 3130xl ジェネティックアナライザー（Applied Biosystems 社）等を用いて塩基配列を決定する。高い精度で読み取られた塩基配列からプライマー配列を除去し，以降の解析に用いる。

(6) 細菌基準株の 16S rRNA 遺伝子データベースに基づく相同性検索

シーケンサーによって解読された高精度塩基配列は，BLAST（http://blast.ncbi.nlm.nih.gov/Blast.cgi，http://ddbj.nig.ac.jp/blast/blastn?lang=ja など）や FASTA（http://www.genome.jp/tools/

表-3.4.1 室内浮遊細菌の網羅的細菌叢解析結果[3]

Domain	n	phylum	n	class	n	order	n	family	n	genus	n	species	n	Max (%)	Min (%)
Bacteria	187	Cyanobacteria	4			Nostocales	3	Nostocaceae	3	Cylindrospermum	3	*Cylindrospermum sp.* PCC 7417	3	96	93
						Pleurocapsales	1		1	Pleurocapsa	1	*Pleurocapsa sp.*	1	96	96
		Proteobacteria	164	Gammaproteobacteria	3	Pseudomonadales	2	Moraxellaceae	1	Moraxella	1	*Moraxella catarrhalis*	1	89	89
								Pseudomonadaceae	1	Pseudomonas	1	*Pseudomonas flavescens*	1	99	99
						Xanthomonadales	1	Xanthomonadaceae	1	Stenotrophomonas	1	*Stenotrophomonas maltophilia*	1	96	96
				Alphaproteobacteria	143	Rhizobiales	64	Bradyrhizobiaceae	31	Blastobacter	31	*Blastobacter aggregatus*	31	99	98
								Rhizobiaceae	31	Agrobacterium	13	*Agrobacterium tumefaciens*	10	100	98
												Agrobacterium rubi	2	99	99
												Agrobacterium larrymoorei	1	99	99
										Rhizobium	13	*Rhizobium huautlense*	13	98	97
										Sinorhizobium	1	*Sinorhizobium kummerowiae*	1	87	87
										Ensifer	4	*Ensifer adhaerens*	4	98	97
								Methylobacteriaceae	2	Methylobacterium	2	*Methylobacterium rhodinum*	1	99	99
												Methylobacterium radiotolerans	1	100	100
						Sphingomonadales	75	Sphingomonadaceae	75	Sphingomonas	6	*Sphingomonas ursincola*	3	100	99
												Sphingomonas pituitosa	1	95	95
												Sphingomonas cloacae	1	97	97
												Sphingomonas melonis	1	98	98
										Sphingobium	24	*Sphingobium yanoikuyae*	24	99	96
										Novosphingobium	45	*Novosphingobium subarcticum*	17	99	99
												Novosphingobium subterraneum	28	99	98
						Caulobacterales	4	Caulobacteraceae	4	Phenylobacterium	1	*Phenylobacterium immobile*	1	98	98
										Caulobacter	3	*Caulobacter vibrioides*	3	100	86
		Betaproteobacteria	18			Burkholderiales	17	Comamonadaceae	16	Acidovorax	4	*Acidovorax temperans*	4	99	99
												Pseudomonas saccharophila	10	97	97
												Aquaspirillum delicatum	1	97	97
												Pseudomonas lanceolata	1	99	99
								Burkholderiaceae	1	Burkholderia	1	*Burkholderia thailandensis*	1	92	92
						Neisseriales	1	Neisseriaceae	1	Neisseria	1	*Neisseria weaveri*	1	94	94
		Firmicutes	5	Bacilli	4	Bacillales	1	Staphylococcaceae	1	Staphylococcus	1	*Staphylococcus arlettae*	1	100	100
						Lactobacillales	3	Streptococcaceae	1	Streptococcus	1	*Streptococcus mitis*	1	99	99
								Lactobacillaceae	2	Lactobacillus	2	*Lactobacillus gasseri*	2	96	96
				Clostridia	1	Clostridiales	1	Clostridiaceae	1	Clostridium	1	*Clostridium stercorarium*	1	84	84
		Bacteroidetes	8	Flavobacteria	7	Flavobacteriales	7	Flavobacteriaceae	7	Flavobacterium	7	*Flavobacterium aquatile*	7	98	90
				Sphingobacteria	1	Sphingobacteriales	1	Flexibacteraceae	1	Hymenobacter	1	*Hymenobacter aerophilus*	1	91	91
		Actinobacteria	5	Actinobacteria (class)	5	Actinomycetales	5	Corynebacteriaceae	2	Corynebacterium	2	*Corynebacterium accolens*	1	98	98
												Corynebacterium striatum	1	100	100
								Propionibacteriaceae	3	Propionibacterium	3	*Propionibacterium acnes*	3	98	98
		Unclassified	1	Unclassified	1	Unclassified	1	Unclassified	1	Unclassified	1	Unclassified	1		

fasta/ など）を用いて，Web 上で既知菌種の塩基配列との相同性を検索することができる。BLAST と FASTA は，類似度（スコア）の計算方法が異なっているプログラムであるが，詳細は DDBJ（DNA Data Bank of Japan）の「FASTA と BLAST について」[2] を参照されたい。

　相同性検索によって得られた結果で重要なのはホモロジーの高さであるが，本方法では 580 bp の塩基配列のうち，既知菌種との一致率が 80 ％に満たないものは，「Unclassified」としている。

　本方法によって得られた室内の浮遊細菌叢解析結果の一例を，**表 –3.4.1** に示す[3]。この解析結果から，解析した全クローン数のうち各細菌種と相同性のある遺伝子断片の数がいくつあるかによって，それぞれの細菌種の占める割合を算出することができる。解析に供した試料中の全細菌数や同時に捕集した浮遊細菌の濃度データがあれば，この割合を用いて，対象とした環境中にこれらの細菌種が菌数としてどの程度存在するかを推定することができる。

　室内環境中の細菌集団（細菌叢）の解析では，解析に供する試料中に十分な細菌数が捕集されていることが重要である。とくに室内の浮遊細菌濃度は屋外よりも 1 ～ 2 桁低いことが多いため，できるだけ多くの細菌を捕集するよう，あらかじめ捕集方法や回収方法を検討し，目的にあった捕集計画を立てて実施されたい。

◎**参考文献**

1) Akiyama T，Miyamoto H，Fukuda K，Sano N，Katagiri N，Shobuike T，Kukita A，Yakashita Y，Taniguchi H，Goto M：Development of a novel PCR method to comprehensively analyze salivary bacterial flora and its application to patients with odontogenic infections，Oral Surg Oral Med Oral Pathol Oral Radiol Endod，109，pp.669–676，2010

2) DNA Data Bank of Japan（DDBJ）：DDBJ HP「FASTA と BLAST について」 http://www.ddbj.nig.ac.jp/search/archives/homology_doc-j.html（2015.1.13 最終アクセス）

3) 石松維世，安部太喜，福田和正，石田尾徹，谷口初美，保利一：職場における浮遊微生物濃度の測定と細菌叢の解析，産業衛生学雑誌，49，pp.39-44，2007

第4章

室内微生物が発育する環境

4.1 微生物の発生源

阿部　恵子

　室内の微生物で問題とされる点は，人の健康面では一部の感染症とアレルギーであり，その他は汚染に伴う「きたならしい」という不快感である。感染症に関しては，病人が室内にいるかどうか，病人と直接あるいは間接的に接触があるかどうかが問題で，病原微生物の発生源は病人である場合が多い。しかし，アレルギーや一部の肺炎，皮膚病などでは室内環境中の微生物が原因となる場合もある。最も頻度が高い感染症は皮膚糸状菌症で，詳細について2.1感染症の中で述べている。本節では，不快感を発生させ，アレルギーなどの原因となり得るカビを中心に，微生物の発生源について述べる。

4.1.1　住　環　境

　微生物の発生源は屋外と屋内の両方にある。第1章1.1節で述べたとおり，地球環境は多種多様の微生物が生息し，屋外は微生物の宝庫である。土埃には多くの微生物が含まれており，カビや細菌は常に外気とともに室内に取り込まれる。人は外気中に浮遊する微生物を着衣などに付着させて家の中に入り，屋内で飼われている犬や猫も同様に体に微生物を付着させて家の中に入る。乾燥した環境の室内では，屋外から家の中に入った微生物の多くは発育できず，やがて死滅するが，一部の微生物，とくにカビは比較的乾燥した環境でも生き残って発育するため，建物内の湿気が多い場所に付着すればそこで発育する。流し台や浴室，冷房時の空調機内部など水で濡れる箇所ではカビの他に酵母や細菌が発育する。建物内に微生物が発育している場所があれば，そこが新たな微生物発生源となる。

　表-4.1.1[1)]に住宅内でカビが増殖して新たな発生源となりうる箇所を示す。水分が多い箇所，外気温度の影響で低温になりやすい箇所，空気がよどむ（環境の変動が少ない）箇所，汚れ（微生物の栄養源）が溜まりやすい箇所が微生物で汚染されやすい。住宅内の壁，天井，畳，アルミサッシ，カーテン，家具や家電製品，衣類や寝具，靴や鞄，書籍，絵画や仏像などが微生物で汚染されると，それらが新たな微生物発生源となる。

　加湿器は，タイプによっては水が細菌で汚染され，汚染された水を加湿用水に使うことで室内に

細菌を撒き散らす場合がある。暖房時のビル用空調機で使用された加湿器が汚染され，レジオネラ症の集団感染が発生したことがあり，日本で超音波加湿器の微生物汚染が問題になった時期もある。冷房時の空調機内部は冷やされた空気から結露水が出るので，冷房する季節は空調機内部が常に濡れた状態で微生物汚染されやすい。水を使う家電製品，洗濯機や食洗器も微生物で汚染されやすい。洗濯槽が微生物で汚染されると，洗う度に洗濯物に微生物が付着する。夏型過敏性肺炎は，住環境が原因となる場合も多く，毎年発症する人は夏だけ転居するなどで対応している。

4.1.2 動物，植物，食品

ペットや植物の鉢植えが微生物発生源になることもある。表-4.1.2にペット由来感染症の，病名，病原菌，感染源の例，感染経路，症状例を一覧表として示す。狂犬病など，日本国内での感染例が無いものは省略した。サルモネラ症など，汚染された食品の摂取が主な感染源であってもペット由来の感染が知られているものは記載した。

屋内で飼われている犬，猫，小鳥が，人畜共通の病原菌を持っている場合がある。ペットにひっかかれたり噛まれたり，乾燥して粉末状になった糞を吸入することで人が発症する場合がある。亀や金魚の水槽内には，微生物が繁殖するので，汚れた水のまま通気ポンプの泡を出し続ければ，泡によってできる飛沫とともに水槽から室内の空気中に微生物が散布されることになる。子供がペットに触った指を自分の口にいれることによる経口感染もある。さらに，今まで飼育されたことが無かった野生動物をペットにすると，未知の病原微生物を保有している可能性がある。

植物の鉢植えの土にはすでに多くの微生物が含まれ，カビが生えた枯葉からは多量の胞子が飛ぶ。病気見舞いに鉢植えは避けるほうがよいといわれる理由の一つは鉢植えの植物が微生物発生源となりうることにもある。

表-4.1.1 住宅内の微生物汚染されやすい場所の例

部　屋	汚染されやすい場所
居間，寝室	外に面した壁やコーナー
	家具裏の壁
	壁紙の裏
	北側の押入れ
	ベッドのマットレス
	敷きっぱなしの蒲団の下
	アルミサッシの窓枠
	カーテン
	畳やカーペットの中と裏側
	鉢植え
	水槽
	冷房時の空調機
	加湿器
	除湿器内部と水タンク
収納	入れっぱなしのもの
	干さない寝具
	革製品，木製品，紙製品
	衣類
台所	シンク内側
	三角ごみ受け
	水切りかご
	排水口
	スポンジやタワシなどの小物
	タオルやフキン
	流し台下の収納
	換気扇
浴室	タイルの目地
	天井
	換気扇
	椅子の裏
	風呂のふた
	石けん入れやスポンジなどの小物
	排水口，排水溝
洗面所	歯ブラシ立て
	洗面台の前や近くの壁
	洗濯機の背後や横の壁
	洗濯機内の脱水漕外側
	排水口
	タオル，マット
トイレ	タンクの裏
	便器・足元近くの壁
	トイレブラシの収納容器
玄関	靴入れ内の革靴，運動靴
	傘たての後ろの壁

注）文献1)の図を表に改変。

表-4.1.2 ペット由来感染症

病　名	病原菌	感染源の例	感染経路	症　状
ネコひっかき病	バルトネラ・ヘンセラ（細菌）	ネコ，イヌ	ひっかき傷，咬傷，ノミによる刺傷	発熱，リンパ節の腫れ，関節痛
オウム病	クラミジア・シッタシ（細菌）	インコ，文鳥，ハト	餌の口移し，乾燥糞の吸入	発熱，頭痛，筋肉痛，肺炎
Q熱（コクシエラ症）	コクシエラ・バーネッティ（細菌）	ネコ，イヌ	糞や尿中の細菌を吸入	発熱，頭痛，筋肉痛，肺炎，肝炎
パスツレラ症	パスツレラ属（細菌）	ネコ，イヌ	ひっかき傷，咬傷	気管支炎，肺炎，皮膚化膿
カンピロバクター症	カンピロバクター属（細菌）	イヌ，ネコ（鶏肉，井戸水，湧水）	保菌動物と接触（汚染された水や食品の摂取）	食中毒，下痢，腹痛，発熱
サルモネラ症	サルモネラ属（細菌）	イヌ，ネコ，爬虫類（卵，肉，魚介類）	糞中の細菌が経口感染（汚染された食品の摂取）	食中毒，胃腸炎
皮膚糸状菌症（皮膚真菌症，白癬）	ミクロスポラム属（真菌），トリコフィトン属（真菌）	イヌ，ネコ	直接接触	発疹，皮膚炎（いんきん，たむし，みずむし）
クリプトコッカス症	クリプトコッカス属（真菌）	ハト，小鳥	乾燥糞の吸入	髄膜脳炎，肺炎
トキソプラズマ症	トキソプラズマ・ゴンディ（原生生物）	ネコ（加熱が不十分な羊肉，豚肉，鹿肉）	糞中の原虫が経口感染（生肉，生肉を調理した包丁やまな板）	リンパ節の腫れ，妊婦から胎児に伝染すると流産，死産
イヌ・ネコ回虫症（内臓幼虫移行症）	回虫	ネコ，イヌ	糞中の虫卵が経口感染，砂場の砂から経口感染（トリやウシのレバーの生食）	発熱，肺炎，肝臓の腫れ，視力障害

注）文献2）を参考に表を作成。

　食品にカビが発生すれば汚染源となる。例えば，箱に詰められたミカンを室内に放置してその中の1個がカビだらけになっていれば，そのミカンからカビの胞子が飛散する。住宅内で微生物を増殖させてしまうと，増殖した微生物の数が多くなり，特定のアレルゲンが増えることになり，健康への影響も起こりうる。カビ汚染された食品や野菜を持ち込めばそれが微生物発生源になる。乾燥した食品に生えるカビは，室内を汚染するカビと同じ種類であり，乾物に生えたカビが室内汚染カビになる場合もありうる。

◎参考文献
1) 阿部恵子：快適な住まいとカビ退治, pp.16-17, 新企画出版, 1993
2) 公衛研ニュース編集委員会 編：ペット由来感染症, 大阪府立公衆衛生研究所 公衛研ニュース第27号, (1), 2005.3

4.2 室内の微生物発生に影響する因子

阿部　恵子

　家は人が快適に生活するための場所であり，雨露をしのぎ暑さ寒さを防ぐシェルターとしての機能を持つ。家の中は，屋外とは異なった環境で，温湿度の変動も少なく，屋外より乾いた環境であり，発育できる微生物の種類は屋外よりもはるかに少ない。細菌，藻類や原生動物の大部分は水中や非常に水分が多い環境で生育するが，カビは他の微生物に比べれば，どちらかといえば乾き気味の環境で生育する種類が多いため，カビは一般的な室内環境で発育しやすい微生物である。そこで，本節ではカビを中心に，微生物の発育に必要な条件について述べる。

　微生物の発育に必要な条件を知ることは同時に発育を抑える条件を知ることになる。図-4.2.1[1]にカビを例に，微生物の発育に必要な条件を示す。カビが発育するためには，発育できる環境条件（養分，酸素，温度，水分，その他の因子）が満たされること，およびその満たされた環境条件が持続するという時間条件が必要である。発育条件が，それぞれの微生物に対してどれくらいの影響を与えるかは，微生物の種類によって異なる。多くの教科書や参考書に微生物の生育に必要な環境条件について述べられているので参照されたい[2)-6)]。それぞれの環境条件による微生物の類別は，大筋は同じであるが，微生物を類別するときの範囲のくぎり方は，教科書の著者によってずれがある。ここでは，環境条件の各因子について解説する。時間条件については，「5.3.2 環境持続時間の制御によるカビ防止法」を参照されたい。

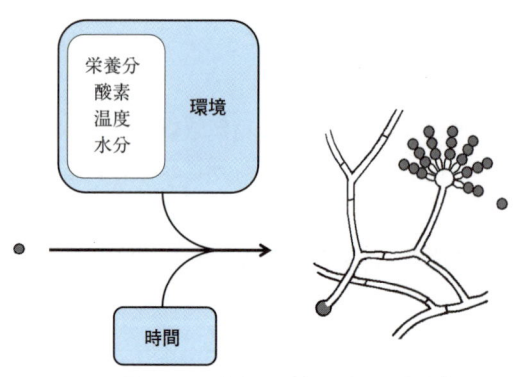

図-4.2.1　室内でカビが発育する条件[1]

4.2.1　養　　分

　微生物も含めてすべての生物の発育には，栄養源として炭素源，窒素源，ミネラルが必要で，生物の種類によっては，その他にビタミンなどを必要する。図-4.2.2に利用できる炭素源とエネルギー源から見た生物の類別を示す。利用できる栄養源から生物を分けると，従属栄養生物と独立栄養生物にわかれる。従属栄養生物とは，炭素源として他の生物が生産した有機物を利用して発育する生物で，動物，カビ，その他の微生物の多くが従属栄養生物である。独立栄養生物とは，炭素源として二酸化炭素を利用して有機物を合成できる生物で，独立栄養生物の中には光のエネルギーを利用する光合成生物（植物，藻類，藍藻）と，無機化合物（硫化水素，アンモニアなど）の酸化により

4.2 室内の微生物発生に影響する因子

炭素源		エネルギー源		おもな微生物
二酸化炭素 独立栄養生物		光合成独立栄養生物	光	シアノバクテリア，硫黄細菌，緑色硫黄細菌，紅色硫黄細菌，藻類，(植物)
		化学合成独立栄養生物	無機物	硝化細菌，水素細菌，硫黄酸化細菌，鉄酸化細菌，メタン細菌
有機物 従属栄養生物		光合成従属栄養生物	光	緑色非硫黄細菌，紅色非硫黄細菌
		化学合成従属栄養生物	有機物	多くの細菌，古細菌，真菌，(動物)

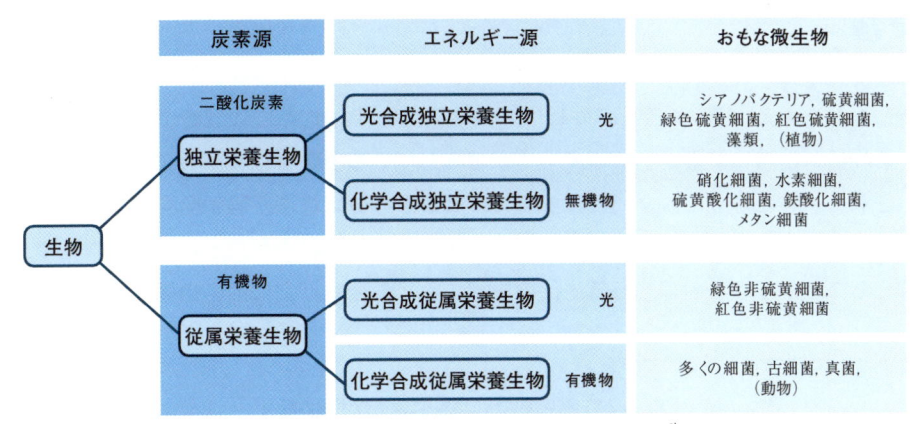

図-4.2.2 炭素源およびエネルギー源の相違に基づく微生物の類別（文献[2]のp.43を参考に作図）

生ずるエネルギーを利用する化学合成生物（一部の細菌）がある。

カビ，酵母や大部分の細菌などの微生物は従属栄養生物で，炭素源は有機物であり，生存に必要なエネルギーも有機物の分解によって得ている。そのため，発育には有機物が必要である。大部分の従属栄養生物は，化学合成従属栄養生物であるが，細菌の一部には有機物を炭素源とし光をエネルギー源とする光合成従属栄養生物がいる。

表-4.2.1[7]に，建物に使用される代表的な有機素材を示す。人が合成した有機物には，微生物が栄養分として利用できる有機物と，利用できない有機物がある。天然の有機物はすべて微生物の栄養分となりうる有機物である。植物を主成分とする畳や木材，合成樹脂を主成分とするビニールクロスや塗料，有機素材と無機素材が混合する石膏ボードや塗り壁などはカビの栄養分となる素材である。屋内がカビを発育させる環境であれば，建物の有機素材にカビが発生する。微生物により分解されない有機素材を建物に使えば良いかというと，否である。分解されにくい有機素材は，廃棄した後，微生物により分解されずに残るため，環境問題（ゴミとしていつまでも残る）が発生する。

住宅内には，建物の有機素材だけではなく，人が生活することによって発生する有機物がある。食品の粉末や飲料の飛沫，手垢，フケ，石けんカスなどの汚れは，建物に使用されている有機素材よりもはるかに微生物が栄養源として利用しやすい有機物である。壁や床などにこれらの有機物が付着した状態で放置されれば，微生物汚染を促進させることになる。無機素材でできたタイルの目地は栄養源にならないが，浴室などで有機物の汚れが付着すれば，無機素材上にも微生物が発育する。衣類や寝具，革製品，木製品，木製家具はそれ自体が有機素材で微生物の栄養源になるが，人の生活から発生する汚れが付着すればさらに微生物にとって好都合な栄養状態となる。人が暮らしている環境で栄養分を完全に無くして微生物発育を抑制することは不可能であるが，汚れを除去して微生物の発育を促進させないことは有効である。

表-4.2.1 建物内にある代表的な有機素材（文献[7]のp.30より引用）

材質	建物で使われる素材
植物を主成分とする	畳，木材，ベニヤ板，布，紙
合成樹脂を主成分とする	ビニールクロス，塗料，接着剤，プラスチック製品
有機素材と無機素材の混合物	石膏ボード，塗り壁

4.2.2 酸　　素

　酸素は微生物の発育に影響し，酸素要求性の違いから，好気性微生物，嫌気性微生物，通性嫌気性微生物に分けられる（**表 –4.2.2**）。カビは好気性微生物で，発育には酸素が必要である。人が生活している場所には常に酸素があるので，人が暮らしているところはカビの発育に必要な酸素は十分に供給される。したがって，室内では酸素はカビなどの好気性微生物の発育を制御する因子として使えない。ただし，密閉状態で食品などを保存する場合は酸素吸収剤を同封することで，カビの発育を抑えることができるので，日常生活の中で，カビの発育抑制に酸素の除去と遮断を利用している。

表 –4.2.2　酸素要求性の違いによる微生物の類別

種　類	性　質	微生物の例
好気性微生物	生育に酸素を要求する	多くのカビ 枯草菌，緑膿菌などの細菌
通性嫌気性微生物	酸素があってもなくても生育する	多くの酵母 乳酸菌，大腸菌，ぶどう球菌などの細菌
嫌気性微生物	酸素があると生育しない	ボツリヌス菌（*Clostridium botulinum*）などの細菌

4.2.3 温　　度

　温度は微生物の発育に影響する。**表 –4.2.3** に生育温度による微生物の類別を示す。細菌の中には 0℃以下の低温で発育する好冷菌や，70℃以上の高温で発育する好熱菌（古細菌の多くと真正細菌の一部，温泉など特殊な環境に多い）がいるが，大部分のカビや細菌は中温菌で，発育最低温度が 0〜10℃，最適温度が 20〜40℃，最高温度が 35〜45℃である。カビが発育可能な温度は，人や動植物が生存できる温度と重なっている。人が生活できる環境ではカビの発育に必要な温度条件は常に満たされており，住宅内では，温度はカビの発育を制御する因子としてはあまり使えない。水の中や生鮮食品など，水分が十分に存在する環境では微生物の発育に対して温度の影響が大きい。生鮮食品を冷蔵庫で保存するのは，微生物発育の制御に温度を利用することであり，水分の多い食品で発育する細菌に対しては温度の制御が有効となる。一般的な微生物は，温度を氷点下にすれば，発育は休止状態となる。冷凍した食品が長期保存できるのは微生物の発育可能温度を外れた環境であることによる。冷凍状態の微生物は単に発育を休止しているだけなので，常温に戻せば発育が開始する。一般的な微生物は，発育可能な温度より 20℃以上高い高温環境では生育できずに死滅するため，消毒（有害な微生物を死滅させる）の手段として高温は日常的に用いられている。例えば，タオルやフキンなどの煮沸消毒，まな板の熱湯消毒など。

表 –4.2.3　生育温度による微生物の類別[5]

種　類	最低温度	最適温度	最高温度	微生物の例
好冷菌（低温菌）	0〜10℃	10〜20℃	25〜30℃	発光細菌
中温菌	0〜10	20〜40	35〜45	多くの細菌，カビ，酵母
好熱菌（高温菌）	25〜45	50〜60	70〜80	サーモバクテリウム

4.2.4 水　　分

　水分は微生物の発育に大きく影響する。健康に悪影響を与えるほどの，建物内の水分存在状態のことは，ダンプネス（Dampness，湿気過多）[8],[注1]と表現される。ダンプネスが建物内でカビなどの微生物やダニの発育を促進することはよく知られており，水分は室内の微生物発生に影響を与える最大因子である。ここではまず空気の温度と水分の関係について述べ，次に水分環境と発育微生物の種類について述べる。

(1)　水分活性（Aw）と相対湿度（%）

　環境中の水分には，結合水（材料の構成成分と結合している水，水溶液中の溶質分子と結合している水）と自由水（環境中で自由に移動できる水分で温度や湿度の変化で容易に移動や蒸発がおこる水）がある。同一水分含量の物でも含まれる成分によって水の存在状態が異なる。微生物が利用できる水分は自由水だけで，自由水を定量的に表す手段に「水分活性（Water activity, Aw）」がある。

　水分活性は，測定する試料を入れた密閉容器内の水蒸気圧（P）とその温度における飽和水蒸気圧（P_0）の比で表される。密閉容器に入れる試料は固形物でも水溶液でも良い。

　　　$Aw = P/P_0$　（Aw の値は 0 から 1 の範囲である）

密閉容器内に試料を入れて放置すると，自由水は容器内にいれた試料と空気との間を動き，容器内では水分が平衡状態になる。Aw の値は，密閉容器に試料をいれ平衡状態になった時の相対湿度（平衡相対湿度，equilibrium relative humidity，ERH）を測定することによって得られる。ERH＝$Aw \times 100$ の関係で，例えば測定された相対湿度が 85 % であれば，その試料の Aw は 0.85 である。

　一般的に，空気（大気）が含む水分は，「相対湿度（relative humidity，RH）」で表される。相対湿度（RH）は，空気中の水分が飽和状態の時に比べてどれくらい含まれているかを示すもので，飽和水蒸気圧に対する水蒸気圧の分圧と定義されている。ある温度における空気の水蒸気圧（P）と，その温度における飽和水蒸気圧（Ps）の比を，パーセントで表示した値が相対湿度（RH）である。

　　　$RH = P/Ps \times 100$　（RH の値は 0 から 100 の範囲である）

すなわち，空気の水分活性をパーセントで表示したものが相対湿度である。

　しめり空気線図（図 -4.2.3）は，空気（大気）の温度，相対湿度，絶対湿度などの関係を示し，空気の状態や熱的変化を知るために用いられる。この線図の中では，2 つの項目の値が決まれば，残りの項目の値を知ることができる。縦の直線が温度（℃），水平に伸びた線が絶対湿度（kg/kg dry air，乾燥空気 1 kg に含まれる水分の重量）斜めの曲線が相対湿度（%）である。

　空気は，温度が高いほど，空気中に含み得る水分（水蒸気）の最大容量が多くなる。そのため，ある量の水分を含んでいる（絶対湿度が同じ）室内空気の場合，温度が上がるとその空気が含み得る水蒸気の最大容量が増加するので相対湿度が低下し，空気の温度が下がると含み得る水蒸気の最大容量が減少するので相対湿度が上昇する。温度が下がり，その空気が水蒸気の状態で含んでいられなくなると，水蒸気は液体状態に変わり，水が現れる（結露という）。このときの温度を露点温度という。

　例えば，22 ℃・相対湿度 55 % の空気は，絶対湿度が 0.009 kg/kg dry air である（乾燥空気 1 kg あたり 9 g の水分が含まれる）。この空気（図 -4.2.3 の①）の場合，壁面温度が 18 ℃に下がれば壁

注 1：「Dampness」は「湿気、湿り気」と訳されているが、湿り気が多すぎる状態を表しているので、ここでは「湿気過多」と表記する。

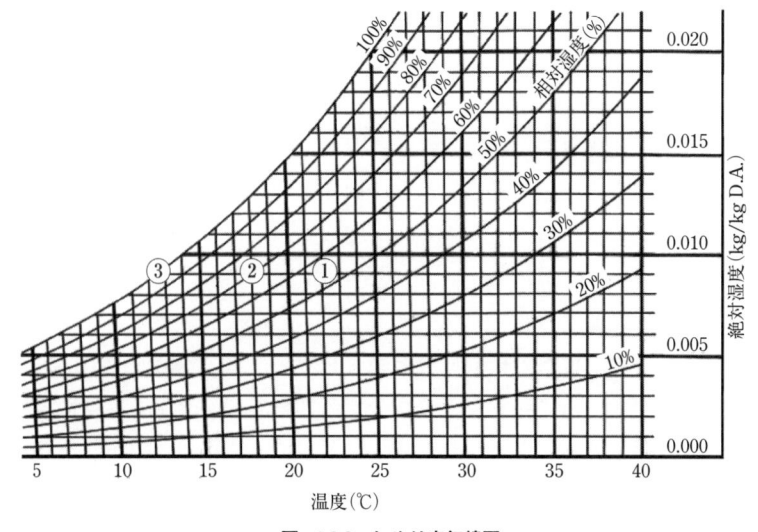

図-4.2.3　しめり空気線図

面に接している空気の相対湿度が 70 %（図 -4.2.3 の②）になり，12.6 ℃に下がれば相対湿度が 100 %（図 -4.2.3 の③）になる。この温度より低温の壁面には空気中の水分が結露として現れる。

微生物の発育は温度が低いほど遅くなるが，絶対湿度が一定の空気に囲まれた環境では温度が低いほど相対湿度が高くなる。空気と接している壁面でのカビ発育に対しては，温度の低下に伴う相対湿度上昇の影響のほうが温度低下の影響よりも大きくなるため，冷えやすい箇所ほどカビが発育しやすい環境となる。

室内で発育するカビは，周辺の空気と定着している場所（壁など）から生存に必要な水分をもらっている。カビが周囲の環境から水分を取り込むことができるかどうかは，接している空気の相対湿度と定着している場所の水分活性の両方が影響する。自由水は絶えず移動し，建材表面の自由水は室内空気と平衡状態になり，外部から水が供給されない乾いた場所で発育しているカビは，その近傍空気が水分供給源となる。漏水や地面からの水分拡散や結露水の拡散などにより建材に水分が供給される場合は建材の水分活性は室内空気の水分活性（相対湿度）よりも高くなるため建材をつたって水分が移動してくる箇所でカビ発育が促進される。微生物が付着する材料表面の水分活性は接している空気の相対湿度と平衡状態を保つ方向で，常に水分（自由水）は移動している。材料側か空気側のいずれか一方の自由水が多い場合は材料と空気の間に湿気の流れができ，微生物は自由水が多い側からより多くの水分を取り込むことになる。材料表面に水分勾配ができている場合，カビの菌糸は自由水の多い側に向かって伸長する。

(2) 水分環境と発育微生物の種類

図 -4.2.4 に，水分活性（Aw），相対湿度（RH）と発育する微生物の関係をまとめた。一般的な細菌は，Aw 0.9（90% RH）以上で増殖し，最適な水分環境は Aw 1.0（100% RH）付近である。そのため，細菌は水の多い環境で発育し，絶えず濡れている浴室や排水溝などでは細菌が繁殖する。図には入れていないが，腐朽菌（木材を腐らすカビ，主にキノコの仲間）も水分が多い環境で増殖し，最適な環境は Aw 1.0（100% RH）付近である。雨漏りや水漏れで絶えず濡れる木材や，長期

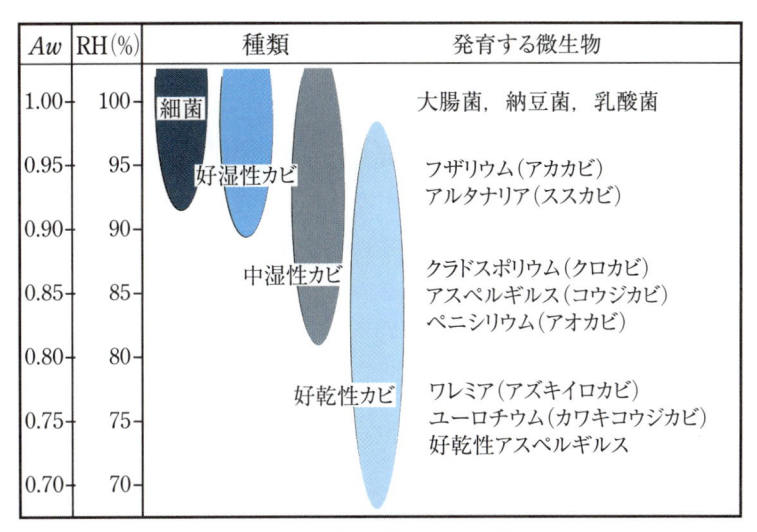

図 –4.2.4　微生物が発育する相対湿度

間結露が続く木材などは，腐朽菌による劣化が起こる。カビは，発育する水分環境の違いから，好湿性，中湿性（耐乾性），好乾性（好稠性）に分けられる。発育可能な相対湿度（水分活性）の下限からカビを類別するもので，Aw 0.9（90% RH）以上の環境しか発育できないカビを好湿性，Aw 0.8（80% RH）以上の環境であれば発育できるカビを中湿性，Aw 0.8（80% RH）未満の環境でも発育できるカビを好乾性としている。カビの種類によって，どの程度の水分環境で発育できるかは異なっている。好湿性カビは発育下限が Aw 0.9 〜 1.0（90 〜 100% RH）の間にあるすべてのカビで，Aw 0.9（90% RH）で発育できるカビも Aw 1.0（100% RH）付近しか発育できないカビも含まれている。中湿性カビは，発育下限が Aw 0.8 以上 0.9 未満（80% RH 以上 90% RH 未満）の間にあるすべてのカビで，いずれの中湿性カビも Aw 1.0（100% RH）付近で発育できる。好乾性カビは，発育下限が Aw 0.65 〜 0.79（65 〜 79% RH）の間にあるすべてのカビで，Aw 1.0（100% RH）付近では発育できない，あるいは発育が極度に遅いカビである。好乾性カビでも，発育に最も適した水

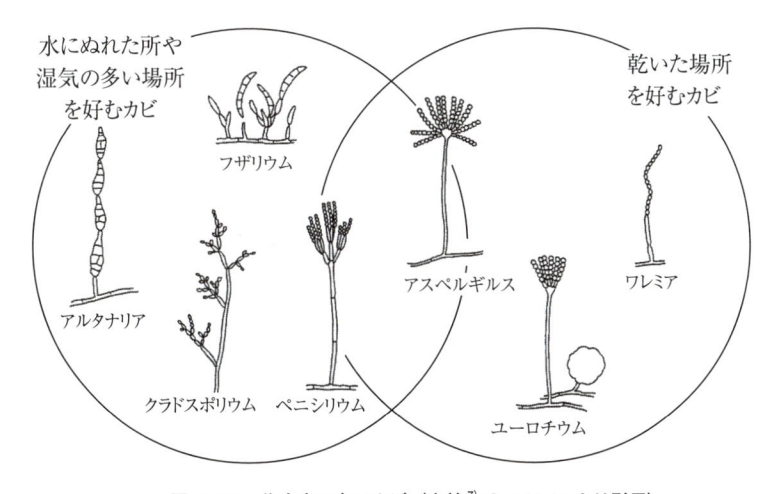

図 –4.2.5　住宅内に多いカビ（文献[7] の p.20-21 より引用）

分環境は Aw 0.85〜0.95（85〜95% RH）の間にあるので，一般的な室内であれば好乾性カビでも相対湿度が高いほうがよく発育する。

　室内でどのような微生物が発生するかは，個々の環境の違いが大きく影響しているが，とくに水分の影響が大きい。図−4.2.5 に住宅内で頻繁に見られるカビを示す。水に濡れるような場所では好湿性のアルタナリア（ススカビ），フザリウム（アカカビ），好湿性〜中湿性のクラドスポリウム（クロカビ，クロカワカビ）ペニシリウム（アオカビ）などが多く，水に濡れるほどではないが湿気の多い箇所では中湿性のアスペルギルス（コウジカビ），ペニシリウム，クラドスポリウムなどが多く，乾いた場所では好乾性のワレミア（アズキイロカビ），ユーロチウム（カワキコウジカビ），中湿性〜好乾性のペニシリウム（アオカビ），アスペルギルスが多い。なお，アスペルギルス属とペニシリウム属のカビには，好乾性カビ，中湿性カビ，好湿性カビの何れもある。

4.2.5 発育阻害物質

　微生物の発育を抑える薬剤（抗菌剤，防カビ剤）は多数知られている。微生物の発育を抑える薬剤も濃度が薄ければ発育を阻害しない。抗菌剤の効力試験法はいくつかあり，いずれも一定の条件下で微生物の発育を阻止（静菌）あるいは死滅させる（殺菌）ために必要な最小濃度から薬剤の効力を評価する。

　空気と接した状態で発育する微生物は，揮発性の薬剤で発育を阻止し，死滅させることができる。人が居住しない空間（収蔵庫や工場など）では，微生物汚染を防止するために，人がいない時に燻蒸などの形で揮発性の薬剤が使用される場合があるが，人の居る室内空間では，微性物の発育を阻害するような濃度で揮発性の薬剤を使うことはできない。しかし，物の表面であれば薬剤を素材に含ませる，あるいはその表面に塗布する方法で抗菌剤が使用されている。

　イオンの存在も濃度によっては微生物の発育を阻害する。pH は，水の中で発育する微生物には大きく影響し，一般的に細菌は中性から微アルカリ性で，カビと酵母は微酸性の培養液でよく発育する。室内で空気に接した状態で発育するカビの発育に対しても pH は影響する。コンクリートや漆喰壁は強いアルカリ性のため最初はカビが発育できないが，空気中の二酸化炭素によって中性化され，カビが発育する表面環境に変わる。コンクリートは pH 指示薬（フェノールフタレイン）を吹き付けて，中性化した部分を検出することができる。pH の値を測定するときは粉末にしたコンクリートを少量の水に入れ，その水の pH を測定する。粉末にしたときの粒子の大きさや水の量，水に入れてからの経過時間などが影響し，正確な値を得るのは困難と思われる。

◎参考文献

1) 阿部恵子：カビによる環境測定法─カビは空気環境を認識するセンサである，空気調和・衛生工学，69，pp.519–525，1995
2) 青木健次：基礎生物学テキストシリーズ4 微生物学，化学同人，2007.4
3) 村尾澤夫，荒井基夫：応用微生物学改訂版，培風館，2003.9
4) 土戸哲郎，高麗寛紀，松岡英明，小泉淳一：微生物制御─科学と工学，講談社サイエンティフィク，2002.11.
5) 福井作蔵，矢吹稔，星野一雄 編：生活微生物学，技報堂出版，1980
6) 高鳥浩介 編：かび検査マニュアルカラー図譜，テクノシステム，2009.4
7) 阿部恵子：快適な住まいとカビ退治，新企画出版，1993
8) World Health Organization：WHO Guidelines for Indoor Air Quality, Dampness and Mold, Copenhagen, Denmark, World Health Organization Office for Europe, 2009

4.3 カビを発育させる室内環境の測定

阿部 恵子

　建物の内部でも屋外でも，我々の周囲の空気中には常にカビの胞子が漂っており，どこにでも胞子は付着し，発育を許す環境と時間があれば発芽して菌糸を伸ばし，やがて胞子を着生しその胞子が周囲に飛散する。カビの胞子は我々の呼吸を通して体内に入り鼻炎や喘息などの健康害を引き起こし，建物などに付着して発育すれば胞子が飛散し生活環境を汚染し，建材や物品を劣化させる。

　室内の空気中に浮遊するカビの胞子を完全に除去することは困難で，カビ汚染の防止には付着したカビを発育させないことが効果的である。そのためにはその場所がカビを発育させる環境（カビ発育環境）かどうかを知ることが必要であるが，カビにより汚染される前にカビが発育する場所を正確に把握することは困難であることが多い。

　そこで，室内環境を調査する方法として，カビそのものを環境のセンサに使い，カビ発育環境を数値化することが考えられる。数値化できれば，どの場所がどれくらいカビ汚染されやすい環境であるか知ることができ，適切なカビ防止対策の立案が可能になる。

　ここでは，カビ発育環境の評価法であるカビ指数（fungal index）[1)-13)]について解説する。カビ指数とは，カビそのものを環境のセンサとして調査環境に曝露し，カビの発育（環境に対する応答）から，曝露環境のカビ発育させやすさ，すなわち環境が潜在的に持つカビ発育ポテンシャルを定量的に表示する手段である。さらに，本節ではカビ指数とカビ汚染の関係，カビ汚染リスクの評価，温度と相対湿度からのカビ指数推定について述べる。

4.3.1 カビセンサ

　カビを環境のセンサとして使うためには，センサとして充分に応答するカビが必要であり，また，限られた時間内にカビを発育させその生長を計測でき，かつ調査箇所への設置と回収が簡単である装置が求められる。

　環境センサとしてのカビは，多数の候補菌の中からユーロチウム（*Eurotium herbariorum* J-183株）を選定した[1)]。本菌株は，試験した広範囲の温湿度環境下で，最も速く発育（高い応答）を示した

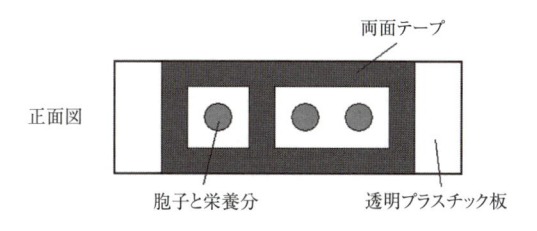

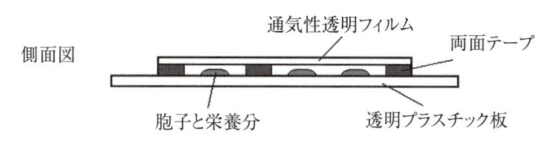

図 -4.3.1　カビセンサ（fungal detector）
　　　　　環境調査用の試験片（13mm×50mm，厚さ 0.8mm）で，
　　　　　内部にカビ胞子とその栄養分が封入されている（乾燥状態）

菌株で標準菌としている。カビを環境のセンサとして使うための装置には，周囲の環境をセンサに伝える条件と，センサに用いたカビが調査環境に漏れ出さない条件が必要となる。図-4.3.1[11] にその装置（カビセンサ，fungal detector）を示す。両面テープで作った枠をプラスチック板に貼り，胞子液（グルコース0.5％とゼラチン0.5％を含む培地に胞子を懸濁）を3μLずつ枠内に接種し，乾燥後，通気性のある透明フィルムで覆い，両面テープの枠でフィルムとプラスチック板を密着させてある。胞子が分散されたスポット（以下，胞子スポットと略す）の直径は3 mmで，胞子スポット1個あたりに約3 000個の胞子が入っている。カビセンサはプラスチック板とフィルムと両面テープの枠が作る小さな空間に供試菌の胞子を閉じ込めたもので，内部で供試菌が発育して新しい胞子を着生しても，調査環境中に漏れ出すことは無い。

室内での調査に使用されるカビセンサには，湿度に鋭敏に反応させるため，相対湿度感受性が異なる3種類の菌を封入している。標準菌，ユーロチウム・ハーバリオルム（*Eurotium herbariorum*）J-183株（以下ユーロチウムと表記）[注1] は，広範囲の環境で最も高い応答を示す菌として選ばれた好乾性カビであるが，相対湿度96％以上の高湿環境と相対湿度72％以下の低湿環境では応答感度が低下する。そこで，好湿性カビ，アルタナリア・アルタナータ（*Alternaria alternata*）S-78株（以下，アルタナリアと表記）と，ユーロチウムよりさらに強い好乾性を示すカビ，アスペルギルス・ペニシリオイデス（*Aspergillus penicillioides*）K-712株（以下，好乾性アスペルギルスと表記）[注1] をかわりに用いることで，標準菌の感度低下を補うことにした。カビセンサの大きい枠内には標準菌ユーロチウムのほかに好乾性アスペルギルスが，小さい枠内に好湿性のアルタナリアが入っている。

4.3.2　カビ指数

カビ指数は，調査環境がカビを発育させる能力（ポテンシャル）を示すもので，カビセンサを曝露した環境（調査環境）を特定の環境（基準環境）との比較で表す相対的な値である。カビセンサに封入された供試菌を環境センサとし，調査環境下1週間あたりの応答（菌糸長から判定）を，基準環境下での標準菌の応答（菌糸長から判定）と比較し，調査環境がカビに与える影響力，すなわちカビを発育させる能力を数値化したものがカビ指数である。基準環境は温度25℃・相対湿度93.6％（密閉容器内に飽和KNO₃溶液とその結晶を入れ25℃に保った時の容器内の空気環境[14]）とした。

図-4.3.2[1] に，基準環境における標準菌ユーロチウムの発育，すなわち基準環境下での応答を示す。カビセンサ内では，7時間で胞子が発芽し，12時間で菌糸長が約100μmとなり，12時間以降は菌糸が胞子スポットのエッジ（栄養源のある部分とない部分の境界線）の外側に伸長する。

図-4.3.3[1),9),11)] は，基準環境における標準菌の菌糸伸長曲線（標準曲線）である。標準曲線は，環境曝露後のカビセンサで認められた応答が，基準環境に曝露したときの何時間に相当する応答かを調べるために用いる。Aの菌糸長は胞子から菌糸先端までの距離を測定した値で，Bの菌糸長は胞子スポットのエッジから菌糸先端までの距離を測定した値である。カビセンサ内の供試菌の菌糸が長く伸びるとカビセンサの胞子スポット内では菌糸がからみあい，どの菌糸がどの胞子から発芽して伸びたのか判別できないため，長く伸長した菌糸長を測定する際にはエッジから菌糸先端まで

注1：*Eurotium herbariorum* J-183株および *Alternaria alternata* S-78株は，日本の微生物保存機関である NBRC（NITE Biological Resource Center）に寄託した。それぞれの NBRC 番号は，107902 および 107930 である。*Aspergillus penicillioides* K-712株は，NBRC 8155 由来の菌株で，NBRC 8155 と同じ菌株である。何れの菌株も NBRC から入手できる。

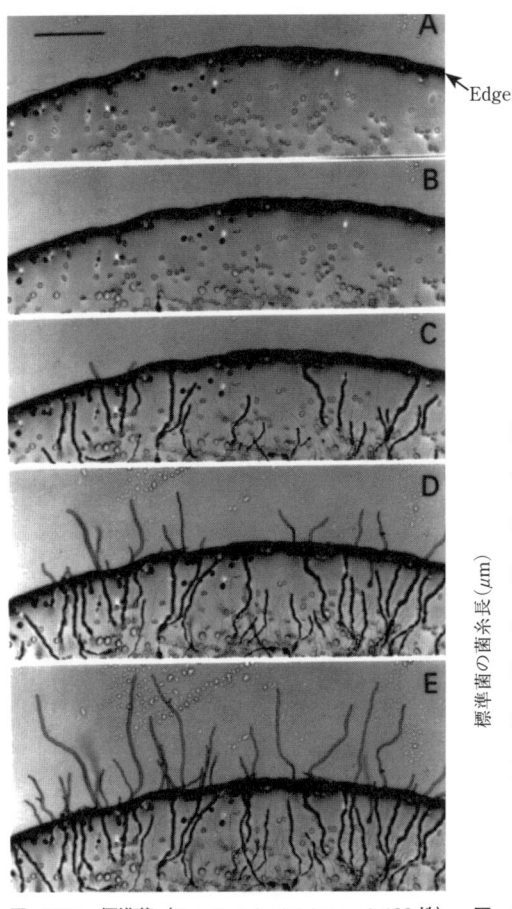

4.3 カビを発育させる室内環境の測定

図-4.3.2 標準菌（*Eurotium herbariorum* J-183 株）の基準環境下での発育[1]
上から，0，8，12，14，16 時間。同一視野で経時的に撮影。棒線：100μm

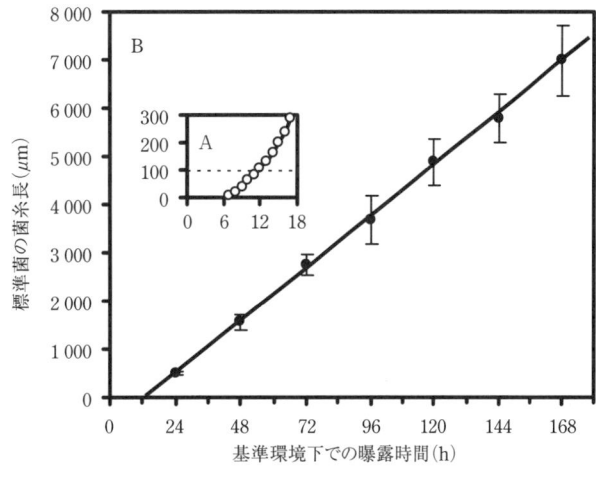

図-4.3.3 標準曲線[9]
図Aの菌糸長は胞子から菌糸先端までの距離で，約100μm（12時間曝露）以上は，菌糸がスポットのエッジ（栄養分がある部分と無い部分の境界）外側に伸長する。図Bの菌糸長はエッジから菌糸先端までの距離

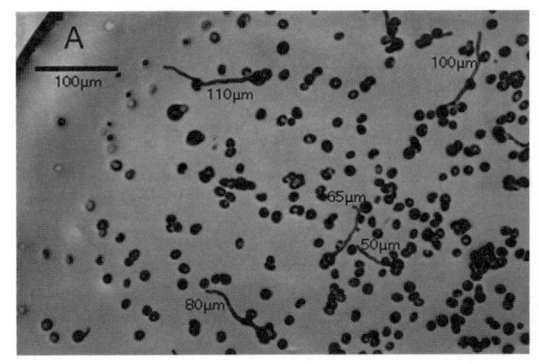

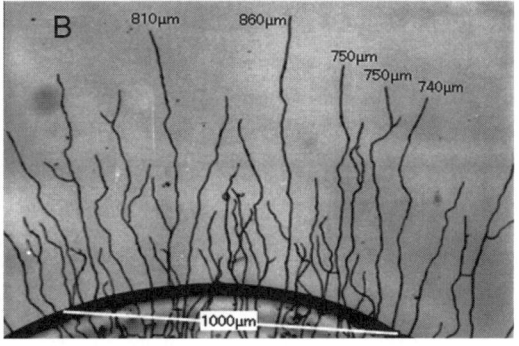

図-4.3.4 カビセンサ内で発育した供試菌（*Eurotium herbariorum* J-183）の菌糸長測定例[14]
Aは菌糸が短い状態の例で，胞子から菌糸先端までの距離を菌糸長として測定する。Bは菌糸が長く伸長した場合の例で，胞子包埋スポットのエッジから菌糸先端までの距離を菌糸長として測定する

の距離を測定する方法を用いる。

　なお，菌糸長の測定は，撮影された写真の中で，最も長い菌糸5本の長さを測定し，最長と最短を外し，中3本の長さを平均し，その値を平均菌糸長とする。例えば，図-4.3.4Aの場合，菌糸長100，80，65μmを平均して82μmである。エッジ外に伸長した菌糸長を測定する場合は，スポットエッジの幅1000μmを横切る菌糸の中から5本を選び，最長と最短を外し，中3本の長さを平均し，その値を平均菌糸長とする。図-4.3.4Bの場合，810，750，750μmの平均値770μmである。

　カビ指数測定の実施方法は以下のとおりである。①一定期間カビセンサを環境曝露し（カビセンサを調査個所に設置し，その調査個所の環境にさらすことを，曝露と表現する），②回収したカビセンサ内の菌糸長を測定し，③図-4.3.3の標準曲線から「その菌糸長が標準菌ユーロチウムを基準環境に曝露したときの何時間に相当する発育（応答）か」を調べ，④得られた応答を曝露週数で割ってカビ指数（1週間あたりの応答）の値を得る。

　1991年の発表論文では，供試菌の応答に単位をつけていなかったが，現在は，基準環境に曝露したときの何時間に相当する応答であるかを表現する手段として応答単位（response unit，ru）を用いている。すなわち，調査環境に曝露後のカビセンサ内の発育菌糸長が，標準菌ユーロチウムを基準環境に曝露したときのX_1時間，X_2時間，X_3時間……に相当する場合，その応答単位をX_1 ru，X_2 ru，X_3 ru……と表記している。標準曲線（図-4.3.3）は，横軸「基準環境での曝露時間（h）」を「応答単位（ru）」と置き換え，「菌糸長（μm）」と「応答単位（ru）」の関係を示すことにした。

　例えば，ある調査箇所に曝露したカビセンサ内で，供試菌の発育状況が図-4.3.4Aの状態，すなわち胞子から菌糸先端までの平均菌糸長が82μmであったとする。この応答（菌糸長）は，図-4.3.3Aの標準曲線での11時間培養に相当し，応答単位が11ruになる。すなわち，その調査した環境が曝露期間中に発揮した「カビを発育させる能力」は，基準環境が持っている「カビを発育させる能力」の11時間ぶんと同じだったことになる。1週間の曝露期間で11ruの場合はカビ指数が11である。4週間の曝露期間で11ruの場合はカビ指数が2.8になる（11/4＝2.8）。カビセンサ内で供試菌の発育状況が図-4.3.4Bの状態，すなわち胞子スポットのエッジから菌糸先端までの平均菌糸長が770μmであった場合は，図-4.3.3Bの標準曲線から，応答単位が30ruになる。1週間の曝露期間で30ruの場合はカビ指数が30である。4週間の曝露期間で30ruの場合はカビ指数が7.5

表-4.3.1　カビセンサ内での供試菌発育応答状態と測定されるカビ指数

カビセンサ内の発育応答 || 測定されるカビ指数[3]						
菌糸長[1] (μm)	応答単位[2] (ru)	2日間曝露	4日間曝露	1週間曝露	4週間曝露	8週間曝露	12週間曝露
<0.3 A	<7.0	<24.5	<12.3	<7.0	<1.8	<0.9	<0.6
0.3 A	7.0	24.5	12.3	7.0	1.8	0.9	0.6
105 A	12.0	42.0	21.0	12.0	3.0	1.5	1.0
495 B	24.0	84.0	42.0	24.0	6.0	3.0	2.0
1 560 B	48.0	168.0	84.0	48.0	12.0	6.0	4.0
2 640 B	72.0	252.0	126.0	72.0	18.0	9.0	6.0
>2 640 B	>72.0	>252.0	>126.0	>72.0	>18.0	>9.0	>6.0

[1]　菌糸長のAは胞子から菌糸先端まで，Bは胞子スポットのエッジから菌糸先端までの距離。
[2]　応答単位は，標準菌を基準気候で発育させた時の何時間培養に相当する菌糸発育状態かを示す。
[3]　カビ指数の値は，調査環境（カビセンサ曝露環境）1週間あたりの応答単位。同じ発育応答の状態が得られても曝露期間が長ければカビ指数の値は低くなる。

になる（30/4 =7.5）。カビ指数を計算するときは，まずカビセンサ内で発育した菌糸長を応答単位に変換し，次に，得られた応答単位を曝露日数で割った値に7を掛けて，1週間あたりの値にする。カビの発育が速い（カビを速く発育させる）環境ほど高いカビ指数になる。

カビセンサの曝露期間は，調査環境に応じて設定する必要がある。表-4.3.1にカビセンサ内での供試菌の応答状態と測定されるカビ指数の関係を示す。応答は，菌糸長と応答単位の両方で示す。例えば，環境曝露後のカビセンサ内で胞子発芽が認められ，菌糸長が0.3μmであった場合（カビ指数測定に用いる1視野に2本だけ菌糸が認められ，短いほうの菌糸長が10μmであった場合，その視野の最長と最短を外した中3本の菌糸長は10μm，0μm，0μmになり，平均菌糸長が0.3μmになる），応答単位は7ruであり，曝露期間が1週間ではカビ指数が7であり，4週間ではカビ指数が1.8となる。菌糸長が計測できる範囲は発芽（菌糸長が約10μm）からカビセンサ内で周囲の両面テープの枠に菌糸が到達し長さが計測上限に達する（菌糸長2600〜2800μm程度）までで，計測可能な応答単位は7.0〜72ruである。そのため，計測可能なカビ指数の範囲は，カビセンサの環境曝露期間が2日間では24.5〜252，4日間では12.3〜126，1週間では7.0〜72，4週間では1.8〜18，8週間では0.9〜9.0，12週間では0.6〜6.0となる。

4.3.3 カビ指数の値とカビ汚染

カビ指数の値とカビ汚染の関係を調査した例を以下に述べる。

調査例1：1戸の集合住宅において，1年間（カビセンサ曝露期間は1週間）カビ指数を連続調査し，カビ汚染状況については，その後も目視調査を継続した。図-4.3.5にカビ指数の年平均値とカビ汚染について示す。この調査では，年間のカビ指数平均値が5.8以上の調査箇所は築4年（入

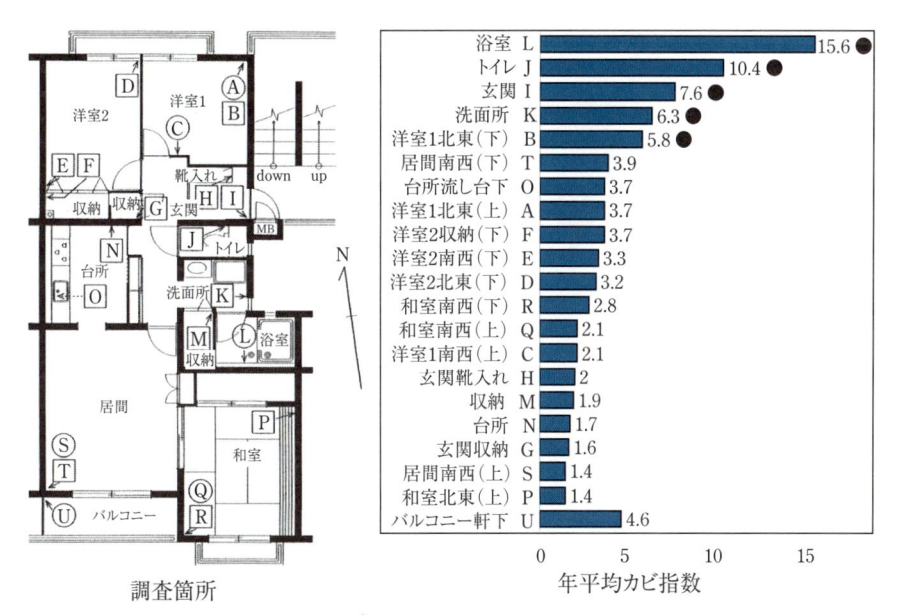

図-4.3.5 住宅内のカビ指数とカビ汚染[4]
カビ指数調査箇所は住宅内20箇所と戸外1箇所。カビセンサの曝露期間を1週間とし，毎週カビセンサを取り替えながら1年間調査した。左図のAからUが調査箇所で，矢印が調査位置，○は天井下30cm，□は床上30cmを表す。右図は各調査個所の年平均カビ指数。●は築4年でカビ汚染が認められた箇所

表 –4.3.2　寝室のカビ指数（調査時期による違い）

調査住宅	時期	カビ指数	好乾性アスペルギルス	ユーロチウム	アルタナリア
H	7月	>18.0	++++sp	++++sp	+
	8月	>18.0	+++++sp	+++++	−
	9月	13.2	++++	++++	−
	10月	3.7	+	+	−
	11月	<1.6	−	−	−
I	7月	14.1	+++	+++++	−
	8月	1.8	+	+	−
	9月	2.3	+	+	−
	10月	<1.6	−	−	−
	11月	<1.6	−	−	−
J	7月	10.2	+++	++++	−
	8月	<1.6	−	−	−
	9月	3.2	+	+	−
	10月	1.8	+	+	−
	11月	<1.6	−	−	−
K	7月	>18.0	+++++sp	+++++	−
	8月	<1.6	−	−	−
	9月	<1.6	−	−	−
	10月	<1.6	−	−	−
	11月	<1.6	−	−	−
L	7月	15.5	++++	+++++	−
	8月	2.6	+	+	−
	9月	9.8	++	++++	−
	10月	>18.0	++++sp	+++++	−
	11月	>18.0	++++sp	+++++sp	++++sp
M	7月	>18.0	++++sp	+++++	−
	8月	3.5	+	+	−
	9月	10.2	+++	++++	−
	10月	<1.6	−	−	−
	11月	<1.6	−	−	−
N	7月	6.1	+++	+++	−
	8月	<1.6	−	−	−
	9月	<1.6	−	−	−
	10月	<1.6	−	−	−
	11月	9.4	++	++++	−
O	7月	>18.0	+++++sp	+++++	−
	8月	5.0	++	++	−
	9月	>18.0	++++sp	+++++	−
	10月	2.4	+	+	−
	11月	<1.6	−	−	−

+++++, ++++, +++, ++ および + は，カビセンサ内でスポットのエッジ外に発育した菌糸長がそれぞれ2 000μm以上，2 000–1 000μm, 1 000–500μm, 500–200μm, および 200μm 未満であることを，− はスポット内の胞子に発芽なしを，sp は発育した菌糸に新しい胞子が着生したことを表わす．

居3年）でカビ汚染が目視され，3.9以下の箇所ではカビ汚染が目視されなかった[4]。年平均値は，1週間ごとの調査の年間の平均値であり，カビ指数が高い週は，年平均値の数倍のカビ指数値になった。たとえば，洋室1の北東隅の下部（調査個所B）では，年平均値が5.8であったが，曝露期間1週間での最高値は37.8であった。

　調査例2：都内の某美術館で，展示後に収蔵されていた日本画（屏風）にカビ汚染（フォクシング，カビの発育によって現れる褐色の斑点）が発生した。その屏風は，布に包まれた状態で2年間収蔵庫の北東の棚に立てかけられていた。収蔵されていた屏風でフォクシングが発生した箇所は，床から30 cmまでの高さの部分であった。この収蔵庫内の各所で1年間カビ指数を調査したところ（カビセンサ曝露期間は8週間），カビ汚染が起きた箇所は，6～7月の時期にカビ指数が7.6で，7～8月の時期はカビ指数が7.1であった[9]。

　調査例3：日本で児童アレルギー住宅の疫学調査がなされた（調査対象住宅は児童アレルギーありとなしの両方で，居間と子供室を調査）[15)-17)]。アンケート調査の項目には「室内でのカビ汚染の有無」があり，夏期調査時に，100戸の住宅でのカビ指数調査（カビセンサ曝露期間は4週間）がなされた。カビ指数の調査箇所は室内の北隅の床上で，その室内でカビ汚染が目視された割合は，カビ指数が18以上は60 %（12/20），5～18は48 %（31/60）2.5～5は18 %（6/33）であった。さらに，居間の北隅で測定したカビ指数が18以上の住宅はすべて児童アレルギーの住宅であった（調査した100戸のうち10戸）。カビ指数が高い室内はカビ汚染されやすく，居住者にアレルギーが起きやすいと考えられる[10]。

　調査例4：神奈川県内の住宅で，室内のカビ指数調査をした（カビセンサ曝露期間は1ヵ月間で，半年～1年間の継続調査）。**表-4.3.2**に代表的な例を示す。表には7～11月の寝室で調査したデータしか掲載していない。夏のほうがカビ指数が高くなる部屋が多かったが，中にはL宅やN宅の寝室のように，冬のほうがカビ指数が高くなる部屋もあった。カビ指数調査に用いたカビセンサ内

表-4.3.3(a)　夏のカビ指数実測調査結果
（調査時期：2014年6月25日～7月23日）

調査箇所	カビ指数	各供試菌[a)]の菌糸長（μm）		
		Ap	*Eh*	*Aa*
常設展示室	<1.8	-	-	-
第1展示室	<1.8	-	-	-
第2展示室	<1.8	-	-	-
第1収蔵室	<1.8	-	-	-
第2収蔵室南	<1.8	-	-	-
第2収蔵室北	<1.8	-	-	-
特別収蔵室	<1.8	-	-	-
階段室1階	<1.8	-	-	-
階段室2階	<1.8	-	-	-
屋外	16.6	++++	+++++	+

表-4.3.3(b)　宝物館内の冬のカビ指数
（調査時期：2013年12月25日～2014年1月22日）

調査箇所	カビ指数	各供試菌の菌糸長（μm）		
		Ap	*Eh*	*Aa*
常設展示室	<1.8	–	–	–
第1展示室	<1.8	–	–	–
第2展示室	<1.8	–	–	–
第1収蔵室北東	13.0	+++	++++	–
第2収蔵室南	<1.8	–	–	–
第2収蔵室北	<1.8	–	–	–
特別収蔵室	<1.8	–	–	–
階段室1階	11.9	+	++++	+++
階段室2階	15.5	++	+++++	+++
屋外	<1.8	–	–	–

Ap，*Eh*，および *Aa* はそれぞれ *Aspergillus penicillioides* K-712, *Eurotium herbariorum* J-183, および *Alternaria alternata* S-78。+++++，++++，+++，++および+は，カビセンサ内でスポットのエッジ外に発育した菌糸長がそれぞれ2 000μm以上，2 000-1 000μm，1 000-500μm，500-200μm，および200μm未満であることを，−はスポット内の胞子に発芽なしを表す。

Ap，*Eh*，および *Aa* はそれぞれ *Aspergillus penicillioides* K-712, *Eurotium herbariorum* J-183, および *Alternaria alternata* S-78。+++++，++++，+++，++および+は，カビセンサ内でスポットのエッジ外に発育した菌糸長がそれぞれ2 000μm以上，2 000-1 000μm，1 000-500μm，500-200μm，および200μm未満であることを，−はスポット内の胞子に発芽なしを表す。

の供試菌の胞子着生状態を観察したところ，カビ指数 18 以上が測定された場合は調査に用いたカビセンサ内で，発育した菌糸上に新しい胞子の着生が認められた。カビセンサ内で胞子ができる環境はその周辺でも胞子ができる可能性が高い[10]。

調査例 5：某寺院の宝物館では，第 1 収蔵室と階段室がカビ汚染された。カビ指数を調査したところ，夏期は館内の調査箇所すべてがカビ指数 1.8 未満でカビを発育させない環境で，屋外のみカビ指数 16.6 でカビを発育させる環境であった（**表 –4.3.3（a）**）。冬期はカビ指数が，第 1 収蔵室北隅 13.0，階段室 2 階 15.9，階段室 1 階 11.9 で，その他（常設展示室，第 1 展示室，第 2 収蔵室，特別収蔵室，および屋外）は 1.8 未満であった（**表 –4.3.3（b）**）。落下菌採取法によりカビセンサ回収時期に空気中に浮遊するカビを調べたところ，カビ指数が高い値となっていた第 1 収蔵室と階段室で菌数が多く検出され，これらの箇所での落下真菌数はカビ指数が 1.8 未満の箇所の約 20 倍であった。カビ汚染される箇所はカビ指数が高くなる時期があり，高いカビ指数が測定される時期は多数の胞子が飛散すると思われる[18]。

4.3.4 カビ汚染リスクの 3 段階評価[12]

カビ汚染されるリスクをカビ指数から表し，カビ汚染防止に活用するため，「カビ防止基本計画」を提案した（**図 –4.3.6**）。その概要は，カビ汚染されるかどうか知りたい箇所でのカビ発育可能性をカビ指数により把握し，必要に応じてカビ対策を実施し，その効果をカビ指数により評価するものである。

現況調査で測定されたカビ指数の値から，レベル A（カビ指数＜ 1.8，その調査時期にその調査地点はカビ汚染される可能性が

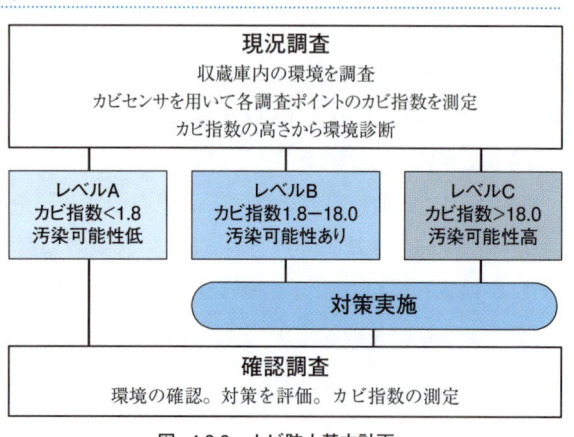

図 –4.3.6　カビ防止基本計画

低い），レベル B（カビ指数 1.8–18.0，その調査時期にその調査地点はカビ汚染される可能性がある）およびレベル C（カビ指数＞ 18.0，その調査時期にその調査地点はカビ汚染される可能性が高い）の 3 段階に評価する。カビセンサの曝露期間 4 週間で**図 –4.3.7** A のように胞子発芽が認められなかった場合がレベル A，**図 –4.3.7** B のように発育菌糸長が計測できる範囲であった場合をレベル B，**図 –4.3.7** C のようにカビセンサ内で発育菌糸長が計測上限を超えた場合がレベル C である。調査室内のすべての調査箇所で全調査時期にレベル A が保たれた場合は新たな対策は不要，調査時期の何れかにおいて何れかの調査箇所でレベル B が認められた場合は何らかの対策が必要，何れかの調査時期の何れかの箇所でレベル C が認められた場合はカビ汚染確実で早期に対策が必要と判断する。

カビ指数の値が 18 を越えた場合（レベル C）は，カビ汚染される可能性が高いと判断されるが，この判断基準は，前記調査例 3 の児童アレルギーの実態調査において，夏期に居間のカビ指数が 18 を超えた全住宅（調査住宅 100 件中 10 件）で児童がアレルギーを発症していたこと，および前記調査例 4 その他の年間を通した住宅内のカビ指数調査や収蔵庫内のカビ指数調査（カビセンサ曝露期間が 1 ヵ月間または 4 週間）で，カビ指数が 18 を超えた箇所に曝露していたカビセンサ内で

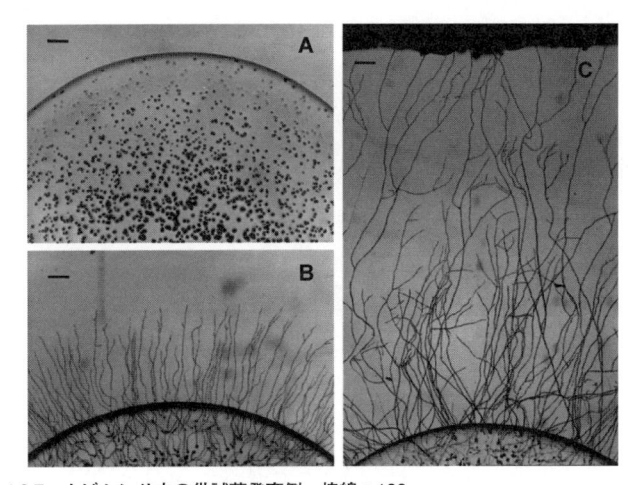

図 -4.3.7　カビセンサ内の供試菌発育例　棒線：100μm
A：胞子発芽なし。曝露期間 4 週間でカビ指数＜1.8。レベル A
B：菌糸長 500μm。曝露期間 4 週間でカビ指数 6.0。レベル B
C：菌糸長が計測上限超え。曝露期間 4 週間でカビ指数＞18.0。レベル C

は供試菌に胞子着生が認められたことを基にしている。なお，カビ指数 18 の環境に曝露したカビセンサでは，供試菌の胞子が発芽して菌糸が認められるまでの期間が 3 日間，胞子スポットの外側に伸長する菌糸の長さが，1 週間で 230μm，4 週間で 2 640μm となり，この発育状態の時は供試菌がすでに新しい胞子を着生している。1 ヵ月程度でカビセンサ内が菌糸で覆われ，供試菌が新しい胞子を着生するような環境では，調査地点の近傍もカビの発育速度が高く，同じ季節の中でカビのライフサイクルが何回も繰り返され，確実にカビ汚染されると考えられる。

　カビ指数の値が 1.8 以上 18 未満の場合（レベル B）は，カビ汚染される可能性があると判断される。この判断基準は，調査例 2，調査例 5，その他の文化財収蔵庫で，実際にカビ汚染が起きていた箇所ではカビ指数が計測されることを基にしている。カビ指数の値が低めの収蔵室に曝露したカビセンサ内では好乾性のユーロチウムと好乾性アスペルギルスが発育しやすい。カビ指数の値が 4 未満の箇所では，好乾性アスペルギルスだけが発育する場合も多い。これらの菌や類似の好乾性カビは，書物や絵画の表面で発育すると褐色の斑点（フォクシング）を形成する。フォクシングを生じさせるものはカビの代謝産物であるため，発育した好乾性カビが菌糸だけの状態（胞子着生前の発育ステージ）でも現れる。収蔵室（とくに書物や絵画などの文化財のある収蔵室）では，胞子着生に至らずとも菌糸を発育させる条件があれば，カビ汚染による被害を受けると考えられる。

　カビ指数の値が 1.8 未満の場合，カビ汚染される可能性が低いと判断される。環境曝露したカビセンサ内で胞子が発芽していなければ，カビ指数は測定下限値未満であり，曝露期間 4 週間で胞子が発芽していなければカビ指数の値が 1.8 未満と計算される。四季のはっきりとした日本では，3 〜 4 ヵ月経てば季節が変わり，室内が 4 ヵ月以上同じ環境で維持されることは少ないと思われる。カビを発育させる環境でも，付着したカビの胞子が発芽し，菌糸を伸ばし，新しい胞子をつくり，胞子が飛散するまでには時間が必要である。カビの胞子がどこかに付着し，発芽，菌糸伸長，胞子着生に至るまでの時間は，付着した胞子が発芽するまでに必要な時間の何倍かを要し，ユーロチウムでは約 7 倍の時間が必要である。そのため，発芽するのに 4 週間かかる環境が半年続いても，新しい胞子は着生されない。普通の住宅で半年経てば，カビが新しい胞子を着生する前に季節が変わ

りカビの発育は継続しないと考えられる。

カビの発育が遅い環境ではカビセンサ曝露期間を長く設定しないと，カビ指数が計測できないので，収蔵庫のように環境変動が少ない環境ではカビセンサの曝露期間を4週間（カビ指数の計測下限が1.8）の他に8週間（カビ指数の計測下限が0.9）や12週間（カビ指数の計測下限が0.6）などを同時並行で調査するほうが良い。

4.3.5 汚染指標（浮遊真菌，付着真菌）とカビ指数

室内環境のカビ汚染の指標にはいくつかある。室内に実際にカビがどれくらい居るかを調べる手段として，空気中の浮遊真菌（3.1.1 浮遊微生物），床の塵中や壁表面などに付着する真菌（3.1.2 堆積・付着微生物）を調べる方法がある。

図-4.3.8に建物内がカビ汚染されるプロセスを図示する。屋外空気中に浮遊するカビの胞子は風に乗って建物内に侵入し，壁面などに付着し，建物内部がカビを発育させる環境になっていると，付着した胞子が発芽し，菌糸を伸ばし，やがて新しい胞子ができ，その胞子が飛散する。カビ発育のプロセスが進む大きな要因はダンプネス（湿気過多，Dampness）であることは，前節（4.2 室内の微生物発生に影響する因子）で述べたとおりである。

胞子が発芽し，菌糸を伸長しはじめた状況は，目には見えない。カビ指数がその環境状態（カビを発育させる環境）の検出手段になる。

浮遊真菌濃度の測定は，空気中に漂っているカビの胞子を調べる操作であり，目視できない状況でのカビ検出手段となる。建物内のどこかで特定のカビが発育し，そこでつくられた胞子が飛散すれば，屋内ではそのカビの胞子濃度が上昇する。したがって，外気中と屋内の真菌濃度を比較することで，カビ汚染を推定することは可能である。胞子の飛散はカビのライフサイクルの最終段階であり，多量の胞子が室内空気中に存在する状況は，カビ汚染がかなり進行していると判断できる。しかし，カビが発育していても，常に胞子が飛散する状態まで発育のプロセスが進んでいるとはかぎらないし，また胞子が飛散した後も発育可能環境が継続している場合は，飛散した胞子が発芽して発育を開始し菌糸の状態で壁などの表面に貼りついているので，室内がカビを発育させる環境で

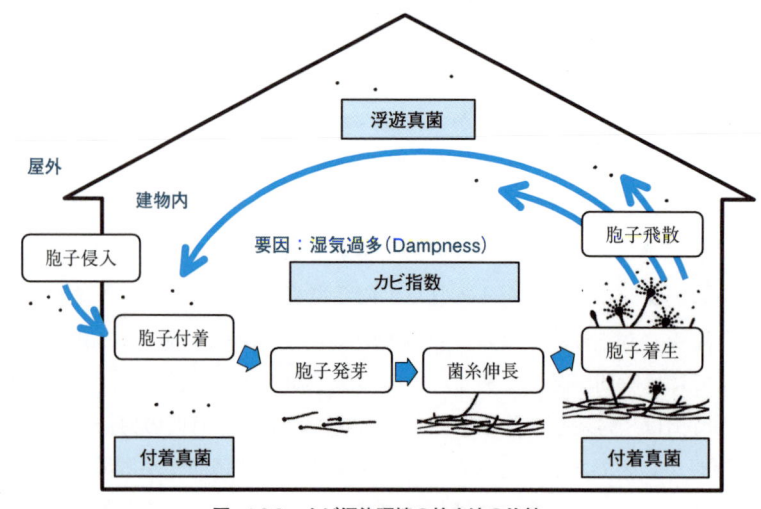

図-4.3.8 カビ汚染環境の検出法の比較

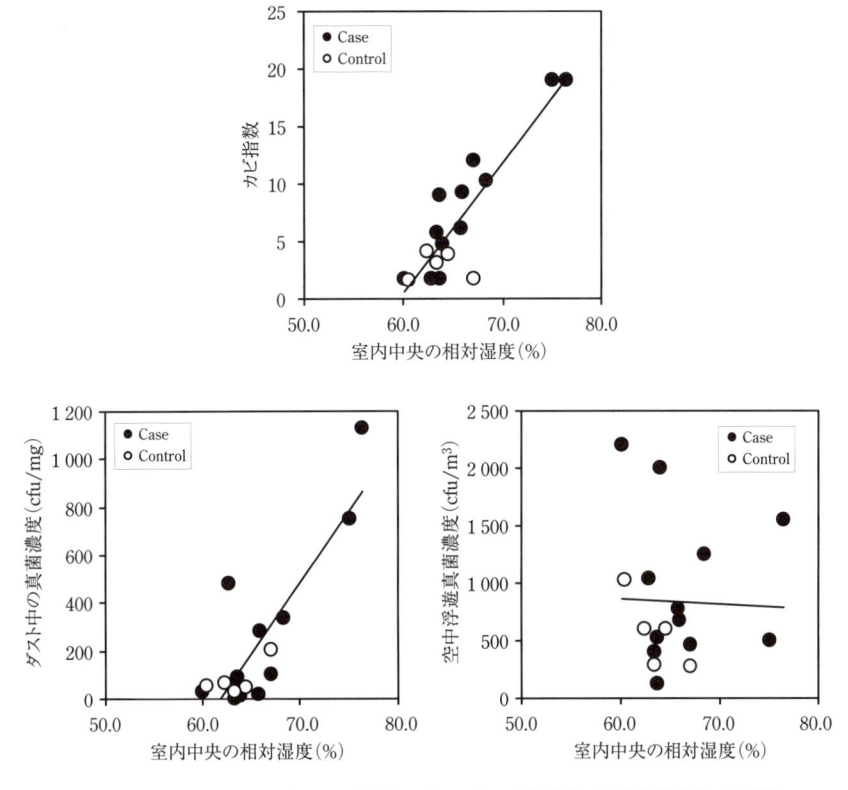

図 –4.3.9 室内の相対湿度とカビ指数，ダスト中の真菌濃度，浮遊真菌濃度の相関性

あっても，浮遊真菌濃度が常に高いとは限らない。堆積・付着微生物は，調査した所に微生物の数が少ない場合は発育する数がわずかで，堆積・付着数が多くなれば採取される数が多くなり，大量の数が存在する場合は計測上限を超えることになり，カビ汚染の程度を表すことができる。すでにカビによる汚染が進んでいる（発育したカビが新しい胞子を多量に着生している）室内では，季節が変わりカビを発育させない環境（カビ指数が検出下限未満）に変わっても，室内には残留する胞子があるので，付着・堆積真菌数や空中浮遊真菌数の多い状態が続く場合もある。

図 –4.3.9 は，住宅の室内環境に起因する健康影響に関する実測調査[15)–17)]の一部で，住宅（17戸）の居間の環境調査結果である。梅雨から夏にかけての，室内中央の相対湿度とカビ指数，相対湿度とダスト中の真菌濃度（堆積真菌濃度）および，相対湿度と空中浮遊真菌濃度の関係を示すグラフで，●はアレルギー児童の住宅，○は非アレルギー児童の住宅である。カビ指数と堆積塵真菌濃度は相対湿度との高い相関性を示したが，空中浮遊真菌濃度は相対湿度とまったく相関性を示さなかった。この調査から，カビ指数と堆積真菌濃度が湿気過多（Dampness）の指標に適していることが示唆される。カビ汚染の進行状況を調査するのであれば，空気中の浮遊真菌よりも堆積塵中の真菌濃度を調査するほうが良いと思われる。

4.3.6 温度と相対湿度からカビ指数の推定

カビ指数推定ソフト（Eur.v2，環境生物学研究所）を用いて，計測された温・湿度からカビ指数を推定することで，カビ指数の季節的な変化が把握できる。カビ指数推定ソフトは，温度と相対湿

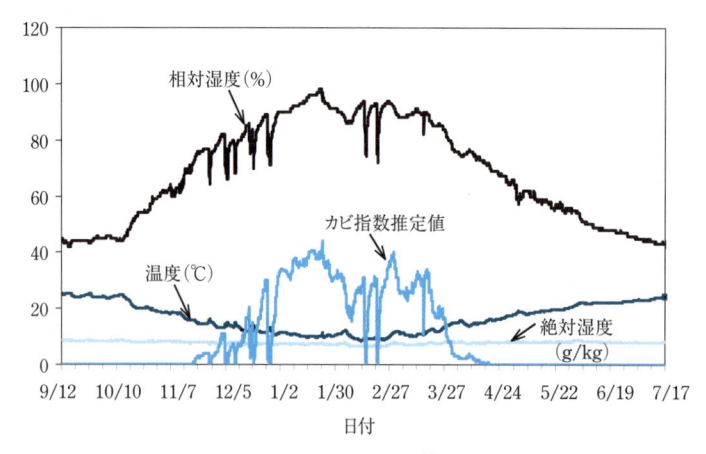

図 –4.3.10 温度と相対湿度からのカビ指数推定 [19]
第1収蔵室の温度，相対湿度，絶対湿度（温度と相対湿度から計算），およびカビ指数推定値（温度と相対湿度から推定）の季節変化。2013年9月〜2014年7月

度を指定すると，その温・湿度に対応するカビ指数値を，温・湿度とカビ指数の関係が記載された一覧表の中から抽出して返すソフトである。その一覧表には，温度1℃刻みで0〜50℃，相対湿度1％刻みで0〜100％，を組み合わせた気候のカビ指数値がデータベースとして構築されている [18]。

一例として，図–4.3.10に，前記調査例5（p.94）の第1収蔵室における季節変化を示す。測定された温度，相対湿度，絶対湿度，およびカビ指数推定値の変化である。この収蔵室では，夏期はカビ指数が計測下限未満（カビセンサ内で胞子発芽が認められなかった）で，冬期のみカビ指数が計測された（表–4.3.3(a), (b)）。同収蔵室は空調されていないが，空調された収蔵室（通年で20℃・55％RH）と隣接し，その影響を受け，絶対湿度は季節にかかわらずほぼ一定であった。温度は外気温度の影響を受け，10月中旬から第1収蔵室内で温度が低下し，それに伴い相対湿度が上昇，3月になると第1収蔵室の温度が上昇し相対湿度が低下した。カビ指数の推定値は11月中旬から上昇し，冬の間は高い値が続き3月中旬から低下し，4月中旬以降はカビ指数の推定値はゼロになった。絶対湿度が一定の室内では，外気の影響で温度が低下すると相対湿度が上昇してカビを発育させやすい環境に変わり，温度が上昇すると相対湿度が低下してカビを発育させない環境に変わることがこの結果からも明らかである [19]。

温度と相対湿度のデータがあれば，カビ指数を推定することができ，過去の調査で得られた温湿度データも活かすことができる。

表–4.3.4は、奈良の寺院の，鉄筋収蔵庫内のカビ指数を，過去（1955〜1969年）に測定された温度と相対湿度データ [20] から推定した結果で，7月と1月を示す。何れの収蔵庫もカビ指数が高くなる時期は7月前後で，屋外のカビ指数推定値が高い時期であった。それ以外の季節は収蔵庫内のカビ指数推定値がゼロでカビを発育させない庫内環境を保っていた。

図–4.3.10で室内の環境変化を示した収蔵室は，隣接する収蔵室に空調設備が導入されており、冬期は暖房と加湿がなされて絶対湿度が高い状態の空気が隣室から侵入し続けたことが原因で冬期にカビを発育させる環境に変化したが，表–4.3.4の収蔵庫はいずれも調査当時は空調設備が無く収蔵室内には水分発生源がなかった。今も空調設備が無い一般的な収蔵庫内は，外気の湿度が高くな

表 –4.3.4(a) 鉄筋収蔵庫内の夏期気候（7月の平均値）

調査個所	調査年	温度 (℃)	相対湿度 (%)	カビ指数推定値
法隆寺 収蔵庫	1955年	28.7	74	7
東大寺 収蔵庫	1966年	26.8	69	1
元興寺 収蔵庫	1966年	26.8	68	1
長谷寺 収蔵庫	1966年	25.7	72	3
聖林寺 収蔵庫	1968年	26.4	75	9
中宮寺 収蔵庫	1969年	27.8	69	1
庫外(6寺院平均)		25.3	80	35

表 –4.3.4(b) 鉄筋収蔵庫内の冬期気候（1月の平均値）

調査個所	調査年	温度 (℃)	相対湿度 (%)	カビ指数推定値
法隆寺 収蔵庫	1956年	6.2	64	0
東大寺 収蔵庫	1966年	3.7	70	0
元興寺 収蔵庫	1966年	5.4	64	0
長谷寺 収蔵庫	1967年	3.0	76	0
聖林寺 収蔵庫	1968年	3.3	68	0
中宮寺 収蔵庫	1969年	5.3	56	0
庫外(6寺院平均)		3.1	71	0

る夏期にカビを発育させる環境に変わりやすい。

加湿機能を持つ空調機や加湿器を導入した建物では，それらの機器が水分発生源になるので，温度と相対湿度からカビ指数を推定し，建物全体の環境，特に低温箇所を監視する必要がある。

◎参考文献

1) Abe, K.：A method for numerical characterization of indoor climates by a biosensor using a xerophilic fungus. Indoor Air，3，pp.344–348，1993
2) 阿部恵子：好乾性カビをバイオセンサーとする環境評価法，防菌防黴，21，pp.557–565，1993
3) 阿部恵子：カビによる環境測定法—カビは空気環境を認識するセンサである，空気調和・衛生工学 69，pp.519–525，1995
4) Abe K., Nagao Y., Nakada T., and Sakuma S.：Assessment of indoor climate in an apartment by use of a fungal index. Applied and Environmental Microbiology，62，pp.959–963，1996
5) 阿部恵子：生活環境と防カビ，化学工業，pp.898–904，1997
6) 阿部恵子：カビ指数による室内環境評価，防菌防黴，29，pp.557–566，2001
7) 阿部恵子：環境から考えるカビ防止法，臨床環境 16，pp.8–16，2007
8) 阿部恵子：保存科学としてのカビ対策—住まいを含めたカビの現状と対策—，防菌防黴，35，pp.667–675，2007
9) Abe, K.：Assessment of the environmental conditions in a museum storehouse by use of a fungal index. Int. Biodeterior. Biodigradation，64，pp.32–40，2010
10) Abe, K.：Assessment of home environments with a fungal index using hydrophilic and xerophilic fungi as biologic sensors. Indoor Air，22，pp.173–185，2012
11) 阿部恵子：カビの発育を利用する環境評価法。環境設備と配管工事，50（6），pp.13–17，2012
12) Abe, K., T. Murata：A prevention strategy against fungal attack for the conservation of cultural assets using a fungal index. Int. Biodeterior. Biodigradation，88，pp.91–96，2014
13) 福井作蔵・秦野琢之編，阿部恵子・福井作蔵著：微生物増殖学の現在・未来，第 7 章分析培養，p.174，地人書館，2008.10
14) ASTM E 104–85:Standard practice for maintaining constant relative humidity by means of aqueous solutions，The American Society for Testing and Materials designation E，pp.790–795，1985
15) 長谷川兼一，吉野博 他 11 名：居住環境における健康維持増進に関する研究 その 21　居住環境と児童の健康障害との関連性に関する調査研究（8）住宅の室内環境に起因する健康影響に関する実測調査（Phase 3）の冬期・梅雨期の測定結果，2010 年度日本建築学会大会（北陸）学術講演梗概集，pp.1113–1114，2010.9
16) 柳宇，吉野博 他 11 名：居住環境における健康維持増進に関する研究 その 21　居住環境と児童の健康障害との関連性に関する調査研究（9）住宅の室内環境に起因する健康影響に関する実測調査（Phase 3）での梅雨期真菌測定結果，2010 年度日本建築学会大会（北陸）学術講演梗概集，pp.1115–1116，2010.9
17) 阿部恵子，吉野博 他 11 名：居住環境における健康維持増進に関する研究 その 23　居住環境と児童の健康障害との関連性に関する調査研究（10）住宅の室内環境に起因する健康影響に関する実測調査（Phase 3）でのカビ指数による室内環境評価，2010 年度日本建築学会大会（北陸）学術講演梗概集，pp.1117–1118，2010.9
18) 阿部恵子：カビ発育から測定する実測カビ指数と温湿度から計算する予測カビ指数の比較，室内環境学会誌，9，pp.17–24，2006
19) 阿部恵子：某寺院宝物館のカビ発育環境調査，2014 年度日本建築学会大会（近畿）学術講演梗概集，pp.289–290，2014.9
20) 永田四朗：奈良の鉄筋収蔵庫内の気温と湿度。古文化財教育研究報告，2，pp.13-19，1973

第5章

室内微生物の制御

5.1 微生物制御に関連する用語

須山　祐之

　微生物の制御は，様々な分野で行われている。例えば，医療分野では，治療環境の清浄化，医療従事者の清潔保持と感染防止，病原菌の薬剤による防除などに，食品製造や調理の分野では，製造環境の清浄化，作業者の清潔保持，製品の殺菌，包装，保蔵などに，水環境分野では，水質汚濁の防止，排水の浄化などに，そして，土壌環境分野では，土壌の肥沃化，植物病原菌の防除などに微生物制御がなされている。

　本節では，微生物制御に関連する用語について簡単に説明する。

5.1.1　微生物制御で用いられる用語の定義

　室内微生物の制御に関しての用語は多数あるので，それらの用語の定義を明確にしたい。医療，食品，建築，家電製品など，さまざまな分野それぞれにおいて定義がなされているが，ここでは，文献[1]に記載されている定義を引用し，**表–5.1.1**に記載する。表に記載の用語は，何れも対象物（固体，液体，気体）の中および表面に存在する微生物に対し，それらの有害作用を防止することを目的としてなされるもので，操作自体，操作を伴う行為，および操作結果である。

　各分野によって用語の使用状況も異なるので，以下に各分野で主に用いられている用語とその定義について記載する。

(1) 医療分野における用語

　医療分野においては常に微生物（細菌，ウイルス，真菌など）による感染防止に努めているが，院内感染の事例は後を絶たない。日常診療においては主に細菌による院内感染の頻度が高い。とくに免疫機能が低下している患者に感染症を起こす日和見感染が成立しやすい。近年，従来の抗生物質に抵抗性を持つ多剤薬剤耐性菌による感染が増加した。これらの薬剤耐性菌の中で，黄色ブドウ球菌（*Staphylococcus aureus*），緑膿菌（*Pseudomonas aeruginosae*），結核菌（*Mycobacterium tuberculosis*），肺炎球菌（*Streptococcus pneumoniae*），腸球菌（enterococci），アシネトバクター（*Acinetobacter* sp.）等の代表的な院内感染原因菌は院内感染対策の上で重視されている。また，近年，カンジダ

表 –5.1.1　微生物制御で用いられる用語の定義

用　語		定　義
滅菌	sterilization	全ての微生物を，有害無害を問わず殺滅または除去すること
消毒	disinfection	人畜に対する病原性のある微生物やウイルスを，感染を防止する目的で使用しても害のない程度まで減少させることで，全ての微生物の殺滅を意味しない
殺菌	killing of microbe/microbiocidal effect	病原性や有害性のある微生物を死滅させる操作のこと
静菌	microbiostasis	微生物の増殖を阻害あるいは阻止すること
制菌	control of microbe	微生物を特定して増殖を阻害あるいは抑制すること
除菌	removal of microbe	微生物を除去すること。濾過除菌，沈降除菌などがある
防菌	prevention of microbe	微生物の増殖阻害または殺菌
防カビ	prevention of mold	カビの増殖阻害または殺菌
抗菌	antimicrobial/antibacterial	殺菌，滅菌，消毒，除菌，静菌，制菌，防腐，および防菌など全て
抗真菌	antifungal	真菌の，殺菌，滅菌，消毒，除菌，静菌，制菌，防腐，および防菌など全て
防腐／保存	preservation	食品，衣料品，化粧品，その他諸材料の生物による劣化（腐敗・変敗・変質）を防止すること
不活性化	inactivation	微生物の活性を殺滅や増殖阻害によって失わせること。また酵素の活性をなくすこと
汚染除去	decontamination	感染，汚染した物質を消毒あるいは滅菌して利用に適する状態にすること
無菌化	asepsis	微生物汚染の防止，排除，除菌，殺菌によって，組織，物質，部屋の無菌状態を得ること
衛生	hygiene/sanitation	広義には環境衛生，公衆衛生を意味する。病院環境，家庭環境および食品（農産物）の栽培・飼育・捕獲から加工・製造・流通までのすべての段階における微生物汚染や異物，有害物質の防止。食品分野ではサニテーションが使われる

注）　文献[1] の p.4 から引用。

（Candida sp.）などの酵母類による真菌感染症例も増加傾向にある。

　医療分野では，感染防止の観点から，滅菌と消毒が必須であり，消毒については，殺滅の程度から3つのレベルに分けられており，以下のように定義されている[2]。

　「滅菌」とは，細菌芽胞を含むすべての微生物を殺滅すること。
　「消毒」とは，細菌芽胞を死滅することはまれであるが大部分の微生物を死滅させること。
　「高水準消毒」とは，細菌芽胞の一部を除き，すべての微生物を殺滅すること。
　「中水準消毒」とは，細菌芽胞以外，すべての微生物を殺滅すること。
　「低水準消毒」とは，結核菌，ウイルス，消毒薬に抵抗する一部の菌を除いた微生物を殺滅すること。

　無菌の組織に接触する器具，例えば手術用具，心カテーテル，人工透析回路は滅菌の対象である。粘膜に接触する器具，例えば内視鏡，麻酔用回路，気管支挿管チューブは，滅菌または高レベル消毒の対象である。傷のない皮膚に接触する器具，例えば便器，調理器具は，中レベル消毒または低レベル消毒の対象である。

(2)　経済産業省の白書に書かれた用語

　経済産業省が発行する白書には，業界における定義が記載されている。

「滅菌」とは，すべての微生物を完全に死滅または除去させ，無菌状態にすること。

「消毒」とは，微生物のうち，病原性のあるものをすべて殺滅・除去してしまうこと。人畜に対して，病原性のある特定の微生物を死滅させ，感染を防止することで，すべての微生物の殺滅を意味しない。病原微生物を化学的もしくは物理的な方法で殺すことであり，非病原菌の残存は容認される。

「殺菌」とは，微生物を死滅させること。滅菌がすべての微生物の殺滅を意味するのに対して，単に微生物を殺すことをいう。

「除菌」とは，ある物質または限られた空間から微生物を除去すること。ろ過や洗浄などの手段により，物体に含まれる微生物の数を減らし，清浄度を高めることである。

「抗菌」とは，微生物の発生・成育・増殖を抑制することをいい，細菌のみを対象とし，製品表面の細菌の増殖を抑制することである。微生物の増殖を抑制，または微生物の生菌数が時間の経過とともに減少することとしている。殺菌，滅菌，消毒，除菌，静菌などすべてを意味する。

(3) 日本石鹸洗剤工業会による用語

多くの工業会で微生物制御に関わる用語が定義されている。例えば，日本石鹸洗剤工業会（JSDA）では，各用語を以下のように定義している。

「滅菌」とは，すべての菌（微生物やウイルスなど）を死滅させ除去する操作を示す。「滅菌」の「滅」は「全滅」の滅であり，滅菌といえば意味的には菌に対しては最も厳しい対応で，日本薬局方の定義に準じて，微生物の生存する確率が100万分の1以下になることをもって滅菌と定義している。

「消毒」とは，物体や生体に，付着または含まれている病原性微生物を，死滅または除去させ，害のない程度まで減らしたり，あるいは感染力を失わせるなどして，毒性を無力化させることをいう。

「殺菌」とは，細菌を死滅させるという意味であり殺す対象や殺した程度を含んではいない。このため，その一部を殺しただけでも殺菌といえるとしており，厳密にはこの用語を使う場合は，有効性を保証したものではない。また，殺菌という表現は，薬事法の対象となる消毒薬などの医薬品や，薬用石けんなどの医薬部外品で使うことはできるが，洗剤や漂白剤などの雑貨品については，使用できないとしている。

「除菌」とは，物体や液体といった対象物や，限られた空間に含まれる微生物の数を減らし，清浄度を高めることをいう。これは，学術的な専門用語としてはあまり使われていない言葉であって，法律上では食品衛生法の省令で「ろ過等により，原水等に由来して当該食品中に存在し，かつ，発育し得る微生物を除去することをいう」と規定されている。

「抗菌」とは，「菌の繁殖を防止する」という意味である。最も広義の概念であり，殺菌，滅菌，消毒，除菌，静菌，サニタイズなど，すべての菌制御を包含している。

5.1.2 微生物の有害作用に関連する用語の定義

表-5.1.2 に微生物の有害作用にかかわる用語の定義を記載する[1]。微生物汚染（microbial contamination）とは，対象物（固体・液体・気体）中への微生物侵入および表面への微生物付着を意味する。固体表面で微生物が発育し，目に見える状態の時も汚染と表現される。微生物汚染であるかどうかの判断は相対的なものであり，例えば，食品製造ラインでは空気中に浮遊する微生物の数が少量であっても避ける必要があるが，住環境中においては，空気中の微生物はある程度の数まで許容され，微量のカビの胞子が住宅の壁に付着していても窓から入ってくる空気中にカビの胞子が含まれていても，壁面や空気がカビ汚染されているとは判断しないが，壁でカビが発育して目に見える状態になっている場合や，そこから多量の胞子が空気中に飛散している状態（例えば，浮遊真菌濃度が 2 000 cfu/m^3 以上である，あるいは浮遊真菌が特定の菌に偏っている）であれば，壁面や室内空気がカビ汚染されていると判断する。

微生物劣化（biodeterioration）は，微生物によってひき起こされる損傷（腐敗・変敗・変色・品質低下・腐朽）を意味し，微生物分解（biodegradation）は，微生物による物質の分解作用で，何れも対象物に付着した微生物が発育することによって対象物で起こる作用である。発育した微生物により金属が劣化する場合が微生物腐食（microbial corrosion）であり，発育した微生物の働きによる食品の劣化は腐敗（putrefaction）や変敗（spoilage）といい，腐朽菌が発育して木が腐れば，腐朽（rot）という。何れも，微生物の発育が継続したことによって引き起こされる作用である。

表-5.1.2 微生物の有害作用に関連する用語の定義（文献[1]のp.1 から引用）

用 語		定 義
微生物汚染	microbial contamination	対象物（固体・液体・気体）中への微生物侵入および表面への微生物付着を意味する。付着した微生物が発育し数が増加している場合も含む
微生物劣化／生物劣化	biodeterioration	対象物（固体・液体）中および表面上で微生物がひき起こす損傷（腐敗・変敗・変色・品質低下・腐朽）を意味する
微生物分解／生分解	biodegradation	主として微生物による物質の分解作用
微生物腐食	microbial corrosion	微生物が引き起こす金属腐食
腐敗	putrefaction	主として食品成分（タンパク質・ペプチド・アミノ酸）が微生物により嫌気的分解を受け，悪臭物質例えば，硫化水素，メルカプタン，アンモニア，アミンなど，人にとって都合の悪い物質を生成する作用
変敗	spoilage	主として食品成分（炭水化物・油脂）が微生物により酸敗・発カビ・酸化・変色などを起こし，食用に適さなくなることの総称。微生物の作用の他に，空気中の酸素による酸化作用も含む
腐朽	rot	主として木材の微生物劣化で木材の強度低下を伴う作用の総称。褐色腐朽，白色腐朽，および軟腐朽の 3 種類がある

◎引用文献
1) 土戸哲明，高麗寛紀，松岡英明，小泉淳一：微生物制御，講談社サイエンティフィク，2002.11
2) 倉辻忠俊，切替照雄訳，小林寛伊監訳：医療保険施設における環境感染制御のためのCDCガイドライン，MCメディカ出版，大阪，2004

5.2 室内微生物の制御手段

須山 祐之

　表-5.2.1 に，微生物の害を防止するための微生物制御の概略を示す。方法は，微生物を増やさない，減らす，持ち込まない，殺すの何れかになるが，ここでは，薬品を用いない制御法と，薬品を用いた制御法の2つに大別する。食品や医薬品の製造・保存においては，完璧な制御が求められるため，食品，飲料，医薬品などの製造現場では表-5.2.1 に記載された手段の多くが利用されているが，人が暮らす室内環境で適用可能な方法は限定される。以下は，生活環境で用いられる微生物制御について述べる。

5.2.1 薬剤によらない微生物制御

　薬剤に頼らずに，微生物を増やさない手段として室内で最も容易に使用できる方法は「水分制御」である。例えば，室内の相対湿度が高いときに除湿機を使用して微生物が発育しない室内環境に変える，湿った寝具を干して乾燥させる，濡れている所は水をふき取って微生物が発育しない状態に変えるなどは，水分制御の例である。乾燥食品をシリカゲルをいれた密閉容器で保存するのも水分制御である。塩蔵品やジャムなどは水分（浸透圧）を調節することで保存している。住環境の水分

表-5.2.1　物理的制御および物理化学的制御手段の概容

微生物制御手段			具体例
化学物質によらない制御	微生物を増やさない（静菌，増殖抑制）	水分制御	除湿，乾燥，水のふき取り
		温度制御	冷凍，冷蔵
		浸透圧制御	塩蔵食品，ジャム
		酸素制御	酸素吸収，真空
		pH調節	酸，アルカリ
	微生物を減らす，持ち込まない	濾過	フィルタ
		沈降，沈殿	凝集沈殿，遠心沈殿
		電気除菌	静電フィルタ
		洗浄	洗濯，掃除，手洗い，うがい
		希釈	換気
		遮断	包装，コーティング，エアカーテン
	微生物を殺す（殺菌，消毒，滅菌）	高温殺菌	高圧蒸気滅菌（121℃），超高温殺菌（130～180℃），乾熱殺菌（160℃）
		低温殺菌	パスツリゼーション（100℃以下）
		電磁波殺菌	γ線，電子線，X線，紫外線，マイクロ波
		高圧殺菌	静圧力（50～200Mpa）
		電気殺菌	電気パルス，コロナ放電
化学物質による制御	微生物を増やさない（静菌，増殖抑制）	ガス調整	二酸化炭素，窒素ガス，アルゴンガス
		化学物質	増殖抑制剤
	微生物を殺す（殺菌，消毒，滅菌）	薬剤殺菌	ガス殺菌剤（EO，PO，ホルムアルデヒド）
			液体・溶液殺菌剤（アルコール，過酸化水素水）
			固体殺菌剤（銀系殺菌剤，光触媒系殺菌剤）
			固定化殺菌剤（シリコン系第四アンモニウム）

注）　文献[1] の p.3 に記載された図を参考に，表を作成した。

制御によるカビ防止については5.3節で述べる。

「温度制御」は，居住する室内では利用できないが，物を保存する環境として利用している。冷蔵庫や冷凍庫で食品を保存するのは温度制御である。物を保存する手段として「酸素制御」，「pH調節」，「遮断」は一般に用いられている。缶詰，瓶詰め，レトルト食品などは，調理殺菌後は外部環境から遮断されており，酸素の供給も無いため長期にわたっての保存が可能である。酢締め，酢漬けなどは，pHを酸性側に調節することで保存している。

室内空気中に浮遊する微生物を減らす手段や，外気から微生物侵入を防止する手段としてフィルタによる「濾過」がある。室内で空気清浄機を稼働させることはそのフィルタを通すことで空気中の浮遊細菌や浮遊真菌を減らすことである。外部から取り入れる空気をフィルタを通して室内に入れることは外気中の微生物を除去することになる。6.2節に記載されているように，フィルタにより真菌も細菌も除去される（図-6.2.8参照）。

あまり意識はされていないが，「洗濯」は衣類や布類に付着する微生物を減らす手段である。第2章の図-2.1.4に記載の，白癬菌に汚染されたバスマットに対する処置法ごとの平均白癬菌残存率のデータでは，洗濯機による洗濯が最も高い効果を示していた。タオル，マット，ふきんなどは汚れた状態で放置せず，まめに洗濯することが微生物の害を防止する手段として最も効果的であることがわかる。

「掃除」は室内の微生物をゴミと一緒に取り除く手段である。「手洗い」や「うがい」は付着する微生物を減らす手段で，外部から室内へ，あるいは自分の体内へ微生物を持ち込まないための手段でもある。

表-5.2.1記載の殺菌手段は，人が居る室内環境中では適用できない手段であるが，部分的な環境に対しては「高温殺菌」が利用できる。例えば，アイロン掛けは衣類やハンカチなどの高温殺菌でもある。図-2.1.4に記載されたバスマットに対する処置法の比較データでは，洗濯についで効果が高い方法は，アイロン掛けであった。日常生活では，ゆでる，炒めるなどの加熱調理は，食品中の微生物を高温殺菌する手段である。

5.2.2 薬剤による微生物制御

微生物の発育を抑制する薬剤は，抗菌剤および抗真菌剤であり，これらの薬剤は，微生物細胞内の酵素に作用することで代謝の低下や停止を引き起こす，細胞分裂を阻害する，などにより抗菌（抗真菌）作用を発揮する。細菌と真菌では，細胞構造に違いがあり，またそれぞれの菌体を構成するタンパク質なども異なるため，殺菌剤の効力は細菌と真菌では異なる。さらに，細胞の表面構造がグラム陽性菌，グラム陰性菌，真菌では大きく異なり，薬剤の細胞内への透過性も微生物の種類によって異なり，薬剤の効果には選択性がある。ここでは，抗菌（抗細菌）と抗真菌の両方を含めて抗菌と表現する。

表-5.2.2に主な有機系抗菌剤を示す。それぞれの薬剤の抗菌活性の欄で，○の表示が殺菌作用，△の表示が静菌作用，×の表示が効果なしを示す。細菌と真菌の両方に抗菌性を示す薬剤，どちらか一方に抗菌性を示す薬剤がある。抗菌作用の強さは，細菌芽胞（細菌の胞子）まで殺菌効果を示す強力な薬剤から，静菌効果にとどまる薬剤まで，さまざまである。薬剤は，基本的に毒物であり，適切な濃度で用いることが必要である。

表-5.2.2 一般的な有機系抗菌剤の例（○：殺菌作用，△：静菌作用，×：効果なし）

分類	薬剤名【一般名】	抗菌活性 細菌 栄養細胞	抗菌活性 細菌 芽胞	抗菌活性 真菌	用途
アミン	ビス(3-アミノプロピル)ドデシルアミン【アリアルキルアミン】	○	×	○	医療用光学機器，食品工業，医環境
アルコール	エチルアルコール【エタノール】	○	×	○	皮膚，医療器具，食品，化粧品
	プロピルアルコール【プロパノール】	○	×	○	皮膚，医療器具
フェノール	フェノール【石炭酸】	○	×	○	医療器具
	メチルフェノール【クレゾール】	○	×	○	医療器具，環境殺菌
	オルトフェニルフェノール【OPP】	×	×	△	化粧品，果実防腐，繊維，接着剤，皮革，切削油，洗浄剤
エステル	パラヒドロキシ安息香酸メチルエステル【メチルパラベン】	△	×	△	化粧品，防腐剤，医薬品
	パラヒドロキシ安息香酸エチルエステル【エチルパラベン】	△	×	△	化粧品，防腐剤，医薬品
	ラウリン酸グリセリンエステル【ラウリシジン】	△	×	△	食品，環境，化粧品，乳化剤
	ショ糖脂肪酸エステル【シュガーエステル】	△	×	△	食品，化粧品，乳化剤
アルデヒド	ホルムアルデヒド【ホルマリン】	○	○	○	医環境
	グルタルアルデヒド【グルタラール】	○	○	○	医療用光学機器，医環境
	オルトフタルアルデヒド【フタラール】	○	○	○	医環境
ニトリル	2,4,5,6-フトラクロロイソフタロニトリル【TNT】	○	×	○	プラスチック，農薬用
	1,2-ジブロモ-2,4-ジシアノブタン【テクタマール38】	○	×	○	塗料，エマルジョン，接着剤，セメント，顔料，陰気，ワックス
スルファミド	N,N-ジメチル-N'-(フルオロジクロロメチルチオ)-N'-フェニルスルファミド【ジクロフルアニド】	×	×	△	木材，プライマー，ラッカー
カルボン酸	安息香酸ナトリウム【安息香酸ナトリウム】	△	×	△	食品添加物，化粧品，陰気，果汁，塗料，接着剤
	ヘキサ-2,4-ジエノイック酸【ソルビン酸】	△	×	△	化粧品，食品，経口医薬品
	ヘキサ-2,4-ジエノイック酸カリウム【ソルビン酸カリウム】	△	×	△	化粧品，食品，経口医薬品
過酸化物/エポキシ	過酸化水素【過酸化水素】	○	○	○	漂白剤，無菌充填容器，食品工場
	エチレンオキシド【EO】	○	○	○	医療器具・プラスチックシャーレ等の殺菌
	二酸化塩素【ビオトーク】	○	○	○	無菌充填容器，酸化剤，重合触媒
	過酢酸【過酢酸】	○	○	○	無菌充填容器，酸化剤，重合触媒
ハロゲン	次亜塩素酸ナトリウム【次亜塩素酸ソーダ】	○	○	○	環境殺菌剤，食品工場，漂白
	ポリビニルピロリドンヨード【ポビドンヨード，イソジン】	○	×	○	医療用消毒剤，食品製造機械
イミダゾール/チアゾール	2-(4-チアゾリル)ベンツイミダゾール【TBZ】	×	×	○	食品添加物，繊維，プラスチック，塗料，紙，農薬，輸入果物の防カビ
ビグアナイド	1,6-ジ(N-p-クロロフェニル)ビグアナイドビグルコネート【グルコン酸クロルヘキシジン】	○	×	○	医用光学機器，食品工業，医環境，環境，繊維
第4級アンモニウム塩（陽イオン界面活性剤）	塩化ベンゼトニウム【ハイアミン】	○	×	○	医薬，化粧品，医環境，環境殺菌，医薬部外品
	アルキルジメチルベンジルアンモニウムクロリド【塩化ベンザルコニウム】	○	×	○	手指消毒，医薬，化粧品
天然物	β-1,4-ポリ-D-グルコサミン【キトサン】	○	×	×	繊維，水処理剤，土壌改良剤，食品
	βツヤプリシン【ヒノキチオール】	○	×	×	繊維，紙，化粧品
	卵白リゾチーム【卵白リゾチーム】	○	×	×	食品の日持ち向上剤

注) 文献1)のpp.120〜140に記載された表の一部を転記．

静菌剤には，比較的毒性の低い薬剤が多く，生活環境でも使用されている。建築分野，食品分野，化粧品分野での防カビ剤や防腐剤を挙げることができる。食品の防腐には，不飽和脂肪酸のソルビン酸とそのカリウム塩がよく用いられる。パラベンと総称されるパラヒドロキシ安息香酸エステル類は，食品や化粧品などに添加されている。クエン酸や乳酸など天然の有機酸も食品の防腐剤として用いられている。防腐剤なしで保存して微生物が繁殖して中毒やアレルギーを起こす危険性と，防腐剤自体が持つ危険性を天秤にかけた結果，防腐剤を入れるほうが選択される場合も多い。

なお，表には有機系の抗菌剤しか記載していないが，無機系の抗菌剤もあり，とくに，銀を含む抗菌剤が多用されている。無機系の薬剤は，有機系に比べると安定性が高いため，工業分野で，プラスチック製品や繊維の抗菌加工に多く使用される。食品分野では，防腐剤として（発色剤も兼ねる），亜硝酸塩がハムやソーセージに添加されている。

医療分野では，CDC（Centers for Disease Control and Prevention：米国疾病予防管理センター）によって，消毒薬物の使用についてガイドラインが示されている（図-5.2.1）[2]。微生物の種類によって，消毒薬に対する抵抗性（すなわち，微生物が薬剤の殺菌効力に耐える力）が異なっている。表

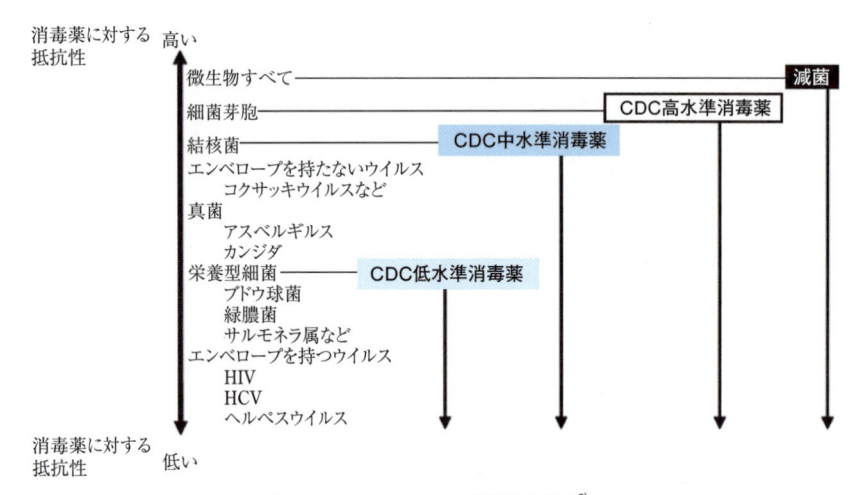

図-5.2.1 CDCによる消毒薬の類別[2]

表-5.2.3 各水準の消毒薬の殺菌効力[3]

区分	消毒薬	一般細菌	緑膿菌	結核菌	真菌[*1]	芽胞	B型肝炎ウィルス
高水準	グルタラール 過酢酸 フタラール	○	○	○	○	○	○
中水準	次亜塩素酸ナトリウム	○	○	○	○	△	○
	アルコール	○	○	○	○	×	○
	ポビドンヨード	○	○	○	○	×	○
	クレゾール石けん[*2]	○	○	○	△	×	×
低水準	第四級アンモニウム塩	○	○	×	△	×	×
	クロルヘキシジン	○	○	×	△	×	×
	両性界面活性剤	○	○	△	△	×	×

*1 糸状真菌を含まない。
*2 クレゾールには排水規制がある。
○：有効　△：効果が得られにくいが，高濃度の場合や時間をかければ有効となる場合がある　×：無効

-5.2.3[3]）に，各水準消毒薬の殺菌効力を示す。細菌芽胞は薬剤に対し抵抗性が高いので，消毒薬では殺滅できないものがある。そのためすべての微生物の殺滅には高圧蒸気滅菌が必要である。高水準消毒薬には，グルタラール製剤，オルトフタルアルデヒド製剤や過酢酸製剤があり，細菌芽胞の一部を除き，すべての微生物の殺滅が可能である。中水準消毒薬には，アルコール系消毒薬や次亜塩素酸ナトリウムなどがあり，細菌芽胞以外はすべての微生物が殺滅可能である。低水準消毒薬には，塩化ベンザルコニウム，塩化ベンゼトニウム，両性界面活性剤などがあり，結核菌，ウイルス，消毒薬に抵抗する一部の菌以外の微生物が殺滅可能である。

　一般住宅の消毒対象は，主にカビ（糸状菌）である。室内で使用するための消毒薬としての必要条件は，無色透明で，残留しない，そして毒性があまり強くないことである。通常使用される消毒薬は，中水準消毒薬のエチルアルコールと次亜塩素酸ナトリウムである。

　住宅内でカビが生えてしまった時の対処法[4]）は，目視できる状態まで発育してしまったカビの除去と，除去した後にまだ残存するカビの菌糸や胞子の殺菌である。対処法は，その環境によって使い分ける必要がある。水で洗い流せる個所，水拭きできる個所，水を使えない個所で，方法が異なる。

　浴室など，水を掛けて洗い流せる場所は，次亜塩素酸ナトリウム（塩素系漂白剤）が最も有効である。塩素系漂白剤は強いアルカリ性で散布すると有毒な塩素ガスを発生するので，浴室で使用するときは，肌を露出させない服装が必要である。最低限ゴム手袋と長靴（または浴室用の靴）を使い，素手素足は避ける。長袖，長ズボン，長靴，ゴム手袋，マスク，水中眼鏡，帽子，首にタオルという服装が最も良い。塩素系漂白剤を塗布した後，その効果が表れるまでの待ち時間（15分程度）は，その場を離れ，再び肌を露出させない服装で，水をかけて丁寧に洗い流す。

　ビニールクロスの表面など水拭きできるところは，漂白剤や逆性石けんを薄めた液を使って雑巾で拭ってカビを除去したあと，消毒用アルコールをしみ込ませた布で拭き，殺菌する。この場合も，素手での作業は避けゴム手袋を使用する。

　水を使えないところは，まず初めに漂白剤を薄めた液で雑巾を湿らせて拭く。乾いた布での拭きとりや掃除機の使用は，カビの胞子を飛散させるので避ける。大部分を拭き取った後，布に消毒用アルコールを染み込ませて殺菌しながら拭き取り，最後に掃除機をかける。

　水を使えないところでカビが生えた場合，拭き取ってカビを取り除いても，同じ環境が続いていれば再びカビが現れる。このような場所で，最も手軽にカビが発生しない環境に変える対処法は除湿である。除湿その他の，環境を変えることによる対処法については，次節5.3をご覧いただきたい。

◎引用文献
1)　土戸哲明，高麗寛紀，松岡英明，小泉淳一：微生物制御，講談社サイエンティフィク，2002.11
2)　倉辻忠俊，切替照雄訳，小林寛伊監訳：医療保険施設における環境感染制御のためのCDCガイドライン，MCメディカ出版，大阪，2004
3)　小林寛伊編：新版 滅菌と消毒のガイドライン，ヘルス出版，東京，2011
4)　阿部恵子：快適な住まいとカビ退治，pp.16–17，新企画出版，1993

5.3　カビ指数から考えるカビ防止法

阿部　恵子

　ある環境が，カビの発育する条件（図-4.2.1）を満たしていた場合，それらの条件の中から1つを取り除けば，カビの発育は抑えられ，カビを発育させない環境に変わる。これらの条件の中で，「水分」と「時間」が人の居る環境でのカビ防止に利用でき，その評価手段にカビ指数がある。水分（湿度制御）による室内のカビ防止法には，絶対湿度の制御と相対湿度の制御があり，時間によるカビ防止法には，環境を制御してカビの発育を停止させ長時間にわたるカビ発育の継続を阻止する方法がある。これらの方法を評価する場合，カビセンサを用いて実際のカビ発育そのものからカビ指数を測定する方法[1-5]が，評価法として最も確実であるが，温度と相対湿度からカビ指数を推定する方法[6]も利用価値はある。

5.3.1　水分制御によるカビ防止法

(1)　絶対湿度の制御

a. 除湿による水分除去

　空気中から水分を取り除く方法は，除湿により絶対湿度を下げることである。日本の夏の気候は絶対湿度が高く空気中の水分が多いので，換気しても室内に入ってくる空気は湿っていて，カビの発育を防ぐことは，あまり期待できない。したがって，外気の絶対湿度が高い季節は，除湿機や空調機を利用して室内空気中の水分を取り除くことが必要である。

　表-5.3.1は，住宅で除湿の影響を調べた一例で，戸建住宅の空き部屋（普段使用していない客間），廊下，その廊下にある物入れの3箇所にカビセンサを曝露して梅雨のはじめから夏にかけての時期にカビ指数を測定した結果である。空き部屋と物入れに除湿機を導入し，稼動させた時期と稼動させていない時期を比較調査した。廊下に除湿機は無い。使用した除湿機は一般家庭用の除湿機で，連続で稼動させると相対湿度を50〜60％に保つ。除湿機を稼動させていない6月3日〜6月17日は，住宅の中の調査地点はすべてカビ指数が測定され，カビを発育させる環境であった。除湿機を連続で稼動させた6月17日〜7月1日は，除湿機を導入した空き部屋と物入れはカビ指数が検出下限未満で，除湿機の無い廊下ではカビ指数が測定された。ふたたび除湿機を停止させると（7

表-5.3.1　除湿の効果（カビセンサ曝露期間：14日間または7日間）[3]

カビセンサ曝露期間	除湿機の使用状況	空き部屋 除湿機あり	物入れ 除湿機あり	廊下 除湿機なし	戸外
6月3日〜6月17日（14日間）	停止	8.5	7.5	5.5	20.9
6月17日〜7月1日（14日間）	連続使用	<3.5	<3.5	6.3	36.5
7月1日〜7月8日（7日間）	停止	14.0	13.2	9.4	19.6
7月8日〜7月15日（7日間）	連続使用	<7.0	<7.0	9.2	31.3
7月15日〜7月22日（7日間）	停止	18.8	14.0	13.1	34.4

注）　1993年鎌倉市の戸建住宅での調査。除湿機は空室と物入れに導入。
　　<3.5：カビ指数が3.5未満。カビセンサの曝露期間14日間で，カビセンサ内で胞子発芽が認められなかった。
　　<7.0：カビ指数が7.0未満。カビセンサの曝露期間7日間で，カビセンサ内で胞子発芽が認められなかった。

月1日～7月8日) 全調査箇所でカビ指数が計測され，ふたたび除湿機を稼動させると (7月8日～7月15日) 除湿機が導入されている箇所はカビ指数が計測下限未満となった[3]。除湿はカビ防止に有効である。

4.3.3項に記載の調査例2 (p.93) の，カビ汚染問題が起きた収蔵庫 (**図-5.3.1**) 内で収蔵品がカビ汚染された時は，すでに除湿機が3台導入されていた。しかしカビ指数を調査すると，除湿機があるにもかかわらず収蔵庫内の各所でカビ指数が計測されカビを発育させる環境が保たれていた。そこで，カビ対策として新た

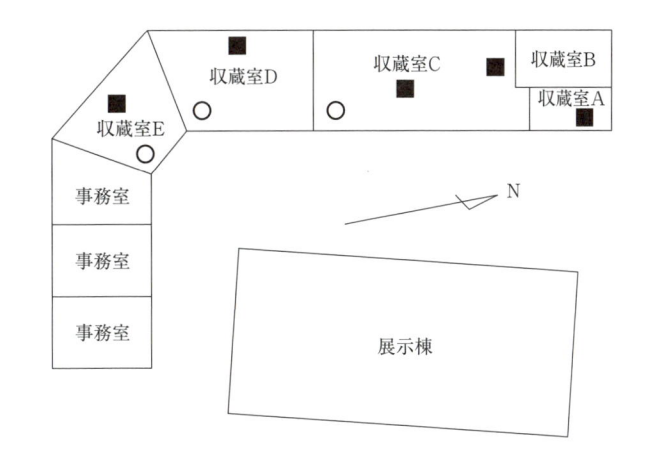

○ カビ発生時，既に導入されていた除湿機(3台)
■ 対策として新たに導入された除湿機(5台)

図-5.3.1 美術館収蔵庫の配置図[7]
　　　カビが発生した屏風は，展示後布に包み収蔵室Aの棚に立てかけて保管していた

表-5.3.2 収蔵庫のカビ指数 (カビセンサ曝露期間：56日間)[7),8)]

調査箇所			カビ指数 除湿機増設前 1992年 (6月5日～7月31日)	カビ指数 除湿機増設後 1994年 (6月6日～8月1日)
収蔵室A	中央	天井下30cm	1.3	<0.9
		床上30cm	7.6	<0.9
収蔵室B	中央	天井下30cm	<0.9	<0.9
		床上30cm	6.6	<0.9
収蔵室C	中央	天井下30cm	<0.9	<0.9
		床上30cm	2.2	<0.9
	北東	天井下30cm	<0.9	<0.9
		床上30cm	1.2	<0.9
	北西	天井下30cm	<0.9	<0.9
		床上30cm	2.5	<0.9
	南東	天井下30cm	<0.9	<0.9
		床上30cm	0.9	<0.9
	南西	天井下30cm	<0.9	<0.9
		床上30cm	3.1	<0.9
収蔵室D	中央	天井下30cm	<0.9	<0.9
		床上30cm	1.6	<0.9
収蔵室E	中央	天井下30cm	<0.9	<0.9
		床上30cm	1.8	<0.9
	北東	天井下30cm	<0.9	<0.9
		床上30cm	2.0	<0.9
	北西	天井下30cm	<0.9	<0.9
		床上30cm	2.2	<0.9
	南東	天井下30cm	<0.9	<0.9
		床上30cm	3.0	<0.9
	南西	天井下30cm	<0.9	<0.9
		床上30cm	2.4	<0.9

注) <0.9：カビ指数が0.9未満。カビセンサの曝露期間8週間で，カビセンサ内で胞子発芽が認められなかったことを表わす。

に除湿機を5台導入しカビ指数を調査した。図では○がすでに導入されていた除湿機の位置で，■が対策として新たに導入された除湿機の位置である。**表-5.3.2**に，除湿機増設前と増設後の収蔵庫で測定されたカビ指数を示す。除湿機増設前は，収蔵室A（北東の隅の小さな収蔵室で，カビ汚染された屏風が立てかけられていた）の中央の床上30 cmの位置でカビ指数7.6が測定され，その他の収蔵室でも床上30 cmの位置はすべてカビ指数が測定された。除湿機増設後は，収蔵室内はすべての調査箇所でカビ指数が検出下限値未満になった。除湿はカビ防止に有効であるが，導入する部屋に合った除湿性能が必要である[7), 8)]。

b. 過剰の加湿の防止

冬の暖房時に乾燥が気になり，加湿する場合は，建物内で空気中の水分が移動することに注意を払う必要がある。建物内の低温箇所に加湿された空気が届くと，カビの発育を促進する。この説明については，次項の(2) 相対湿度の制御 a. 断熱 にまとめて記載する。

(2) 相対湿度の制御

a. 断熱（温度低下を防止することで相対湿度上昇を防ぐ）

絶対湿度が変化しない環境では，温度を調節して相対湿度を制御することによるカビ防止が可能である。カビの発育には相対湿度が大きく影響し，冬の室内では温度が下がることに伴う相対湿度上昇が原因で，カビを発育させる環境が現れる。冬に北側の壁面や窓ガラスで結露するのは，低温の外気の影響でガラスや壁の温度が低下し，接している空気温度が低下することに因る。冬の温度低下を防ぐ一手段として，断熱することで低温外気の影響による温度低下を防ぐ方法がある。

冬の室内で壁面の温度が何度まで下がるとカビを発育させる環境に変わるかをカビ指数から推定し**表-5.3.3**に示す。カビ指数の推定には，好乾性のユーロチウムと好湿性のアルタナリアそれぞ

表-5.3.3(a)　一般的な住宅での壁面温度低下の影響（絶対湿度 6.5 g/kg D.A.）

壁面温度(℃)	相対湿度(%)	カビ指数推定値 Eur.h	カビ指数推定値 Alt.a
22.0	40	0	0
21.0	42	0	0
20.0	45	0	0
19.0	48	0	0
18.0	51	0	0
17.0	53	0	0
16.0	58	0	0
15.0	61	0	0
14.0	66	0	0
13.0	70	0	0
12.0	75	1	0
11.0	80	5	0
10.0	85	14	0
9.0	91	27	4
8.0	98	28	39

注）*Eur.h*：カビ指数推定に用いるデータベースがユーロチウム（好乾性カビ）。
Alt.a：カビ指数推定に用いるデータベースがアルタナリア（好湿性カビ）。

表-5.3.3(b)　建物内で加湿された場合の壁面温度低下の影響（絶対湿度 8.2 g/kg D.A.）

壁面温度(℃)	相対湿度(%)	カビ指数推定値 Eur.h	カビ指数推定値 Alt.a
22.0	50	0	0
21.0	53	0	0
20.0	57	0	0
19.0	60	0	0
18.0	64	0	0
17.0	68	0	0
16.0	73	1	0
15.0	78	5	0
14.0	83	14	0
13.0	88	33	0
12.0	94	50	32
11.0	100（結露）	27	78
10.0	100（結露）	24	69
9.0	100（結露）	20	61
8.0	100（結露）	17	53

注）*Eur.h*：カビ指数推定に用いるデータベースがユーロチウム（好乾性カビ）。
Alt.a：カビ指数推定に用いるデータベースがアルタナリア（好湿性カビ）。

れで作成したデータベースを使用した（カビ指数の推定については，4.3.6項に記載）。

絶対湿度が 6.5 g/kg D.A. の室内で，外気温度の影響で壁面温度が低下した場合が**表-5.3.3（a）**である。用いた絶対湿度は，4.3.3項に記載の調査例1（**図-4.3.5**）[4]の住宅の，1月の室内絶対湿度の平均値である。この絶対湿度の部屋は，室温 22℃では相対湿度 40％でカビ指数推定値はゼロである。低温外気の影響で壁面温度が低下しても 13℃以上であればカビ指数推定値はゼロで，カビを発育させない環境であるが，壁面温度が 12℃以下に低下すると好乾性カビを発育させる壁面環境になり，9℃以下では好湿性カビまでも発育させる壁面環境になり，8℃以下では好乾性カビよりも好湿性カビのほうを発育させやすい壁面環境になる。この住宅の場合，壁面の断熱を強化して冬期に 13℃以上を保つことができれば，カビが生えてくる可能性がなくなる。

冬の暖房時に乾燥が気になるため，加湿される場合がある。22℃で相対湿度が 50％（絶対湿度 8.2 g/kg D.A.）になるまで加湿された場合の，壁面温度低下の影響を**表-5.3.3（b）**に示す。壁面温度が 16℃以下で好乾性カビを発育させる環境に変わり，12℃以下で好湿性カビも発育させる環境に変わる。さらに，温度 12℃ではカビ指数推定値が 50を超え，カビ胞子は 1日で発芽し，カビの発育が速い環境である。温度 11℃以下は結露する環境で，好乾性カビよりも高湿性カビを発育させやすい環境になる。結露水を残した状態で室温が高くなれば，好湿性カビの発育はさらに促進される。過剰な加湿は避けるべきであり，加湿する場合は室内の低温箇所で相対湿度が上昇することによく注意を払う必要がある。

断熱材なしの場合と断熱材ありの場合の，外壁断面の温度，相対湿度およびカビ指数（推定値）の分布を**図-5.3.2**[9]に示す。冬期の室内，壁体内および室外の温度，相対湿度の計算値および温・湿度から推定されるカビ指数（ユーロチウムで作成したデータベースを使用）である。室外（戸外）を 5℃・相対湿度 65％，室内を 20℃・相対湿度 70％の設定で，壁体内や壁表面の環境を推定した。

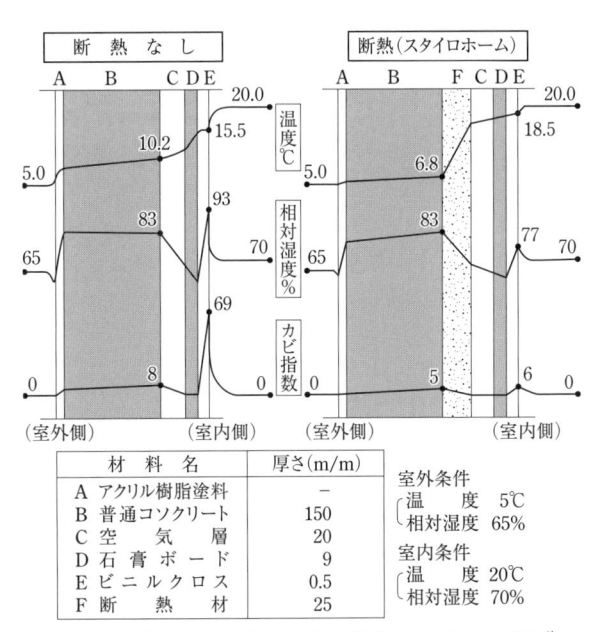

図-5.3.2 外壁断面の温度，相対湿度およびカビ指数（推定値）の分布[9]
温湿度計算は田中俊六ほか著：最新建築環境工学改訂版（井上書院）による。カビ指数の推定にはユーロチウムで作成したデータベースを使用。

断熱材が無い場合は壁面（Eの表面）のカビ指数が69でカビを発育させやすい環境となるが，厚さ25 mm程度の断熱材でもカビ指数は約1/10に低下する。地域によって外気の温度や地温の分布は異なるが，それらの季節的な変化を考慮し，さらに建物の配置や立地条件を考慮して，建物内部の温度と相対湿度の空間的および時間的な分布が計算できるのであれば，温度と相対湿度からカビ指数を推定しカビを発生させない建物を設計段階で検討できると思われる。

b．温める（温度を上昇させることで，相対湿度を低下させる）

冬は外気温度の影響による温度低下を断熱により防止する以外に，壁面や床面の温度を上昇させカビを防ぐ方法も考えられる。

温度が1℃違うだけの影響の例を次に示す。温度15℃で相対湿度95％の空気は絶対湿度が10.1 g/kg D.A.である。絶対湿度が10.1 g/kg D.A.の空気は，温度16℃では相対湿度が89％になる。同じ絶対湿度で温度が15℃と16℃の環境にカビセンサを3日間曝露し，好湿性のアルタナリアの発育を調査すると図-5.3.3 [10]のようになる。図-5.3.3 Aは15℃・95％RH（絶対湿度10.1 g/kg D.A.），図-5.3.3 Bは16℃・89％RH（絶対湿度10.1 g/kg D.A）に3日間曝露したカビセンサ内のアルタナリアである。15℃の壁面環境は，壁面温度を1℃上昇させるだけで相対湿度は6％低くなり，好湿性カビの発育は抑えられるので，温度低下を起こしている箇所に室内中央付近の温かい風を送る程度の加温でも高湿性カビは抑えられ，壁がカビで真っ黒になることは防止できる。しかし，好乾性カビは16℃・89％RHでは発育

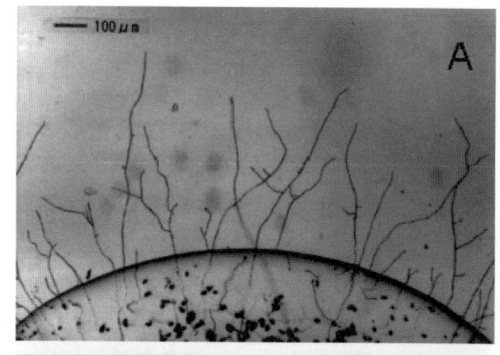

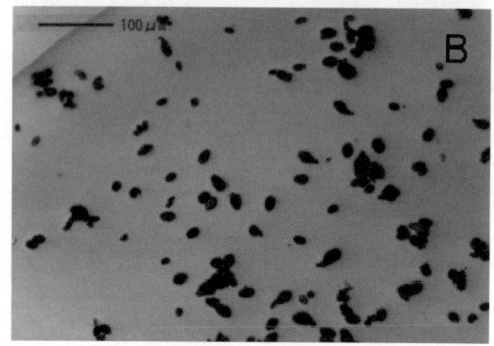

図-5.3.3 絶対湿度が変わらない環境での温度上昇がアルタナリアの発育に与える影響[10]
A：15℃，95% RH，10.1g/kg D.A. 3日間
B：16℃，89% RH，10.1g/kg D.A. 3日間

し，壁に埃が付着しているようにカビが生えてくる（好乾性カビは薄緑～薄茶色が多く時間が経つと薄茶色のホコリが付着しているように見える）。絶対湿度が10.1 g/kg D.A.の室内は，壁面温度を20℃以上に保たないと，好乾性カビが発育する。

(3) 送　風

冬期に外気温度の影響で壁面温度が低下し，温度低下の影響で相対湿度が上昇し，壁際に置いている箪笥の裏側や引き出しに収納している衣類などにカビが生える場合，箪笥上方の壁にサーキュレーターを取り付けて室内上部の空気を送りこむことが有効である。風がカビの発育を押さえる効果を発揮する理由の1つは，室内の低温箇所に室内の暖かい空気を送り込むことで，温度むらをなくすことにある。部屋全体を均一の温度環境にすることは，低温になっていた個所を温めることで相対湿度を低下させカビ発育を防止することになる。また，外部から侵入した水分が壁に到達する場合や，結露水が壁にしみ込んでいる場合などは，送風により水分を吹き飛ばして除去することで

湿った箇所の水分活性を低下させ乾燥させる効果もある。

　空気が淀む場所はカビが生えやすいといわれる理由は，空気が動かないと低温外気の影響で温度低下を起こした場合に温度を上昇させる要因が少ないことと，水分がその部分に入り込んだ場合にその水分を除去できないためであろう。

5.3.2　環境持続時間の制御によるカビ防止法

　カビがを発育させない環境を常に保つことが困難な場所もある。このような場所でも，水分が多い環境を持続させないことでカビ防止が可能である。ここでは，環境持続時間の制御によるカビ防止例として冷房時のエアコン内部と浴室の乾燥について述べる。

(1)　冷房時のエアコン内部の乾燥

　冷房時はエアコン内部がカビ汚染されることが知られている[10)-12)]。「マンションの寝室で，毎年夏にエアコンから黒いゴミが降ってくるので調べてほしい」と，黒いゴミのサンプルがもちこまれたことがある。図-5.3.4[10)]は，そのゴミから分離したカビを25℃・相対湿度97％で24時間培養した写真で，好湿性のカビ，アルタナリア（Alternaria sp. section Ulocladium）である。このカビは非常に発育が速く，24時間で発育した菌糸上に新しい胞子が形成された。エアコンは使い方や機種により汚染カビの種類はさまざまである。一般家庭のエアコン内部は，クラドスポリウム，フィルタはペニシリウム，熱交換機部分はフザリウムなどのカビに汚染されやすく，結露水が付着する部分は酵母や細菌で汚染されることが多い。

　図-5.3.5[13)]は，一般家庭用エアコンの冷房停止前後で測定した温度と相対湿度の一例である。0分が冷房運転の停止である。冷房時は，露点温度以下に冷やされた熱交換器部分を通過した空気が入るため，エアコン内部の相対湿度は100％に近く，冷房停止後はエアコン内部の相対湿度が100％を保っていた。冷房中はエアコン内部の温度が18℃，相対湿度100％近くでカビを発育させる環境であるが，冷房停止後は相対湿度が高い状態のまま温度が高くなり，さらにカビの発育を促進する。したがって，夏の冷房時期のエアコン内部は稼動中も停止後もカビの発育に適した環境が連続するので，冷房期間中にカビ汚染される。

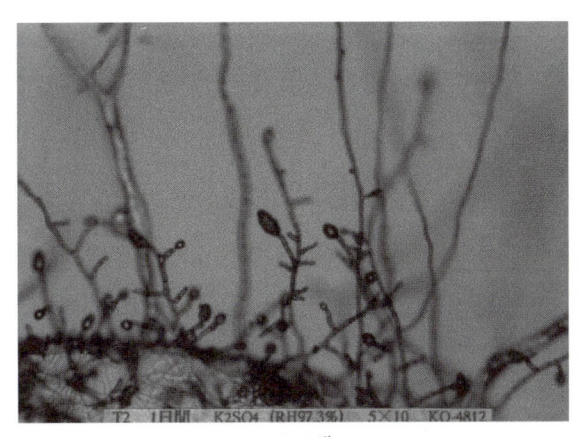

図-5.3.4　エアコン汚染カビの実例[10)]
　　　　　エアコンから降ってきたゴミから分離したカビ。25℃
　　　　　相対湿度97.3%で24時間培養

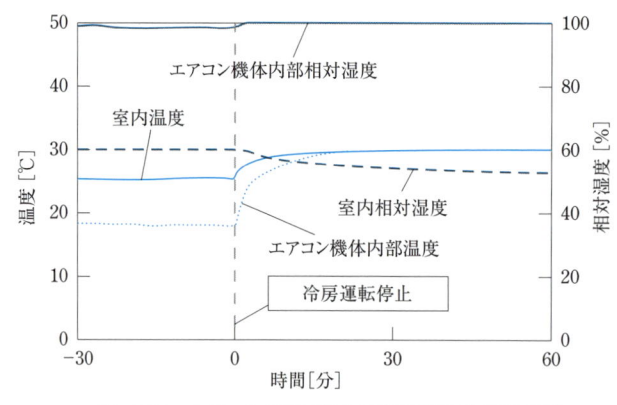

図-5.3.5 エアコンの冷房停止前後の温度と相対湿度[13]

　冷房のメカニズムから考えて，冷房中に機体内部の相対湿度を低下させてカビが発育しない環境に変えることはできないが，冷房停止後まで高湿度でカビの発育しやすい環境を保つ必要は無い。エアコンは冷房と暖房の両方ができるので，冷房停止後に内部を少し暖めて乾燥させるプログラムを組み，このプログラムを入れた場合と入れない場合で，エアコン内部環境を調査比較した。

　表-5.3.4[14]は，冷房停止後に内部を乾燥させるプログラムを入れたエアコンで，このプログラムが off の場合と on の場合のカビ指数測定値である。エアコン内部にカビセンサを貼り，毎日5時間の冷房運転をした。冷房停止後に内部を乾燥させない通常のエアコンの状態（乾燥プログラム off）では，エアコン内部はカビ指数が 100 以上であった。100 以上とは，5日間の曝露期間中にカビセンサ内でカビの菌糸が伸びすぎて長さが測定できなかった状態である。乾燥プログラムを入れた場合，カビ指数の最高値はドレンパン（結露水の受け皿）の排水口で，カビ指数 20 であった。他の箇所ではもっと低いカビ指数で，全体のカビ指数は 1/10 程度まで落とすことができた。

　ここでは，乾燥プログラムを入れたエアコンの例を示したが，冷房停止後に送風に切り替えてエアコン内部に室内の空気を送り込んで内部を乾燥させることも可能である。冷房停止後に2時間の送風運転（送風する空気を乾燥状態に保つため，エアコン送風運転時に室内で除湿機を稼働させた）

表-5.3.4 内部乾燥プログラムのカビ抑制効果（カビセンサ曝露期間：5日間）[14]

調査箇所		乾燥プログラム	
		なし (off)	あり (on)
エアコン吸い込み口		<10	<10
吸い込み口のフィルタ		<10	<10
ドレンパン	縁，水に濡れない部分	38 (*Eur.h*)	<10
	底，水がたまる部分	>100 (*Alt.a*)	<10
	発泡ポリスチレン（断熱材）	>100 (*Alt.a*)	<10
	ウレタンゴム（絶縁材）	>100 (*Alt.a*)	<10
	排水口	>100 (*Alt.a*)	20 (*Eur.h*)
送風ファン		>100 (*Alt.a*)	14 (*Alt.a*)
内部背面		>100 (*Alt.a*)	<10
室内中央		<10	<10

注）<10 は，カビセンサ曝露期間5日間で供試菌胞子に発芽が認められずカビ指数が検出下限未満であったことを表わす。カビセンサ内で最も菌糸が伸長した供試菌でカビ指数を測定。*Eur.h* および *Alt.a* は，それぞれユーロチウムおよびアルタナリアで測定したカビ指数。

表 –5.3.5　浴室換気扇の効果（カビセンサ曝露期間：4日間）[16]

浴室換気扇 型番	1日の換気時間	浴室天井面のカビ指数 平均値	各地点の値	供試菌の菌糸長 Alt.a	Eur.h
換気なし	0h	62.1 (*Alt.a*)	53.6 (*Alt.a*)	783 B	60 A
			59.5 (*Alt.a*)	933 B	45 A
			55.1 (*Alt.a*)	823 B	53 A
			65.6 (*Alt.a*)	1090 B	28 A
			63.5 (*Alt.a*)	1037 B	22 A
			66.3 (*Alt.a*)	1107 B	50 A
			75.6 (*Alt.a*)	1343 B	70 A
			61.3 (*Alt.a*)	977 B	50 A
			67.6 (*Alt.a*)	1137 B	53 A
			52.9 (*Alt.a*)	767 B	26 A
DS-10BP（排気のみ）	6h	21.5 (*Alt.a*)	25.3 (*Alt.a*)	178 A	0 A
			23.3 (*Alt.a*)	140 A	0 A
			26.4 (*Alt.a*)	202 A	0 A
			14.5 (*Alt.a*)	27 A	0 A
			16.8 (*Alt.a*)	52 A	0 A
			28.7 (*Alt.a*)	252 A	0 A
			17.2 (*Alt.a*)	57 A	0 A
			16.6 (*Alt.a*)	50 A	0 A
			33.4 (*Alt.a*)	372 A	0 A
			13.1 (*Alt.a*)	12 A	0 A
DS-10BS3（給気と排気）	6h	< 14.5 (*Alt.a*)	< 12.3	0 A	0 A
			< 12.3	0 A	0 A
			13.3 (*Alt.a*)	13 A	0 A
			14.0 (*Alt.a*)	22 A	0 A
			< 12.3	0 A	0 A
			< 12.3	0 A	0 A
			13.3 (*Alt.a*)	15 A	0 A
			17.3 (*Alt.a*)	58 A	0 A
			< 12.3	0 A	0 A
			< 12.3	0 A	0 A
DS15BW（給気と排気）	24h	< 12.3	< 12.3	0 A	0 A
			< 12.3	0 A	0 A
			< 12.3	0 A	0 A
			< 12.3	0 A	0 A
			< 12.3	0 A	0 A
			< 12.3	0 A	0 A
			< 12.3	0 A	0 A
			< 12.3	0 A	0 A
			< 12.3	0 A	0 A
			< 12.3	0 A	0 A

注）　*Alt.a* および *Eur.h* は，それぞれアルタナリアおよびユーロチウム。Aはスポット内の菌糸長で，胞子から菌糸先端までの距離。Bはエッジ外側に伸長した菌糸長で，スポットエッジから菌糸先端までの距離。
<12.3 は，カビセンサ曝露期間が4日間でカビ指数が検出下限値未満，すなわち供試菌の発芽が認められなかったことを表す。

により，カビ指数は約 1/5 に低下した．カビ指数が 1/5 になることは，エアコン内部でもっとも速く発育するカビの発育速度が 1/5 になることを意味し，ひと夏の冷房期間が 15 週間とすれば，エアコン内部でのカビ発育状態が，通常の冷房 3 週間程度の汚染状態で夏を乗り切ることになる．連続で高湿環境が続いている環境と，毎日乾燥してカビの発育を停止させる環境では，同じ夏の冷房期間でも到達する汚染状態は異なる．この程度の乾燥だけでは死滅しないカビもあるが，暖房の季節になれば生き残っていたカビも徐々に死滅する．夏の間のカビ発育を抑制することは，それなりの効果はある[15]．

(2) 浴室の乾燥

浴室は住宅の中ではカビが発生しやすい箇所である．そこで，浴室換気扇を使用した場合の効果について，カビセンサを用いて調査した（表-5.3.5）．換気扇は 3 種類を試験した．DS–10BP は排気のみ，DS10BS3 は給気と排気を同時に行う換気扇で DS15BW は 24 時間連続で給気と排気をする換気扇である．大型の試験室内に浴室を設置し，天井面にカビセンサを貼り，毎日入浴することを想定した実験条件で，4 日間カビセンサを曝露した．

浴室天井では，カビセンサ内でユーロチウムよりもアルタナリアのほうが発育した．天井面のカビ指数平均値（アルタナリアで測定）は，浴室の換気無しの条件ではカビ指数が 62.1，換気扇 DS–10BP を毎日 6 時間稼働させた場合は 21.5，DS–10BS3 を毎日 6 時間稼働させた場合は 14.5 未満，DS15BW を連続稼働させた場合は 12.3 未満となった．換気なしに比べれば，6 時間の排気だけでもカビ抑制効果はあったが，給気と排気の両方の機能を持つ換気扇のほうが効果は高く，給気と排気の両方で 24 時間換気にすれば，さらに効果は高まった[16]．

◎参考文献

1) Abe, K. : A method for numerical characterization of indoor climates by a biosensor using a xerophilic fungus. Indoor Air, 3, pp.344–348, 1993
2) 阿部恵子：好乾性カビをバイオセンサーとする環境評価法，防菌防黴，21，pp.557–565，1993
3) 阿部恵子：カビによる環境測定法―カビは空気環境を認識するセンサである，空気調和・衛生工学 69，pp.519–525，1995
4) Abe, K., Nagao, Y., Nakada T., and Sakuma S. : Assessment of indoor climate in an apartment by use of a fungal index. Applied and Environmental Microbiology, 62, pp.959–963, 1996
5) 阿部恵子：カビ指数による室内環境評価，防菌防黴，29，pp.557–566，2001
6) 阿部恵子：カビ発育から測定する実測カビ指数と温湿度から計算する予測カビ指数の比較，室内環境学会誌，9，pp.17–24，2006
7) Abe, K. : Assessment of the environmental conditions in a museum storehouse by use of a fungal index. Int. Biodeterior. Biodigradation, 64, pp.32–40, 2010
8) 阿部恵子：保存科学としてのカビ対策―住まいを含めたカビの現状と対策―，防菌防黴，35，pp.667–675，2007
9) 阿部恵子：生活環境と防カビ，化学工業，pp.898–904，1997
10) 阿部恵子：環境から考えるカビ防止法，臨床環境 16，pp.8–16，2007
11) 浜田信夫，山田明夫：エアコンのカビ汚染，防菌防黴，21，pp.385.389，1993
12) 阿部恵子：エアコン冷房時のカビ指数とカビ汚染，室内環境学会誌，1，pp.41–50，1998
13) 阿部恵子：カビ汚染―エアコンを例に―，臭気の研究，30，pp.268–277，1999
14) Abe, K., T. Seki and S. Sugawara : Evaluation and suppression of fungal growth in an air conditioner. The Proceedings of the 8th International Conference on Indoor Air Quality and Climate–Indoor Air' 99, Vol.2, pp.202–203, 1999
15) 阿部恵子：飛んで気になる夏のカビ，建築雑誌，112（6），pp.61–62，1997
16) Abe, K. : Assessment of home environments with a fungal index using hydrophilic and xerophilic fungi as biologic sensors. Indoor Air, 22, pp.173–185, 2012

第6章

微生物汚染の実態と対策

6.1 住　　宅

高鳥　浩介

　住宅にはさまざまな細菌，真菌に加えてウイルス，原虫といった微生物が生息している。こうした微生物の中で住宅で重視されるのは細菌と真菌である。この微生物はそれぞれ生活の場が異なり前者は，湿性環境や基質素材に，後者は湿性環境や乾性環境などに生活の場がある。

　そこで住宅での微生物として，問題となる細菌，真菌についてまとめ，さらに住宅での汚染としてとくに問題となる真菌についてまとめる。

6.1.1　住宅にみる微生物

(1)　住宅と細菌

　住宅での室内の細菌発生は，外部からの侵入を除けばほとんどが人体からである。狭小な室内に多人数が在室することは濃度の上昇につながるので，室面積に対して適切な在室人数を守ることが大切である。また，人数だけでなく室内での活動は細菌の発生量を増加させるので，掃除などの活動は，開口部を十分に開放するなどして一時的に発生した細菌を排出しなければならない。

　現在の住宅は，アルミサッシュや合板などの使用によって非常に気密で，自然換気は 0.5 回 /h 以下のものが多くなっている。この換気回数では，室内で発生する細菌を低減することはできない。高断熱高気密住宅では，換気設備が設計時から組み込まれているが，一般の住宅では機械換気設備を備えていないので，トイレ，浴室，厨房などの換気設備を効率よく利用して，室内の換気をすることで室内濃度を低減できる。

　細菌は室内の増殖に適した温湿度の環境のなかで栄養分を求めて増殖する。厨房の流し，レンジまわりとくに厨芥，排水口周辺（図 –6.1.1）は細菌・真菌のたまり場であるのでこまめに掃

図 –6.1.1　台所の排水溝は細菌の巣になっている

除をすることが重要である。

(2) 住宅と真菌

住宅での真菌，とくにカビは個々の家庭に依存した分布特異性を示す。例えば，多くの室内ではクロカビ（*Cladosporium*）を確認できるが，コウジカビ（*Aspergillus*）しか確認できない室内や，クロカビがきわめて少ない住宅がある。こうした要因は各住宅の生活スタイルが習慣化しており，そのために起こる現象である。幼児の多い室内では *Eurotium*（ユーロチウム）や *Penicillium*（アオカビ）などが多くなり，湿っぽい室内では，*Rhizopus*（クモノスカビ），*Trichoderma*（トリコデルマ）などが多い。こうした住宅でのカビ分布特異性がアレルギーなどの健康被害と深いかかわりを持つものと考えられる。

室内では生活に必要とするさまざまな什器がある。生活用品として，台所では食器棚，流し台，食品収納棚，テーブル，浴室には浴槽とふた，スノコ，石けんやシャンプーなどの収納棚，洗面所周辺には洗面具入れ，洗面台下収納，タオル，洗濯ものなど，寝室には布団，リビングには，テーブル，ソファー，カーテンなど，和室は畳，玄関には靴入れのようにたくさんの什器がある。こうしたもの以外にあまり意識することもないものとして空気やホコリ（ダスト）もあり，水もある。そのため室内には生活由来のカビが分布し，とりわけ乾燥した場所には乾燥に強い仲間が，また湿っぽい場所には湿気に強い仲間が分布している。そのカビは普段おとなしくしているが，室内の環境異常がみられると発生する。例えば浴室，洗面所，台所，靴入れ，押し入れのような場所では湿気を好むカビが，本来湿気が少ない乾燥した環境にある書籍やカメラや靴や衣類には乾燥に強いカビが発生しやすい。また，日本のように四季があり，乾湿，気温の変化に合わせて，室内空中にも変化がみられる。

住宅の中でカビの発生しやすい場所をみると，浴室，洗面所，トイレ，台所，押入れなどであり，比較的高湿となりやすい場所に集中している。また，結露のみられる窓や壁面はまさにカビで汚れている。こうした環境で発生するカビの多くは，クロカビ，*Alternaria*（アルタナリア），トリコデルマ，*Fusarium*（アカカビ）などである。つまり，この種のカビは湿ったところに発生しやすい仲間である。また玄関の靴箱，押入れ，畳など一見湿ってはいないような場所にもカビの発生をみる。例えば，コウジカビ，アオカビがその一群である。さらに書籍，ガラス，プラスチック，皮革などに発生するユーロチウムは，ハウスダストなどで長期間生存し続ける。いつも湿った場所だけに発生するとは限らず，カビ種により発生要因の異なることが知られている。表-6.1.1 で住宅の

表-6.1.1 住宅にどれくらいカビがいるか

住宅	カビ数
空調フィルタ	$10^4 \sim 10^6/100\ cm^2$
ダスト	$10^5 \sim 10^7/g$
空中	$100 \sim 500/m^3$
畳	$10 \sim 10^3/100\ cm^2$
絨毯	$10^2 \sim 10^5 100\ cm^2$
建材（壁面）	$10 \sim 10^3/100\ cm^2$
建材（カビ汚染壁面）	10^6 以上 $/100\ cm^2$
着衣	$10 \sim 10^3/100\ cm^2$

カビはどれくらいいるかまとめた。

(3) 空　気

　空中のカビ分布には季節性がある。日本ではどの地域に行ってもほとんど同じであるが，室内でのカビは，二峰性を示すことが知られている（図-6.1.2）。すなわち6月頃の梅雨時と9月の長雨に多くなり，冬季は著しく少ない。これは，室外にある土壌や植物からの飛散が少ないことと，低温時期にはカビの発育がみられないからであろう。また8月頃に少なくなるのは気温が30℃を越えるためにカビが伸長できないからでもある。

　空中のカビは，主に外気からの移入とダストの飛散が影響する。また乾燥や湿度による影響も大きい。空中でのカビは季節と関係するが多くは，通常胞子の状態で飛散している。室内のカビは，気流とともに飛散するが，人の動きやダストの影響も受けやすい。

　空中でのカビ濃度をみると，エアーサンプラーを用いた浮遊カビ測定法で生菌数の測定例は100Lあたり10～50 CFUであり，またカビ用寒天平板を10分間開放して測定する落下法では1寒天平板あたり1～10 CFUの範囲にある。

　主なカビとしてクロカビ，アオカビがあり，クロカビは，日本では各地に共通して普遍的な分布を示す。クロカビは多いばかりでなく，環境汚染の主役でもある。とくに湿気の高い環境での汚れのほとんどはクロカビであり，空中に浮遊したカビが原因である。一方，アオカビは室内のダストの影響を受けて浮遊している。このカビは湿気が強くなる時に発生するがその胞子量はきわめて多く，また乾燥に強いためにそれがそのまま室内に生残したまま飛散することから主要な空中カビとなる。

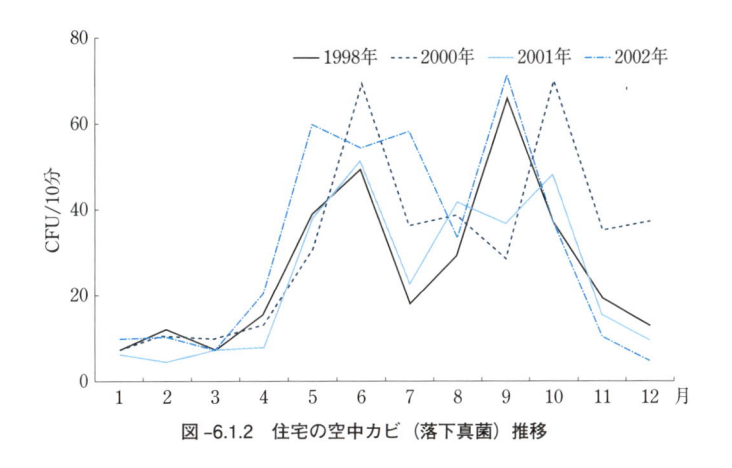

図-6.1.2　住宅の空中カビ（落下真菌）推移

6.1.2　住宅に多いカビ

　① 　クロカビ（*Cladosporium*）
　分布：空中，ダスト，壁面，空調機，洗濯槽，靴，洗面用具，水回りなどに多くみる代表的なカビである。もともと土壌に多く，そこから飛散し空中に分布して建物に入ってくる。
　性質：好湿性，中温性～低温性カビである。
　汚染：湿った場所で黒くカビの汚染がみられると多くはこのカビである。畳，壁，風呂，台所，プラスチック，皮革など湿っぽい場所やものを汚染する。

制御：乾燥，熱，薬剤に弱い

メモ：いったん汚染し始めると非常に抵抗性が強く，一回の薬剤処理でなかなか死滅させ難い。

② アルタナリア（*Alternaria*）

分布：空中，ダスト，壁面，植物，水回りなどに多くみるカビである。もともと土壌や植物に多く，そこから飛散し空中に分布して建物に入ってくる。

性質：好湿性，中温性カビである。

汚染：湿った場所で黒く汚染する。浴室，台所，結露部などジメジメした場所やものに汚染する。

制御：乾燥，熱に弱いが，薬剤，紫外線に抵抗する。

メモ：植物に寄生する植物病原性カビである。大型の胞子を産生する。

③ アオカビ（*Penicillium*）

分布：室内空中，ダスト，壁面，空調機，衣類，靴，寝具，カーテン，畳，絨毯，木材，紙，皮革などに多くみる代表的なカビである。

性質：耐乾性，中温性カビである。

汚染：乾燥と湿気が加わる場所で汚染しやすい。汚染ははじめ白色でやがて緑色から多少黒くなる場合もある。畳，壁，皮革など湿っぽい場所やものを汚染する。

制御：熱，薬剤，紫外線に弱い。乾燥に抵抗する。

メモ：汚染し始めるとこのカビ特有の臭気を出す場合がある。

④ コウジカビ（*Aspergillus*）

分布：ダスト，壁面，空調機，衣類，靴，畳，絨毯，木材，紙，皮革，樹脂，ゴムなどにみるカビである。

性質：耐乾性，中温性～高温性カビである。

汚染：多少湿気が加わる場所で汚染しやすい。畳，壁，皮革などを汚染する。

制御：薬剤，紫外線に弱い。乾燥，熱に抵抗する。

メモ：汚染の代表はクロコウジカビとベルジカラー・コウジカビである。熱帯や亜熱帯系由来のカビが多い。

⑤ ユーロチウム（*Eurotium*）

分布：ダスト，空調機，衣類，靴，寝具，畳，絨毯，木材，紙，皮革，樹脂，ゴム，ガラス，金属などにみるカビである。

性質：好乾性，中温性カビである。

汚染：比較的乾いた場所やもので汚染しやすい。本，畳，壁，皮革，紙繊維，カメラ，メガネ，金属，樹脂類などを汚染する。

制御：薬剤に弱い。乾燥に抵抗する。

メモ：汚染していることが確認できるまで長い期間を要す。住居内でとくに省エネ住宅に多い。

⑥ ワレミア（*Wallemia*）

分布：ダスト，空調機，衣類，靴，寝具，畳，絨毯，木材，紙，皮革，などにみるカビである。

性質：好乾性，中温性カビである。

汚染：比較的乾いた場所やもので汚染しやすい。畳，本，皮革，紙繊維などを汚染する。

表 –6.1.2 住宅のカビとその分布

	湿度の高い環境 浴室 洗面所 トイレ 台所 壁	湿度がやや高くなる環境 居間 和室 押入れ 靴箱	ダスト 空中	タタミ 木材・繊維 絨毯 カーペット 衣類	空調機 フィルタ (冷蔵庫)	靴	皮革 書籍	レンズ フィルム
好湿性カビ								
クロカビ	○	○	○	○	○	○		
ススカビ	○		○		(○)			
アカカビ	○		○	○	(○)			
耐乾性カビ								
アオカビ	○	○	○	○		○	○	
コウジカビ		○	○	○				
好乾性カビ								
カワキコウジカビ		○	○	○	○	○	○	○

制御：薬剤，熱，紫外線に弱い。乾燥に抵抗する。

メモ：汚染していることが確認できるまで長い期間を要す。多くは小豆色をして汚染する。

表 –6.1.2 に住宅のカビ分布をまとめた。

6.1.3 カビによる住宅汚染

(1) 高気密化はカビの温床

住構造が気密化するほど，室温は比較的一定の温度を保つことができる。そのため昔のように風通しのよい住宅でなく，閉鎖的室内環境となってしまう。高気密化はある面では快適空間を生み，まさに表面的には快適さを満たすことができる。表面的な快適さはあくまでも表面上のそれであるがこれを他の角度から眺めた場合，見方はまったく異なってくる。つまり高気密化すればするほど室内温度はほぼ一定となる一方，湿度は高湿傾向になる。高気密化は高湿化をまねき，高湿化はカビの発生を容易にする。

(2) カビの発生

カビによる害を住宅内で認めた場合，そのカビがどこから発生したかを知ることが重要である。
多くのカビは土壌に由来しており，土壌から空中，植物などを介して住宅内に入り込んでくる。土壌をみると 1 g 中に $10^4 \sim 10^6$ 個ものカビが分布しており，その種類も著しく多い。

6.1.4 カビによる害

住宅内でカビの発生を認めた場合の害を二面から見ることができる。1つはカビによる基質への害，もう1つはヒトへの害である。

(1) 基質への害

建物で発生をみる多くは浴室，洗面所，台所，押入れ，北側の部屋，密閉された所などであり，木材，繊維，プラスチック，ゴム，皮革，ガラスなどにその害を認める。高気密化になればなるほ

どこの種の基質への真菌の侵入が著しい。カビの侵入はいったん基質に入り込むと非常に強固な形態をとり，肉眼でみえる程になったときには，すでに基質に対しダメージを与えている。

(2) ヒトへの害

ヒトに対しては，環境悪化が原因で起きるアレルギーや感染症があり，健康上重要な問題である。アレルギーはとくに問題が大きくアトピーや小児喘息は，ダニに限らず真菌もそのアレルゲンになることがしだいにわかりつつある。また，カビの多い環境はアレルギーを含め，健康上何らかの被害を及ぼす。

6.1.5 住宅被害の対策

カビによる建物汚染を主に生物学的観点からすすめてきた。最後に建物汚染被害を防止する対策をまとめる。住宅からカビ発生を防ぐには物理的な対策と化学的な対策がある。前者は主に空調による環境管理であり，後者は薬剤を用いての防カビ管理である。

空調による環境管理の第一は湿度が重要であり，湿度をいかにコントロールするかで防カビ効果が決まる。つまり，湿度を 60 ％以下に落とせば，発生は低下することから，できる限り空調などにより低湿とすることが望ましい。しかし住宅はすべて同じでないことから，例えば洗面所，台所，トイレは湿度が 90 ％以上に長期間ならないような工夫が必要となる。また建材自体の高湿性はカビ発生にとって非常に都合のよい条件であり，やはり乾かすことの工夫が重要となる。乾燥することにより多くのカビは次第に死滅する。カビの発生で最も重視されるのは，結露による発生である。こうした住宅から結露を取り除く技術が解明されない限り，カビ発生は防止できない，そのために結露部分に防カビ剤を処理することはあるが，ほとんど防カビ効果は望めない。また物理的対策として乾燥することと同時に汚れのない環境づくりも大切となる。住宅のダスト 1 g 中に $10^5 \sim 10^7$ 個ものカビがいることからもわかるように，汚れを取り除くことが，発生防止に重要である。

化学的対策としては薬剤処理がある。防カビ剤は発生を防いでくれることは確かであるが，必ずしも長期間効果が持続するとは限らないことを理解して使用する必要がある。

◎参考文献
1) 高鳥浩介，久米田裕子 編集：カビのはなし，朝倉書店，2013
2) 高鳥浩介：かび検査マニュアルカラー図譜，テクノシステム，2009
3) 東京新聞，世界と日本大図解シリーズ No.1151 カビ，2014.6.15
4) 李憲俊：おもしろサイエンス カビの科学，日刊工業新聞社，2013
5) 宮地誠，西村和子：住まいとカビと病原性，八坂書店，2009
6) カビ相談センター 監修：カビ苦情・被害管理マニュアル，第 1 巻，2011
7) カビ相談センター 監修：カビ苦情・被害管理マニュアル，第 2 巻，2012
8) カビ相談センター 監修：カビ苦情・被害管理マニュアル，第 3 巻，2013
9) カビ相談センター 監修：カビ苦情・被害管理マニュアル，第 4 巻，2014
10) 高鳥浩介，久米田裕子：室内環境真菌アレルゲン，空気清浄，48，pp.20-27，2010
11) 高鳥浩介，李憲俊：くらしと微生物 13 浴室，防菌防黴，40 (3)，pp.161-171，2012
12) 高鳥浩介，太田利子，高橋淳子，村松芳多子：環境中の真菌分布と生活，職業・環境アレルギー誌 20，(2)，pp.21-29，2013
13) 高鳥浩介：ヒト感染源としてみた環境内の病原真菌，化学療法の領域 28，(4)，pp.5-14，2012
14) 高鳥浩介，高橋淳子：環境中真菌の最近の話題，アレルギーの臨床 30，(1)，pp.33-39，2010

6.2 オフィス

柳 宇

6.2.1 濃度の実態

(1) 調査対象ビル

表-6.2.1 に測定対象ビルの概要を示す。M ビルの冷房期と暖房期，O ビルの冷房期において測定を行った。M，O ビルの空調は何れも各階方式である。

表-6.2.1 測定対象ビルの概要

対象ビル	M	O
延床面積 (m²)	111 658	111 272
対象室面積 (m²)	161	106
空調方式	AHU＋ダクト	AHU＋ダクト
フィルタ捕集率*	前段 70% 後段 60%	前段 70% 後段 90%

前段：重量法，後段：比色法

(2) 測定方法

7:00～17:00 の毎正時に外気（M ビル），室内の給気口と室内の机上高さ（M，O ビル）の三箇所において，浮遊細菌，浮遊真菌，粒径別浮遊粒子濃度の測定を行ったほか，粒径別浮遊細菌と浮遊真菌濃度の測定も行った。

浮遊細菌と浮遊真菌濃度の測定には MBS–1000（BIOSAMP MBS–1000，ミドリ安全製）を用いた。細菌と真菌の測定にそれぞれトリプトソーヤ寒天培地（SCD）と CP 加ポテトデキストロース寒天培地（PDA）を用いた。

本研究では，細菌に対してグラム染色，真菌に対して同定を行った。培地の培養条件を 32℃・2 日間（SCD）と 25℃・3 日間以上（PDA）とした。

(3) 結果および考察

a. 浮遊細菌，浮遊真菌濃度

図-6.2.1 に浮遊細菌，浮遊真菌濃度の測定結果および在室者数を示す。図中の影部分は非空調

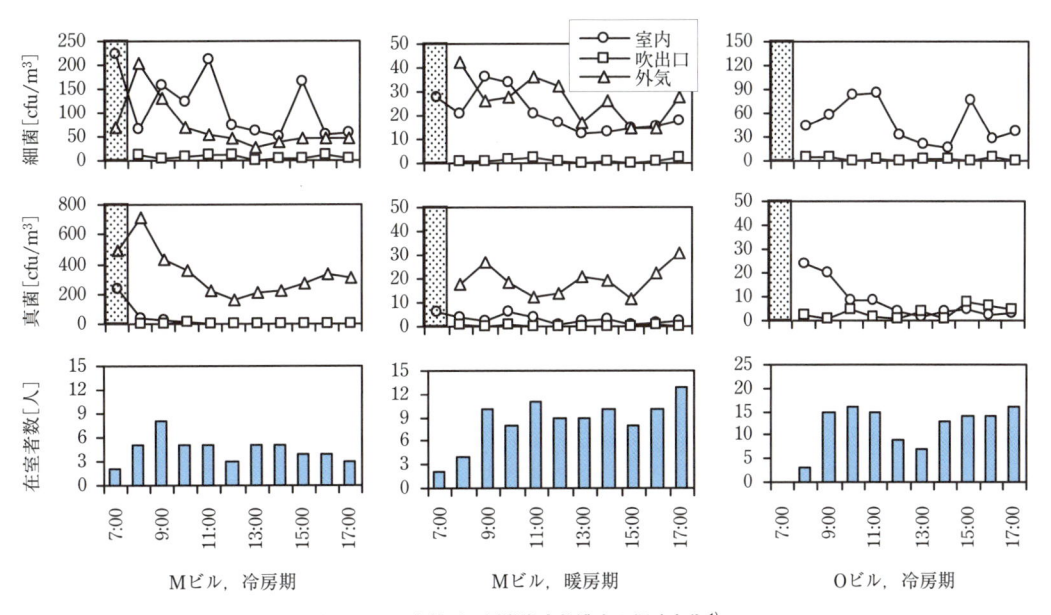

図-6.2.1 各箇所の浮遊微生物濃度の経時変化[1]

時を示す。室内浮遊細菌濃度は空調開始直後下がったが，その後在室者数の変化に連動して上下するように見受けられる。これに対して，室内浮遊真菌濃度は空調運転開始に伴って下がり，その後低い濃度のままで維持されている。何れの測定結果においても，室内浮遊細菌と浮遊真菌濃度は日本建築学会基準 AIJES–A002–2013 の室内管理規準値（オフィス：真菌：50 cfu/m^3，細菌：500 cfu/m^3，）を満足した。

　一方，測定箇所別の浮遊細菌および浮遊真菌濃度を比較した結果，細菌については，濃度の低い給気（吹出口，□）に比べ，室内濃度（○）が高くなっている。真菌については，給気中と室内の何れにおいても同程度の低濃度を示した。このことから，室内浮遊細菌の主な発生源は室内（在室者），浮遊真菌の発生源は外気にあることが推察された。また，給気中の浮遊細菌濃度，浮遊真菌濃度は外気中の濃度に比べ非常に低くなっていることから，ほとんどの浮遊細菌と浮遊真菌がエアフィルタによって除去されることが分かった。

b．浮遊細菌と浮遊真菌の種類

　グラム染色の結果，球菌が最も多く検出された。また，芽胞菌も検出されたが，桿菌はほとんど検出されなかった。細菌総数と球菌の間に有意な相関関係が認められ（$p < 0.01$），細菌のほとんどは球菌であることが分かった（図 –6.2.2）。

　浮遊真菌について，外気中にクロカビ，アオカビ，コウジカビ，アカカビ，ススカビ，酵母などが同定された（クロカビが最も多かった）。これに対して，給気中と室内においては非常に少ないものの，クロカビ，アオカビ，酵母が測定された。胞子の比較的小さいクロカビ，アオカビ，酵母のほとんど，胞子の比較的大きいアカカビ，ススカビのすべてがエアフィルタによって除去された。

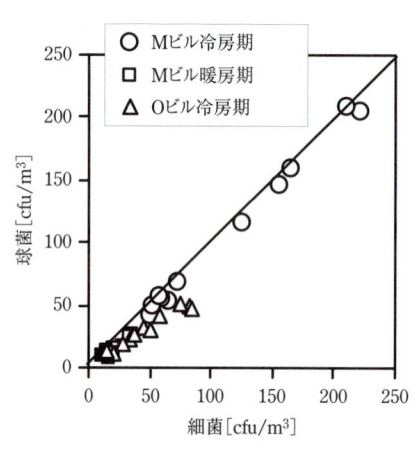

図 –6.2.2　細菌総数と球菌の関係[1]

6.2.2　室内バイオエアロゾルの粒度分布

(1)　背　景

　在来，空中浮遊微生物の測定に主として培養法（培地法）が用いられている。培地，とりわけ選択培地を用いた場合，測定対象となる微生物の種類を同定することが可能になる一方，サンプリング，培養，計数，同定などの一連作業において，細菌では 2 日間，真菌では 5 日間以上の時間を要するため測定現場で結果がわからない欠点もある。空中浮遊微生物をリアルタイムで測定することは，バイオテロ対策のツールになるのみならず，一般環境における浮遊微生物汚染のモニタリングという視点からもきわめて重要である。

　ここでは，アメリカでバイオテロ対策の一環として開発された瞬間微生物計測技術を応用した計測器を用いた測定の結果について述べる。

(2)　浮遊微生物のリアルタイム計測器の測定原理

　瞬間微生物計測器 IMD（Instantaneous Microbial Detection）は BioVigilant 社より開発された，0.5

μm から，16 μm 以上の 33 粒径範囲（0.5 μm 間隔）における粒径別浮遊微生物粒子数を測定するものである。細菌，真菌のような微生物に特定波長の紫外線を照射すると，細胞の代謝物，すなわち蛍光物質（蛍光を放射するすべての分子の総称，ニコチンジアミドアデニンネクレオチド NADH やリボプラビンなど）から蛍光放出されることが知られている。IMD はこの原理を応用したものであり，蛍光を計測する検知部，Mie 散乱理論に基づく在来のパーティクルカウンタ，微生物と非生物粒子を区別する演算部から構成されている。

(3) 測定方法

前記の表-6.2.1 に示す M ビルの同室を対象に，就業時間中の 9:30 ～ 17:30 において IMD を用いた 1 分間隔の連続測定を行った。また，IMD の測定期間中に培地法の MG サンプラー（スリット型サンプラー，MATTSON-GARVIN 社製）を用いた連続測定も行った。なお，MG サンプラーに使用する培地を SCD とし，その培養条件を 32℃・2 日間とした。

(4) 結　果

a. 浮遊細菌濃度の経時変化

図-6.2.3 に IMD（バイオエアロゾル）と MG サンプラー（浮遊細菌）の測定結果を示す。MG サンプラーの結果は，5 分間間隔で計数したものである。また。MG サンプラーの結果と比較するために，IMD での測定結果から各 5 分間の平均値を求めた。

図-6.2.3 に示しているように総じて両計測器から得られた経時変化のパターンは同様であった。すなわち，IMD の結果は MG サンプラーの濃度と同じように，経時的に上下する。また，MG サンプラーに比べ，IMD は約 100 倍の値を示した。

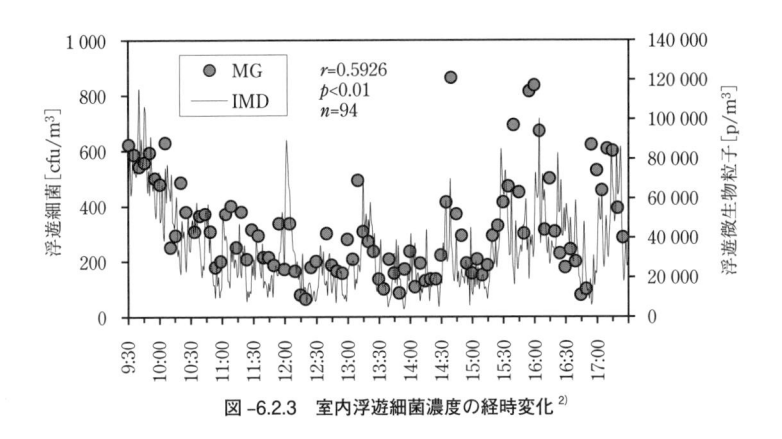

図-6.2.3　室内浮遊細菌濃度の経時変化[2]

b. 浮遊微生物粒子と浮遊粒子の関係

図-6.2.4 に IMD の測定結果から求めた各粒径範囲における浮遊粒子数と浮遊微生物粒子数の相関係数を示す。2 μm 以上になると，両者間の相関係数がしだいに大きくなり，5 μm 以上になると両者間に 0.70 以上の強い相関関係が示された。

図-6.2.5 に 2 μm 以上の累積浮遊粒子数と微生物粒子数の関係を示す。両者間に有意な相関関係が認められ，2 μm 以上の浮遊粒子の 14 % は微生物粒子であることが分かった。

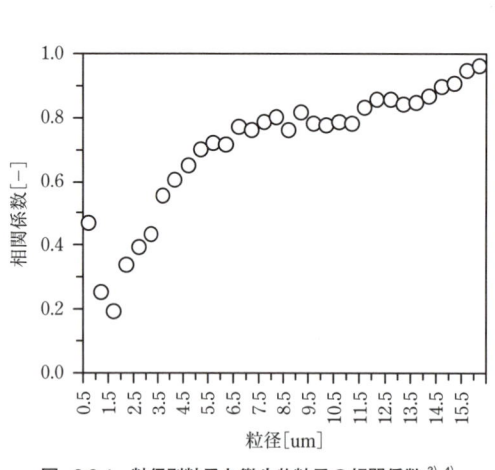

図-6.2.4 粒径別粒子と微生物粒子の相関係数 [3),4)]

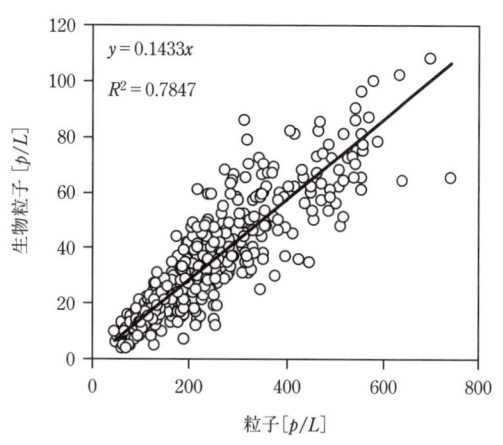

図-6.2.5 浮遊粒径と浮遊微生物粒子の関係 [3),4)]

c. バイオエアロゾルの粒度分布

図-6.2.6に浮遊粒子と浮遊生物粒子の粒度分布の例を示す。浮遊細菌濃度の高い10:00と17:00（図-6.2.3参照）においては，各粒径の浮遊粒子が検出されたのに対して，濃度の低い15:00では大き

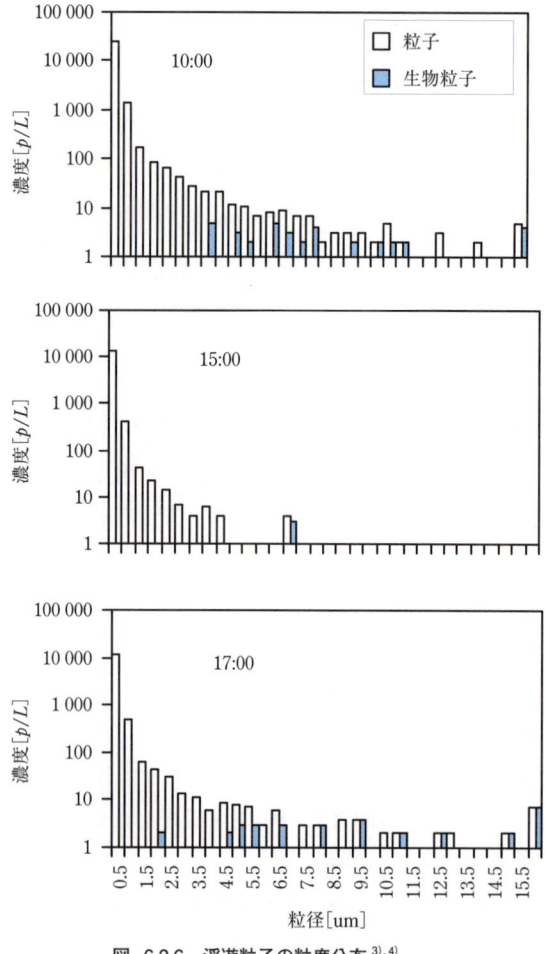

図-6.2.6 浮遊粒子の粒度分布 [3),4)]

い粒子がほとんど検出されなかった。また，生物粒子が2μm以上の粒子に関係していることも見られた。

6.2.3 対　　策
(1) 空中微生物濃度構成のメカニズム

室内空気中の浮遊微生物粒子の濃度は，空中への微生物の発生量とそれを希釈・除去するための換気量・捕集効率とのバランスによって決まる。定常状態においては，室内に侵入する量に加える室内での発生量が室内から排出される量と等しくなる。図–6.2.7のモデルにおいてそのバランスを式（1）と式（2）で表すことができる。式（1）を整理すると，室内定常濃度式（3）が得られる。

$$C = C_i e^{-\frac{Q}{V}t} + \frac{M}{Q}\left(1-e^{-\frac{Q}{V}t}\right) + Cs\left(1-e^{-\frac{Q}{V}t}\right) \tag{1}$$

$$Cs = Co(1-\eta) \tag{2}$$

$$C = Cs + \frac{M}{Q} \tag{3}$$

ここで，
　C：室内浮遊微生物濃度（cfu/m³）
　C_i：室内初期浮遊微生物濃度（cfu/m³）
　Cs：給気中微生物濃度（cfu/m³）
　Co：取入れ外気中微生物濃度（cfu/m³）
　Q：給気量（m³/h）
　V：室容積（m³）
　M：室内微生物発生量（cfu/h）
　η：空気清浄装置（エアフィルタ）捕集率（％）

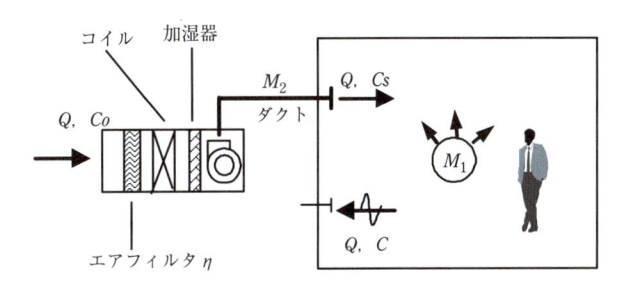

図–6.2.7　室内汚染濃度構成概念図

(2) 微生物汚染の制御方法

オフィス環境における微生物汚染の制御は，室内濃度を低減することであり，式（1），（2）に示す風量（Q）による希釈，エアフィルタによる捕集（η），および汚染発生量（M）の抑制による方法が用いられる。ここでは，主エアフィルタによる制御方法について述べる。

式（2）からもわかるように，取り入れ外気中の微生物をエアフィルタによる捕集は室内濃度の低減になる。そのエアフィルタの捕集率が高ければ高いほど，取入れ外気中の微生物が多く除去される。

空気清浄度要求の高い医療施設のバイオクリーンルームなどでは，高性能フィルタ（HEPAフィルタ）が設置されている。HEPAフィルタが設置されれば，そこを通過する空気中の浮遊細菌と真菌がほぼ100％捕集される。すなわち，式（2）はその中のηが1（100％）になるため，下記の式（4）が得られる。式（4）は給気による微生物の侵入がない（ほぼ全部除去された）場合の室内濃度を表している。実際にバイオクリーンルームの給気中に浮遊細菌，真菌が検出されないことが多く報告されている。

$$C = \frac{M}{Q} \tag{4}$$

また，式（4）に示しているように，この場合室内濃度が発生量と給気量のみによって決まるため，給気量を多くすればするほど，室内濃度が低くなる。バイオクリーンルームの給気量 Q_{wo} を多くするのはこのためである。

一方，事務所ビルなどでは，一般に中性能のエアフィルタが使用されることが多い。図-6.2.8 に筆者らが行った，中性能フィルタによる浮遊細菌と真菌の捕集率の測定結果を示す[4]。浮遊細菌と真菌に対する捕集率はそれぞれ 80 % 以上と 70 % 以上に維持され，エアフィルタによる浮遊微生物粒子の捕集が有効であることが示された。

エアフィルタによる粒子の捕集は拡散，さえぎり，慣性衝突，静電気のどれかまたは複数の機構による。エアフィルタの捕集性能は粒径によって捕集機構が異なるが，$0.2\,\mu\text{m}$ 前後の粒子に対しての捕集率は最も低いことが知られている。図-6.2.9 に中性能エアフィルタによる微生物捕集性能の予測値を示す。前述した通り，浮遊細菌，真菌粒子は $2\,\mu\text{m}$ 以上の大きい粒子に関係するため，中性能エアフィルタによる浮遊細菌と真菌の除去は有効である。

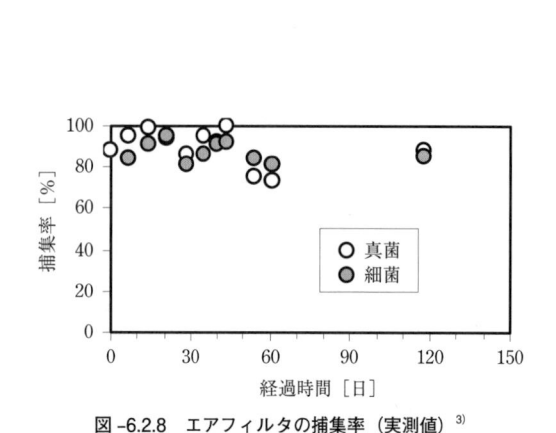

図-6.2.8　エアフィルタの捕集率（実測値）[3]

図-6.2.9　エアフィルタの捕集率（予測値）[6]

◎参考文献

1) 柳 宇，池田耕一，鍵直樹，山田花菜，藤井修二，西村直也：オフィスビルにおける浮遊微生物の挙動に関する研究，2006 年日本建築学会大会，pp.893–894，2006
2) 柳 宇，鍵直樹，池田耕一：室内環境における浮遊細菌濃度リアルタイム測定の可能性に関する研究，日本建築学会計画系論文集，No.666，pp.673–677，2011
3) 柳 宇：建築物を対象とした生化学物テロ対策に関する基礎研究，平成 17～19 年度科学研究費補助金（基盤研究 C）研究成果報告書，pp.1–7，pp.11–57，2008
4) 柳 宇：建築物内における生化学物テロ対策に関する研究，平成 19 年度厚生労働科学研究費補助金地域健康危機管理研究事業，総括・分担研究報告書，pp.19–28，2008
5) 柳 宇，山田花菜，池田耕一：エアフィルタによる細菌と真菌の捕集特性に関する研究（その 1）捕集率の経時変化，第 24 回空気清浄とコンタミネーションコントロール研究大会予稿集，pp.60–62，2006
6) NIOSH, Guidance for Filtration and Air-Cleaning Systems to Protect Building Environment, 2003

6.3　化粧品・医薬品工場

柳　宇

6.3.1　BCR室内浮遊微生物濃度の構成機構

　化粧品・医薬品の製造はクリーンルーム，すなわち，微生物を対象としたバイオクリーンルーム（Biological Clean Room，BCR）で行われる。

　6.2節で述べた通り，室内空気中浮遊微生物粒子の濃度は，空中への発生量とそれを希釈・除去するための換気量・捕集量のバランスによって決まる。定常状態では室内に侵入する量に加える室内での発生量が室内から排出される量と等しくなり，その濃度は下記の式（1）と式（2）より表される。

$$C = Cs + \frac{M}{Q} \tag{1}$$

$$Cs = Co(1-\eta) \tag{2}$$

$$C = \frac{M}{Q} \tag{3}$$

　BCR用の空調機などにHEPAフィルタ（High efficiency particulate air filter，高性能エアフィルタ）が設置されるため，そこを通過する空気中の浮遊細菌と真菌がほぼ100％捕集される。すなわち，式（2）中のηが1（100％）になるため，給気による微生物の侵入がなくなる。実際にBCRの給気中に浮遊細菌，真菌が検出されないことが多く報告されている。この場合の室内濃度は式（3）になる。給気量を多くすればするほど，室内濃度が低くなることは式（3）からも読み取れる。

6.3.2　化粧品・医薬品工場における微生物汚染の問題

　BCRにおける微生物汚染の主な原因は外気の侵入と室内での発生である。今まで多くの研究結果から前者は真菌，後者は細菌に深く関係することが分かっている。また，表-6.3.1に示す各種医薬品・化粧品の主な微生物汚染事例からもわかるように，BCRにおける微生物汚染の主な原因は細菌，すなわち室内での発生によるものである。

　図-6.3.1に某化粧品工場のBCRにおける室内浮遊粒子濃度と浮遊微生物濃度の測定結果を示す。浮遊粒子と浮遊細菌，真菌濃度は時々刻々変動するが，浮遊細菌に比べ，浮遊真菌濃度が遥かに低くなっていることがわかる。これは，前述したBCR内浮遊細菌と浮遊真菌の主な発生源の違いによるものと推察される。

　一方，医薬品・化粧品製造工場の品質管理の視点からいうと，製品に直接影響を及ぼすのは付着・落下菌に限られる。図-6.3.2に前記の浮遊微生物の測定と同時に行った落下菌の測定結果を示す。以下に，図-6.3.1の浮遊微生物濃度と図-6.3.2の落下微生物量について関連基準を基に評価し，医薬品・化粧品工場のBCRにおける微生物汚染の問題を考えてみる。

　表-6.3.2に日本建築学会環境基準（管理規準）を示す。前記の図-6.3.1に示している通り，室内浮遊細菌濃度の最大値は約80 CFU/m^3（40 CFU/500 L）程度であり，表-6.3.2でいえばグレードCにあたる。一方，落下菌の最大値は1CFU/（10分・プレート）6 CFU/（60分・プレート）

表-6.3.1 各種医薬品・化粧品の主な汚染事例

医薬品		
製剤別	汚染度	報告者
内服液	46/400，天然植物原料多用製剤，グラム陰陽性菌	Brennan 1968年
医用ローション	緑膿菌，一般細菌	FDA 1970年
合成薬品	18/98，一般細菌	Cooper 1971年
局所製品	緑膿菌，大腸菌	Bruch 1971年
抗生物質・目軟膏	16/82，各種真菌	Bowman 1972年

化粧品		
製剤名	汚染菌	報告者
ハンドローション	72/90，霊菌，緑膿菌，肝炎桿菌ほか	Morseほか 1968年
クリーム，軟膏	20% /169，一般細菌	FDA，4 1970年
目，顔，パウダー	27% /324，グラム陰性菌，一般細菌	Princeほか 1971年
各種化粧品	使用前　20/165，ブドウ球菌ほか 使用後　110/222，ブドウ球菌ほか	Myersほか 1973年
各種化粧品の美用具	使用前　8/29，ブドウ球菌ほか 使用後　37/37，ブドウ球菌ほか	

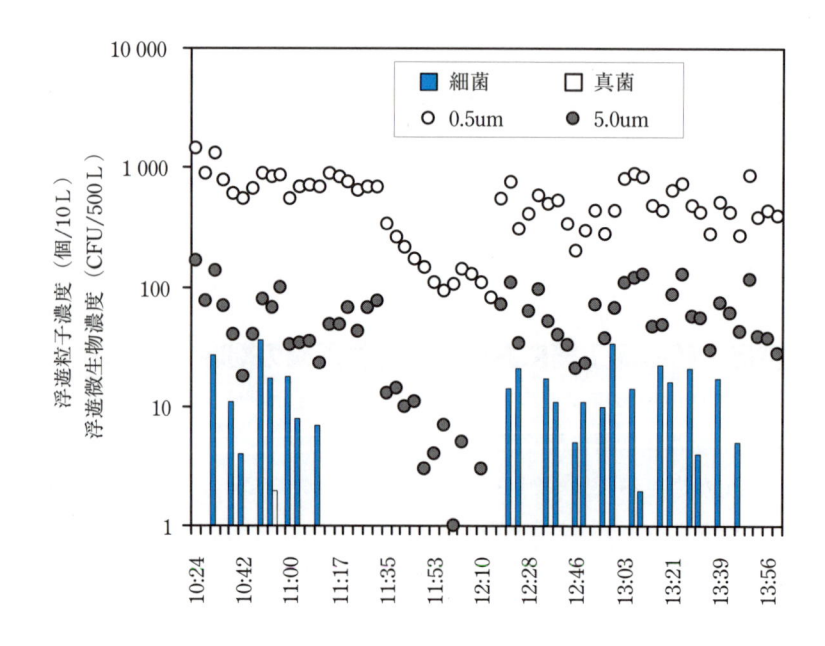

図-6.3.1 某化粧品工場BCR内浮遊粒子と微生物の濃度[2]

であり，表-6.3.2のグレードAをクリアしている。このように浮遊細菌と落下細菌とではまったく異なった評価の結果となっている。このような矛盾は室内浮遊微生物と落下微生物の関係に起因する。BCRの微生物学的清浄度にはNASA規格[4),5)]があり広く用いられている。NASA規格は室内浮遊微生物濃度と落下微生物量の間に相関関係が成立することを前提としている。しかし，山崎ら[6)-8)]が行った一連の検証の結果，浮遊細菌濃度と落下細菌量の間に有意な相関関係が認められなかった。その原因として，浮遊細菌濃度と落下細菌量の関係に室内気流や在室者の活動などいろい

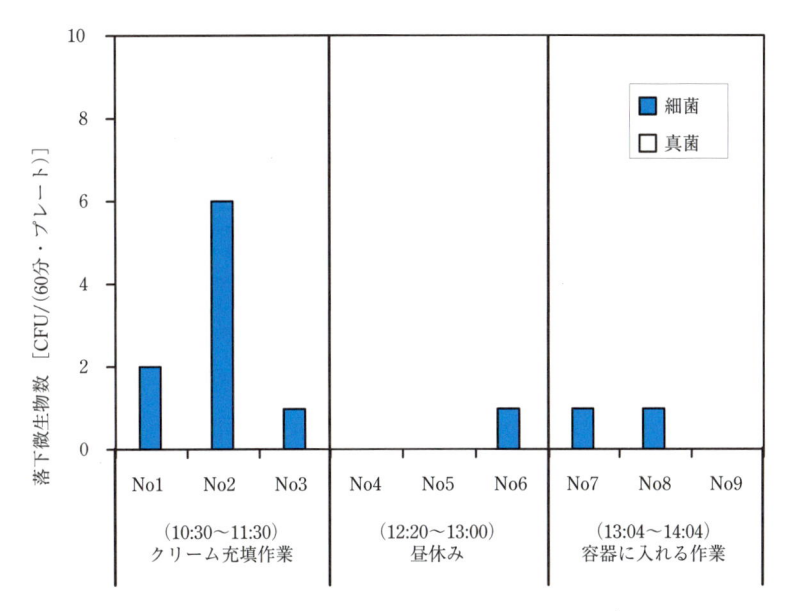

図-6.3.2 某化粧品工場 BCR 内落下微生物量 [2]

表-6.3.2 医薬品・化粧品工場の微生物管理基準 [3]

グレード	浮遊菌数 [CFU/m^3]	落下菌数 [CFU/(10分・プレート)]
A	1	1
B	10	5
C	100	20
D	200	50

注 1. この基準は日局方（第14改正）(2001)をもとに作成された。
　 2. 落下菌数はコンタクトプレート（$\phi 54 \sim 62$ mm）当たりの生菌数を示す。

ろな要素が影響するためとされている。

　空中浮遊微生物粒子中の大きな粒子が速く落下することや，気流によって落下速度が変わることなどから，同じ時系列で浮遊微生物濃度と落下微生物量の間に必ずしも相関関係が見られない。しかし，浮遊微生物粒子濃度が高ければ，落下微生物粒子量も多くなることも容易に想像される。したがって，製品品質管理という視点から，医薬品・化粧品製造工場（BCR）においては常に空中浮遊微生物濃度と落下微生物量をモニタリングし，必要に応じて対策を施す必要がある。

6.3.3 化粧品・医薬品工場における微生物汚染の対策

　製造工程・製品によって室内での汚染発生状況が大きく異なるため，その汚染発生特性に対応した対策が必要である。ここでは，BCR室内微生物汚染対策の一般論としてその方法を示す。すなわち，ここでは空中浮遊微生物による汚染の防止を目的としており，作業工程にかかわる微生物発生の特性や，微生物にかかわる生物学的な要素，例えば，菌の種類，病原性などを対象とせず，バイオエアロゾルとして扱う。

　医薬品・化粧品工場のBCRにおける微生物汚染の対策は，製品に付着または落下する細菌，真

菌を制御することであり，そのための空中浮遊微生物汚染の低減策を施すことである。言い換えれば，BCRにおける微生物汚染の対策は，換気（Q）による希釈・除去，エアフィルタによる捕集（η），および汚染発生量（M）の抑制との方法が用いられている。

エアフィルタによる捕集については，BCRにHEPAフィルタが用いられるため，給気中の浮遊細菌と真菌をほぼ100％除去できる。したがって，給気による汚染侵入の防止は日常の適正な維持管理を行い，HEPAフィルタの性能を維持することが重要である。

換気については，機械換気量を増やせば，室内濃度を低減できることを前記の式（3）から容易に解釈できる。また，換気の量だけではなく，換気の質，すなわち室内の気流計画も重要である。製品製造の清潔区域とその他のゾーンを適正な気流計画を行い，清潔区域の清浄度を保つことが重要である。一方，自然換気，すなわち人の出入りによる扉の開閉に伴う微生物の侵入を防ぐことも重要である。本田らはクリーンルームの扉開閉による粒子物質の侵入特性について検討を行っている[9]。

汚染発生量の抑制については，室内環境と作業者自身の清潔を保つことは重要である。人体の皮膚表面，口腔などに約1兆個の細菌が生息している。作業者の衛生管理が室内汚染発生量の低減につながる。一方，微生物は生き物であるゆえに，その環境によって生育し増殖する場合がある。微生物の生育に栄養源，温湿度などの環境条件が必要であり，室内環境は不適切な管理によって，微生物汚染の助長要因となる。室内湿度が高くなりやすい場所は微生物の生育，増殖にとって好環境となる。室内温湿度環境の適正な管理は重要である。

以上のように，BCRにおける微生物汚染対策のポイントは適切な設備設計と室内での汚染発生量の低減策を施すことであり，日常の適正な維持管理を行うことである。

◎参考文献

1) 柳　宇：バイオクリーンルームにおける微生物汚染防止対策，ファームステージ，Vol.7，（2），pp.31-34，2007
2) 環境微生物の測定評価研究報告書（2007年），BMSA（バイオメディカルサイエンス）研究会環境微生物の測定評価研究班，2007（発行予定）
3) 日本建築学会環境基準 AIJES-A002-2013：微生物による室内空気汚染に関する設計・維持管理基準・同解説，2013
4) NASA Standard procedures of the microbiological examination of space hardware，NHB5340.1 1，Aug.1967
5) NASA Standard for clean rooms snd work stations for the microbially controlled environment，NHB5340.2，Aug.1967
6) 山﨑省二，高島浩介 他5名：クリーンルームの微生物汚染評価，第22回空気清浄とコンタミネーションコントロール研究大会予稿集，pp.67-70，2004
7) 山﨑省二，高島浩介 他6名：クリーンルームの微生物汚染評価，第23回空気清浄とコンタミネーションコントロール研究大会予稿集，pp.69-72，2005
8) 山﨑省二，柳　宇 他8名：クリーンルームの微生物汚染評価，第23回空気清浄とコンタミネーションコントロール研究大会予稿集，pp.75-78，2007
9) 本田重夫，喜多義隆 他3名：クリーンルームの扉開閉の動特性と開閉による浮遊粒子の移送，第23回空気清浄とコンタミネーションコントロール研究大会予稿集，pp.173-176，2007

6.4 美術館・博物館

川上 裕司

6.4.1 IPM とは

　日本は，世界でも有数の多雨地帯（アジアモンスーン地帯）に位置し，年平均降水量は1 718 mmである。これは世界の年平均降水量約970 mmの約2倍となっている。年間を通して雨が多く，季節による寒暖差も大きいことを反映して，古来より文化財のカビや害虫による被害は深刻な問題であった。その対策として，博物館や美術館では文化財燻蒸ガスとして臭化メチルを含む燻蒸剤を長く使用してきた。ところが，臭化メチルがオゾン層を破壊することが明らかになり，「検疫用途と不可欠用途を除き」臭化メチルは2005年に全廃された。近年，国際的な地球環境保護の観点から，不可欠用途であっても全廃すべきという動きが進んでおり，日本では「不可欠用途臭化メチルの国家管理戦略」を策定して，臭化メチル全廃に向けた代替技術の開発と普及に取り組んでいる。また，ビルや学校などの公共施設では，カビ・害虫対策として，慣習的に化学薬剤が使用されてきたが，ヒトや環境への影響が問題視されるに伴い，化学薬剤は必要最小限の適正な使用量を使用するように建築物衛生法の指針も改められた。

　このような社会的背景から，有害生物の防除法として，農業分野でおよそ50年の歴史のある総合的有害生物管理（Integrated Pest Management；以下，IPMと称する）を博物館や美術館でも取り入れて，実践しつつある[1),2)]。

6.4.2 文化財・美術品のカビによる被害事例

(1) 紙作品・油彩画のカビ被害

　筆者は博物館や美術館の年間を通じた有害生物環境調査や収蔵作品のカビ検査を行っており，30種余りのカビをいくつかの美術館の作品から分離・同定している。これらのカビの中には，文化財や美術作品の汚損・劣化起因カビとして注意すべき種が多く含まれている[1)]。作品から分離されるカビは，季節的な変化があるにせよ，コウジカビ（*Aspergillus*），アオカビ（*Penicillium*），クロカビ（*Cladosporium*）の3属に属するカビが分離株数の60〜70％を占めている。同様に，展示室や収蔵庫などの館内環境でもこの3属のカビが優占種となっている。コウジカビとアオカビに分類されるカビには好乾性の*A. penicillioides*や耐乾性の種が多く含まれており，クロカビは好湿性であることから，博物館・美術館の立地条件，周辺環境，季節によって，この3属のカビの割合が異なっている。おおむね，夏場にはコウジカビとクロカビが多くなり，冬場にはアオカビが多くなる傾向にある。

　美術作品のカビ被害事例を図-6.4.1と図-6.4.2に示す。このような文化財や美術作品のカビによる被害は，多くの場合結露を原因として発生する。この場合の結露は，冬場に暖房した部屋の窓ガラスに水滴となって現れる結露というよりは，換気扇を回さずにお湯を沸かした際に食器棚のガラスなどに生じる曇りのような結露水を指す。絵画などのカビ発生は，収蔵庫の局所的な高湿度が原因で額や保護ガラスに結露が生じ，そこに塵埃（有機物）とカビ胞子が付着することから始まる。付着した胞子が発芽して菌糸を伸ばし，さらにコロニーを形成し，そのまま気がつかずに放置して

図 –6.4.1 美術作品のカビによる被害事例
①絵画の保護ガラス内側に発生したカビ，②油彩画の画面に発生したカビ菌糸，③紙作品に発生したfoxing，④油彩画に発生したstain

図 –6.4.2 油彩画裏面のカビによる甚大な被害事例と吸引除去処理

数ヵ月が経過すると，画面の表面にもカビの繁殖が広がっていく（図 –6.4.1 ①，②）。さらに，カビの代謝産物によって画面に褐色斑点が形成され[3]，著しく作品を汚染するばかりでなく，亀裂や剥落など更に甚大な被害へと繋がっていく。褐色斑点は，紙作品や書籍ではフォクシング（foxing，図 –6.4.1 ③），油彩画ではステイン（stain，図 –6.4.1 ④）と呼び，その形成機構を図 –6.4.3 に示す[2)-5)]。

紙作品，絵画などの美術品と古文書などの紙文化財に被害を及ぼすカビはfoxing起因菌であるコウジカビが筆頭に挙げられる。好乾性コウジカビ（相対湿度 75 〜 94％で生育する絶対好稠性糸状菌）の *A. penicillioides* と *Eurotium herbariorum* の 2 種が主たる foxing 起因菌であるが，筆者らのグループによって検証・追加された近縁種（*Aspergillus* section *Restricti*）*A. conicus*, *A. gracilis*, *A.*

```
絵画・紙作品・蔵書などにカビ胞子を含む微小塵埃が付着
            ↓ 湿度75〜84％RH，温度20〜35℃になる
       foxing起因菌発芽
            ↓
```

リンゴ酸, 酢酸, フマル酸, グルコン酸などを代謝生成 ← 微小塵埃を養分として増殖し, colonyを形成 → 菌体を形成して増殖(菌糸・胞子)

絵画や紙上に蓄積してセルロースを分解 → セロオリゴ糖を生成 → メイラード反応が起こる ← アミノ酸, タンパク質（γ-アミノ酪酸, オルニチンなど）形成（湿度75〜84％RH，温度20〜35℃）

            ↓
    メラノイジンが生成される
            ‖
基質に褐色物質を形成してfoxing, stain として認識される

図 -6.4.3　foxing, stain の形成機構

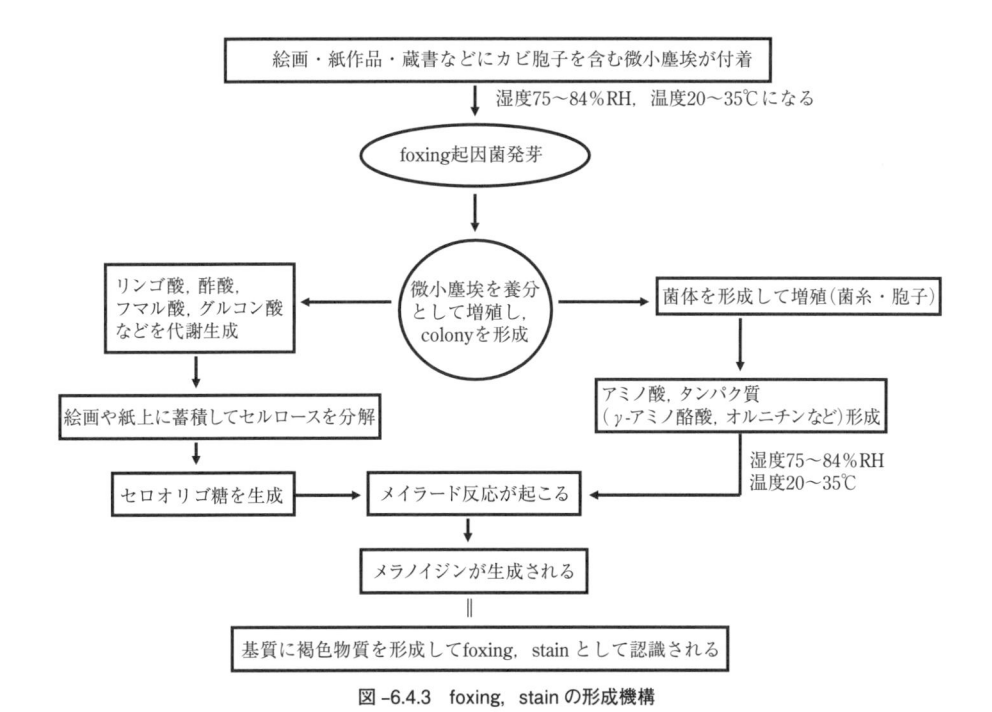

図 -6.4.4　美術作品の foxing (stain) 起因カビ
①と② *Eurotium herbariorum*，③と④ *Aspergillus penicillioides*，⑤と⑥ *Aspergillus restrictus*，⑦と⑧ *Aspergillus conicus*，⑨と⑩ *Aspergillus gracilis*，⑪と⑫ *Aspergillus vitricola*

restrictus, *A. vitricola* の 4 種についても foxing 起因菌である（図 -6.4.4）[6]。

(2) 木造彫刻や木製工芸品のカビ被害

木造彫刻や木製工芸品へのカビ発生は，紙作品や油彩画と同様に塵埃の堆積と湿気（湿度の上昇）が最初の要因となる。カビが発生すると表面が一部変色したり，繁殖して全面的に美観を損ねたり，さらに亀裂を引き起こすことがある。前述の *Aspergillus* section *Restricti* に属する 5 種と *E. herbariorum* は，木造彫刻の汚染・劣化にもかかわっている[7],[8]。また，ススカビ（*Alternaria*），ケタマカビ（*Chaetomium*），クロカビ（*Cladosporium*），アカカビ（*Fusarium*），ケカビ（*Mucor*），アオカビ（*Penicillium*），クモノスカビ（*Rhizopus*），ツチアオカビ（*Trichoderma*）に属するカビが発生すると著しく美観を損ねることが必至である。展示室や収蔵庫でよく分離される *Aspergillus versicolor* は黄色，紅色，紫色などの色素を産生する汚損起因カビであり，カビ毒ステリグマトシスチンを産生するので注意を要する。また，カビ毒オクラトキシンを産生することで知られる *A. westerdijkiae* が木造の仏像全体に繁殖することもある。

(3) 木造建造物のカビ被害

Cladosporium は好湿性のカビで，湿気の多い住宅や湿度管理が不十分な公共施設では常に優占種となっている。そのため *Cladosporium* は，壁画の黒斑，漆塗りの建造物の黒変現象，彩色された建造物の変色などの汚損起因カビであることが知られている。また，木造建造物は，降雨による湿気から木材腐朽菌による被害を受けることがしばしばある。*Trichoderma viride* は，木材や繊維のセルロース分解性を持つ腐朽菌として要注意である。また，担子菌に属するナミダタケ（*Serpula lacrymans*），アラゲカワラタケ（*Coriolus hirsutus*），イチョウタケ（*Paxillus panuoides*），オガサワラハリヒラタケ（*Gyrodontium versicoior*）などが劣化起因菌として知られている[1),2)]。

6.4.3 博物館・美術館のカビ調査法

(1) IPM を踏まえた調査の考え方

博物館や美術館を対象とした IPM は「生物的防除法」，「化学的防除法」，「物理的・機械的防除法」，「環境・建築構造的防除法」を組み合わせた総合的な有害生物対策法である。IPM の目的は，有害種の発生密度を経済的損害が生じる水準以下のレベルに維持管理することである。IPM のプログラムを構成するものとしては，現場の状況に則した化学的防除法（薬剤の知識と適正な使用）と物理的・機械的防除法の習得，調査や検査技術の習得，環境・建築構造の改善・修理や維持管理の実践，保存品（文化財）の修復と維持管理の実践，適正な廃棄物管理の実践，職員の教育研修会の開催などが含まれる。逆説的に述べるならば，「IPM ではない対策法」とは，「カビや害虫の発生の有無とは関係なく，調査や検査をすることもなく，殺菌剤や殺虫剤などの化学薬剤を過剰に処理する方法」である[1),2)]。

IPM を実践する際の概念は，以下の 6 項目に分類することができる。
① 環境に配慮して有害生物の防除を行うこと。
② 対策にあたって，調査を重視し，調査に基づいて対策を立案し，実施すること。
③ 維持管理基準を設定して対策目標と定め，目標以下に管理すること。

④　対策にあたっては，薬剤使用だけでなく，必ず環境整備など総合的な手段を講じること。
　⑤　対策の成果について，報告と提案を行い，理解と協力のもとに対策を推進すること。
　⑥　これらの達成のため，高度の専門的知識の習得と技術の向上に努めること。

(2) 調査回数と検査・測定法

　美術館や博物館の立地条件をみると，林の中や海・湖・河川の近くなど自然・景勝地の中に建てられていることが多く，寒暖差に伴う湿度管理（湿気対策）を踏まえた収蔵庫の建設が不可欠である。ところが，建物の外観や展示室の見栄えの良さばかりが先行して，作品を守るという観点から見ると"構造上の欠陥がある"博物館や美術館が多い。また，経済的あるいは知識不足から，年間を通じた湿度管理が徹底されていないことも多い。

　梅雨時期を含む夏季と室内結露の多い冬季はカビが発生しやすい季節なので，環境調査をする必要があるが，それに加えて比較的湿度が安定している春季と秋季にも調査を行うと年間の季節変動を大凡把握することができる。また，調査場所は「収蔵庫」と「展示室」だけでなく，バックヤードの書庫・通路・階段，出入口から展示室へ通じる来館者通路や売店なども加え，カビの発生源の探索に努める必要がある[1),2)]。

(3) 付着カビの検査

　作品の表面，収蔵庫内の壁などに発生（付着）しているカビ（菌糸と胞子）を調べるためには，滅菌スタンプ瓶（栄研化学）を用いる。スタンプ部を検査したい箇所に圧着させ，その場で寒天平板培地（DG18またはPDA）にスタンプ部を圧着することにより付着カビを採取する（図–6.4.5 ①）。また，滅菌スタンプ瓶に生理食塩水を入れて撹拌し，スタンプ部から洗い取った液を平板培地に塗抹培養することにより，菌数を定量化することも可能である。作品や壁の凸凹部や床のすき間の塵埃を検査する場合には，綿棒を用いて同様の操作を行って付着カビを採取する。

　収蔵庫の出入口付近の床などのカビ汚染状況を検査するためにはりん酸緩衝生理食塩水と綿棒を組み合わせたふきふきチェックⅡ（栄研化学）を用いて，10 cm角に切り抜いた合成樹脂板内を拭き取り，平板培地に塗抹培養することにより，菌数を定量化することができる（図 6.4.5 ②）。

(4) 浮遊カビの検査

　従来，公共施設や住宅のカビ調査を行う場合，10ヵ所前後の付着カビの調査を行い，落下真菌数の測定（数枚の平板培地を5～10分間曝露する落下法）を補助的に行うことが主流であったように思われる。しかしながら，収蔵庫や展示室内の汚染カビの実態を十分に把握することができないばかりか，前述の汚損カビを見落とすことが懸念される[6)]。室内環境の浮遊カビは一定の空気を吸引するエアーサンプラーを用いて採取することにより，1 m³当たりの浮遊真菌数（濃度）をほぼ正確に把握することができる（図 6.4.5 ③）。これは，「付着カビの調査だけでは見落としがちな菌種の分離」と「発生源の探索」に有効な手段となる[9)]。エアーサンプラーには，①スリット方式，②ピンホール方式，③多段多孔板方式，④多孔板衝突方式，⑤回転遠心衝突方式の5つの種類があるが，一般的に使用されているエアーサンプラーは，「④多孔板衝突方式」と「⑤回転遠心衝突方式」である。前者は90 mmの平板培地をセットして一定量の空気を培地の表面に吹き付ける方式で，

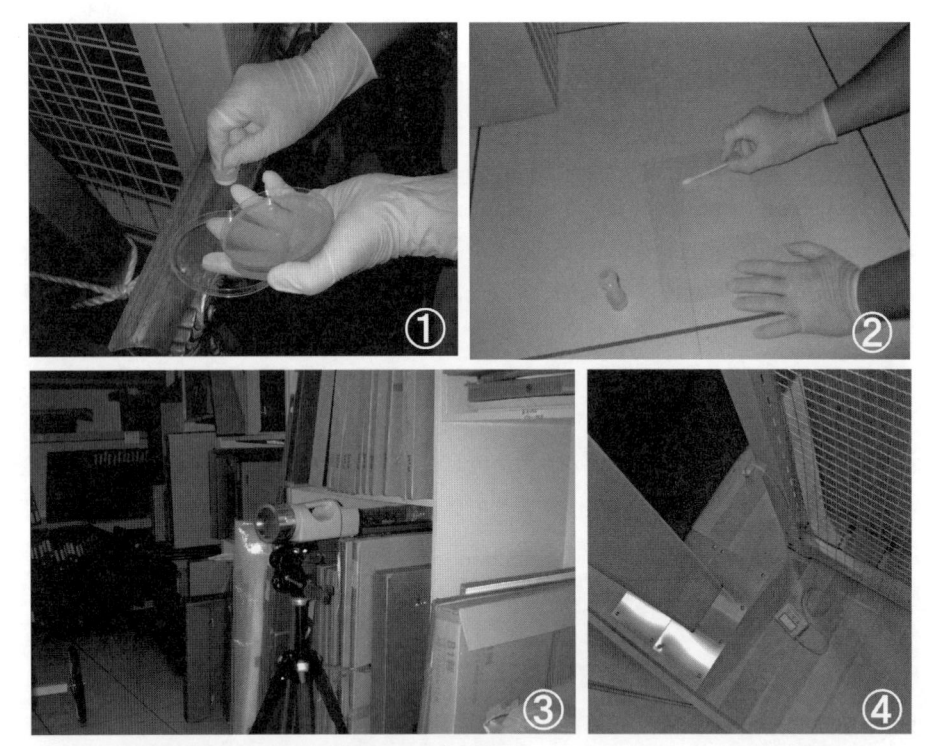

図-6.4.5 博物館・美術館における収蔵庫内のカビ検査状況
①滅菌スタンプ瓶による収蔵作品の付着カビ検査, ②ふきふきチェックⅡによるドア内側付近の床の付着カビ検査, ③SAS スーパー 100CR エアーサンプラー（International Pbi 製）による収蔵庫内の浮遊カビ検査, ④サーモレコーダーによる収蔵庫隅の温度・湿度の測定

後者はバンド形の専用培地をセットして内臓する回転刃で一定量の空気を培地の表面に吹き付ける方式である。しかしながら, 採取後に発生するカビのコロニーが重なりにくいことや培養後の単離作業のやりやすさなどから, 最近では「多孔板衝突方式」のエアーサンプラーが主流となっており, 筆者も推奨する[10),11)]。博物館や美術館では, 作品に被害を与える耐乾性カビやアレルゲン性カビを分離することを目的とするため, DG18 平板培地を用いるとよい。

エアーサンプラーによる測定数は調査場所の状況によって異なるが, 壁などで仕切られた部屋を1エリアとした場合, 1～2ヵ所の測定では不十分で, 四隅と中央の5ヵ所は最低限必要である。より正確な値を得るためには 10ヵ所以上測定することが望ましい。それぞれの測定地点（床上1.2～1.5 m）で吸引する空気の量は 100～200 L で, 空気を捕集してカビ胞子が付着した平板培地はただちに実験室へ持ち帰り, 25℃で7～14日間培養する。培地に発生したコロニーを計数し, その補正値（または測定値）から1 m^3 当たりの浮遊真菌数を算出して汚染度を把握する。

(5) 落下カビの検査

エアーサンプラーの用意がない場合には, 1部屋あたり5～10枚の平板培地を 20～30 分間（時間を決めて）曝露することで, 空気中からカビを捕集することが可能である。前述のエアーサンプラー法と比較すると, 重要な菌種や正確な室内浮遊カビ濃度を把握するためには不十分であるが,「多い, 少ない」の目安として使える方法である。

(6) 温度・湿度の測定

どこの博物館や美術館でも展示室や収蔵庫の隅に1～2台の自記温湿度計は設置されているが，それで湿度管理が十分にできているかというと疑問が残る。カビは，空気の流れがなく，局所的に高湿度になっている場所やそこに置かれている作品に発生することが多い。とくに，年間を通じて一定の温度・湿度管理が要求される収蔵庫では，温度と湿度の変動がないかどうかを日常的に把握する必要がある。小型・電池式で長時間の連続記録が可能な自動記録式温湿度計(サーモレコーダー：RS–12，エスペックミック社など）を用いる。そして，展示室，収蔵庫，バックヤードなどの空気が停滞しやすい場所に10台以上配置する。1時間ごとの温度と湿度のデータを7日間以上（必要に応じて1ヵ月～6ヵ月）収集する。回収後にパソコンに測定データを取り込み，1時間ごとの温度と湿度のデータを解析することにより，調査環境の正確な温度と湿度の分布と変動を把握することができる（図-6.4.5 ④）。

(7) 捕集したカビの同定検査

「付着カビの検査」と「浮遊カビの検査」で用いた寒天平板培地を25℃で培養し，発生したコロニーから色や形態の異なるコロニーを単離し，新しい平板培地に植菌して二次培養（純培養）を行う。そして，コロニーの「大きさ，色調，表面性状（綿状・粉状・ビロード状・束状・平坦・酵母状など），臭気の有無，色素産生の有無，裏面の色調」を観察し，必ずコロニーの写真を撮影しておく。また，単離した菌株を同定するために，必要に応じて，同定用の培地（M40Y，CYA）を用いて純粋培養を行い，プレパラート標本を作製する。光学顕微鏡下で菌糸や胞子などの微細構造を観察することによって種または属の同定を行う。紙作品や油彩画から分離した汚染カビを検査すると，前述の foxing 起因菌である *Aspergillus* section *Restricti* に属するの6種が多く分離される。これらの菌種は光学顕微鏡レベルでは同定困難な場合もあるため，必要に応じて① 28SrDNAD1/D2 遺伝子塩基配列，② mt–Cytb 遺伝子塩基配列，③ β–tubulin 遺伝子塩基配列などに基づく系統解析を行って同定する[9]。

前述の通り，博物館や美術館から分離されるカビの優占種は，好湿性の *Cladosporium*，耐乾性の *Aspergillus* や *Penicillium* に属するカビ類である。したがって，この3属のカビ類の同定と主たる汚損カビの違いを覚えることが，カビの IPM を行うためのキーワードとなる。

6.4.4 IPMによる対策について

(1) 定期的な検査に基づく対策法の推進

一般に，湿度が70%を超えて85%以上になった場合にカビが発生しやすくなることは周知の事実である。博物館や美術館の場合には，耐乾性カビの発生を考慮して相対湿度が常時60%以下になるように管理することが肝要である。しかしながら，建築構造の不備から収蔵庫の隅やバックヤードの非常口周辺などが局所的に高湿度になっていることがきわめて多い。また，定期的な清掃点検を怠り，塵埃が堆積していることが原因で，展示室のパーテーションの上，エアコン，換気ダクトなどがカビの発生源となっていることがある。

収蔵庫や作品から分離されるカビには耐乾性の種が多いだけでなく，マイコトキシン産生菌やアレルゲンとなる有害菌種が含まれていることが多々ある。大量に繁殖浮遊した場合には，文化財の

汚染・劣化に留まらず，そこで働く学芸員や来館者への健康被害が懸念される。実際に，筆者は「収蔵庫に入ると鼻水がでたり，咳がでたりする」という声を学芸員から聞くことがあるが，そのような場合に検査してみると，顕著なカビ汚染が認められる。博物館や美術館によって，その立地条件（周辺環境）や建築構造はさまざまであるため，「カビの発生状況」または「カビが発生しやすい環境であるか否か」を正確に調査し，構造的な欠陥を見つけた場合には速やかに「改善法」と「日常管理」の具体策を講じることが「IPMによるカビ対策」の根幹である。また，学芸員へのIPMの啓発と無理のない日常管理体制の構築が大切である。

(2) 施設の不備改善など対策のための提案

「博物館・美術館を対象としたカビのIPM」を推進するための第一歩として，対象となる建物や環境を考慮した点検用のチェクリストを作成して，点検することから始めると良い。点検項目に基づく改善提案の一例を以下に列記する[2]。

<出入口周辺>
① 泥汚れを極力室内に入れない工夫
- 防塵マットを屋内外に設置する。

② カビ胞子や飛来昆虫が侵入しにくい工夫
- 二重ドアへ改修する。

③ 非常出口付近から内部に湿気を入れない工夫
- ドアの隙間を補修する。

<展示室>
① 靴の泥汚れを極力館内に入れない工夫
- 防塵マットを入口前に設置する。

② 作品に極力塵埃を付着させない工夫
- 空調機のフィルタ点検と吹き出し空気の方向を改善する。
- パーテーション上の塵埃をHEPAフィルタ付掃除機で定期的に除去する（図-6.19①）。
- 展示壁や床の定期的な清掃管理を徹底する。

<収蔵庫・書庫>
① 塵埃を持ち込まない工夫
- 土足厳禁とし，防塵マットを入口内部に設置する。
- 床の殺菌清掃を定期的に行う。

② カビ発生源を除去する工夫
- 増え続ける資料，ガイドブック，機関紙を廃棄し，必要な資料を整理整頓する。
- 空調機（フィルタ）を定期点検して，クリーニングを行う。

③ 作品へのカビ発生を防止する工夫
- 作品収納用ダンボール箱を極力廃棄して，金網ラック式収納棚へ掛ける。
- ラック収納している作品と作品の間に間隙を設けて空気を通す。
- 抗菌・難燃性保存袋（IMPACK，FCG総研製など）を使用する。

④ 収蔵庫内の空気を循環し，温度・湿度を隅々まで安定させる工夫。

図 –6.4.6　博物館・美術館における収蔵庫内の IPM 機材
① HEPA フィルタ付掃除機（日立アプライアンス社製）による展示室パーテーション上の塵埃清掃，② 業務用除湿機（日立アプライアンス社製），③ HEPA フィルタ付クリーンパーティション空気清浄機（日本エアーテック社製），④ サーキュレーター（Honeywell 社製）

- 業務用大型除湿機を設置する（図 –6.4.6 ②）。
- 高性能 HEPA フィルタ付空気清浄機を設置する（図 –6.4.6 ③）。
- サーキュレーター（空気循環ファン）を複数台設置する（図 –6.4.6 ④）。

＜通路やバックヤード＞
① 泥汚れを極力室内に入れない工夫
- 非常出口内側に防塵マットを設置する。
- 室内用シューズを着用する。
- 床や壁の殺菌清掃を定期的に行う。
② 窓ガラスの結露を防止する工夫
- シングルの窓ガラスをペアガラスへ改修する。
- 結露防止シートを貼る。
③ 非常出口付近から室内へカビ胞子，飛来昆虫，湿気を入れない工夫
- ドアの隙間をシリコンなどで塞ぐ。
- タバコシバンムシをはじめとする小昆虫類がカビを運んでくることもあるので，窓際での昆虫（死骸）を速やかに除去する[12]。

＜収蔵・展示作品の定期検査＞
① 作品のカビ検査と劣化状態の検査
- カビ検査を専門家へ依頼する。

② カビ発生作品の除菌クリーニングと修復処理
- 修復士へ依頼する。
③ 作品ごとの点検・修復管理データベースの作成
- 専属のカビ検査専門家と修復士に依頼して長期的に実施するよう依頼する。

6.4.5 今後の課題

　ここで紹介した「博物館・美術館を対象としたカビのIPM」は「文化財の被害」に留まらず，「ヒトの健康被害」にもかかわる予防管理法でもある。それだけに高い専門性が要求される。しかしながら，学芸員資格を取得するための教育課程に，「保存科学」や「保存修復」に関するカリキュラムが今までほとんどなかった。博物館や美術館で働く学芸員が実際に現場で直面する文化財や美術品のカビ被害は想定外に多く，この相反する状況から「具体的に何から始めれば良いかわからない」という声を聞くことがある。IPMを推進するためには，組織全体で計画的に取り組む必要がある。「定期的な点検や検査を誰に頼むのか？」，「室内に貯留する塵埃の日常的な除去清掃は誰の担当か？」，「空気の清浄化のための空調機の点検は誰の担当か？」等々を判断し，監督することができる「IPM担当者＝主幹」を学芸員（館員）の中から選出することから始めることをお勧めしたい。

　博物館，美術館，劇場など公共施設のカビ汚染の実態，院内感染の問題，アレルギー患者の増加，食中毒事故などを鑑みると「微生物系のIPM技術者」の社会的ニーズが高まることは必至である。「昆虫系のIPM技術者」と比べて，「微生物系のIPM技術者」はきわめて少ないのが現状であり，今後の養成が望まれる。また，学芸員の教育，博物館や美術館の管理体制の見直し，国や地方自治体の経済的支援など文化財を"カビや害虫の被害から守る"ためには根本的に解決しなければならない問題が多々あるのが現状である。

◎参考文献

1) 川上裕司，杉山真紀子：博物館・美術館の生物学－カビ・害虫対策のためのIPMの実践－，p.174，雄山閣，2009
2) 川上裕司：文化財の生物被害の現状と対策〔10〕博物館・美術館のカビとその対策―IPMによるカビ対策の考え方―，日本防菌防黴学会誌，第41巻，pp.53-59，2013
3) 新井英夫：紙類文化財の保存に関する微生物学的研究（第1報）紙の褐色斑（foxing）からの糸状菌の分離，保存科学，第23巻，pp.33-39，1984
4) 新井英夫：紙類文化財の保存に関する微生物学的研究（第5報）foxingから分離した糸状菌の生理的・形態的性質・foxing形成機構および防除対策について，保存科学，第26巻，pp.43-52，1987
5) 新井英夫，根本ちひろ，松井紀っ，松村典孝，北村宏之：紙類文化財の保存に関する微生物学的研究（第8報）－foxing部位の構成成分について－，保存科学，第28巻，pp.7-15，1989
6) 橋本一浩，各務清美，横山耕治，福田安住，川上裕司：美術館から分離されたAspergillus section Restrictiの遺伝子解析および形態観察による同定，室内環境，第13巻，pp.131-139，2010
7) 川上裕司：都市環境と真菌類（2），都市有害生物管理，第1巻，pp.189-198，2011
8) 川上裕司：都市環境と真菌類（3），都市有害生物管理，第2巻，pp.29-42，2012
9) 川上裕司：室内浮遊カビとマイコトキシン，空気清浄，第52巻，pp.51-57，2014
10) 新谷英晴，谷合悦子，黒須志のぶ，三木亜希子：市販エアーサンプラーに拠る空中浮遊菌の捕集効率の比較―異なるエアーサンプラー間で捕集性能を一定にできる培地存在―，クリーンテクノロジー，2003.11，pp.60-63，2003
11) 室内環境学会編：室内環境学概論，p.246，東京電機大学出版局，1987
12) 川上裕司：第4章住居に発生する昆虫と微生物との関係，住居医学V（奈良県立医科大学住居医学大和ハウス寄附講座，筏義人・吉田修編著），pp.47-67，米田書店，2011

6.5 病　　　院——院内感染防止の基本的考え方と防止対策

須山　祐之

6.5.1　院内感染（病院感染）と日和見感染

　院内感染とは，医療施設において患者が原疾患と別に新たに罹患した感染症，および医療従事者などが医療施設内において感染した感染症のことである。病院・医院環境下で感染したすべての感染症を院内感染といい，院内という環境で感染した感染症は，院外で発症しても院内感染という。逆に，院内で発症しても，院外（市井）で感染した感染症は，院内感染ではなく，市井感染という。院内感染では「日和見感染」の頻度は少なくない。日和見感染とは，抗癌剤療法，免疫抑制療法，放射線療法，再生不良性貧血，エイズあるいは加齢などにより免疫状態が低下した易感染性宿主に起こる感染症で，このような易感染性宿主は健常者では感染が成立しないような弱毒病原体に感染しやすくなる。このような，免疫状態の低下による日和見感染症では，防御系欠落の種類によって，感染しやすい病原体が限定される。例えば，高度の骨髄抑制の際には主として好中球数が減少するため，好中球が防御反応の主役を演じる病原体，すなわち，化膿菌，腸内細菌，カンジダ，アスペルギルスの感染が生じやすい。ステロイド療法やエイズなどでリンパ球が減少すると，ウイルス，結核菌，クリプトコッカス，原虫類など，細胞内増殖を示しT細胞による細胞性免疫が感染防御の主体となる病原体が感染しやすいとされている。全身の免疫状態に異常がなくても，局所的な異常（常在菌叢の乱れ）が生じれば，日和見感染がもたらされる。抗生物質の長期内服で菌交代現象が生じると，嫌気性菌，緑膿菌やカンジダの腸管粘膜や気道粘膜への日和見感染が生じる。リンコマイシン経口投与では，ディフィシル菌起因性偽膜性腸炎が続発する。皮膚にステロイドを外用すると，糸状菌（水虫）やカンジダの感染が続発しやすい。

6.5.2　病院環境中における感染対策ガイドライン

　国公立大学付属病院感染対策協議会が報告した病院感染対策ガイドライン（改訂第2版, 2015）[1]には，標準予防策・感染経路予防策について記載されている。同ガイドラィでは次のように述べている。「医療現場において，血液をはじめ生体にかかわる汗以外のすべての湿性物質を感染性とみなして対応することを標準予防策（standard precaution）とする。これは，すでに明らかになっている感染症はもとより，未知の病原体に対しても疾患非特異的な共通の対策を行うことにより感染を防止しようとするものである」。

　病院環境中の微生物が院内感染の原因であることを証明するには，「その微生物が環境中に生存できること。疫学的に感染経路として汚染環境以外に説明できないこと。汚染環境と感染症との関連が前向き調査で証明できること」を満たす必要があるというが，その実態は証明することが困難な場合が多いとされている。CDC は「医療施設における環境感染制御のためのガイドライン」[2]の中で，病院内の環境表面の清掃と消毒は標準予防策での対応でよいとしている。

　国公立大学付属病院感染対策協議会が報告した病院感染対策ガイドライン（改訂第2版, 2015）では，「①一般病棟，移植関連病棟，および手術室のいずれにおいても，日常的に手が触れない床や壁などに付着している細菌が，直接的に病院感染に関与する可能性はほとんどない。②空調設備

を介して，アスペルギルスによる病院感染，給湯関連設備を介してレジオネラによる病院感染が起こりうる」と述べている。

同ガイドラインでは，一般病棟における日常的な環境の清掃と消毒について，「①高頻度に手の触れる環境表面（ベッド棚，床頭台，ドアの取っ手，水道のコック，手すりなど）は日常的清拭を行い埃や汚れを取り除いておく。②手が触れない床などの環境表面は，最低1日1回は日常的清掃を行い埃や汚れを取り除いておく。③カーテンやその他の環境は，目に見える汚染がある時や美的に保つ必要が生じた場合には，洗濯あるいは清掃する。④換気口や窓の格子なども日常の清掃によって埃が蓄積しないようにしておく。⑤血液・体液で汚染された環境表面は，ただちに手袋を着用しペーパータオルで目に見える血液・体液を除去した上で次亜塩素酸ナトリウムを用いて清拭消毒する」としている。さらに，接触感染を起こすようなMRSA（メチシリン耐性黄色ブドウ球菌），VRE（バンコマイシン耐性腸球菌），クロスロリジウム・ディフィシル（*Clostridium difficile*），ノロウイルスなどを排菌している患者を収容している領域における環境の清掃と消毒については，前述①～⑤に加えて「⑥排菌患者が退室した病室は，洗浄剤を用いて入念に清掃を行う。⑦VRE，*Clostridium difficile* の感染は環境の関与の可能性が高いために，入念な清掃と清拭が必要である。⑧緑膿菌をはじめとするシュードモナス（*Pseudomonas*）属菌は水まわりに生息するため，水まわりの環境整備が必要である。⑨病室での消毒薬の噴霧，ホルマリン薫蒸は推奨されない」としている。

手術室における環境の清掃と消毒については，「①血液・体液で汚染された環境表面は，手袋をはめてペーパータオルで目に見える血液・体液を除去した上で次亜塩素酸ナトリウムを用いて清拭消毒する。②床面の広範囲な消毒は必要ない。モップによる清拭清掃および中央集塵式の吸引清掃など，除塵を主体とした清掃を行う。③感染症患者の手術後でも，特別な清掃や消毒は必要ない。④環境殺菌の目的で消毒薬の噴霧，散布，薫蒸および紫外線照射などは行わない」としている。

6.5.3 感染経路別予防策

表-6.5.1[1]に，感染経路別予防策（transmission-based precaution）を示す。病院内における主な感染経路には，接触感染，飛沫感染，および空気感染がある。感染予防には，標準予防策とそれぞれの感染予防策を併用する。

接触感染とは，患者との直接接触や汚染された医療器具との間接接触により感染することをいう。接触感染の対象となるおもな感染症は，MRSA感染症，疥癬，多剤耐性緑膿菌感染症などがある。

飛沫感染とは，直径 $5\mu m$ より大きな飛沫粒子により引き起こされる感染症である。咳，くしゃみ，会話，気管内吸引など患者とおよそ1mの距離で接する際に，伝播され感染する危険性があり，インフルエンザ，流行性耳下腺炎，風疹，マイコプラズマ肺炎，百日咳などがある。

飛沫感染防止策の具体的方法は，①患者は原則として個室に収容し，個室管理ができない場合は，同じ微生物による感染症患者を1つの病室に集めて管理する。②患者の1m以内に接近するときや医療行為をする時には，サージカルマスクを使用する。③患者の移動・移送は，必要な場合のみに制限し，患者が病室外に出る場合は，サージカルマスクを着用する。なお，インフルエンザ等はワクチンの予防接種を行う。

空気感染とは，空気媒介性飛沫核・感染病原体を含む粉塵粒子（5μ 以下）が，空気の流れによっ

表 –6.5.1　感染経路別予防策[2]

	空気感染	飛沫感染	接触感染
感染経路概略	粒径5μm以下の粒子に付着した微生物による感染経路。長時間空気中に浮遊しており，空調的対策が必要である。	咳，くしゃみなどによって生じる粒径5μm以上の飛沫によって起こる感染経路。短い距離で飛び，宿主の粘膜，鼻腔粘膜，口腔粘膜に沈着して感染する。飛沫は空中に浮遊し続けることはないので空調対策は必要とせず，空気感染とは一線を画する。	感染源に直接接触した手指や体によって起こる直接接触感染経路と，汚染された媒介無生物（器具，リネンなど）を介して起こる間接接触感染経路がある。
適応疾患	麻疹，水痘，結核，レジオネラ（ただしヒト-ヒト感染はしない）など。	侵襲性B型インフルエンザ菌疾患（髄膜炎，肺炎，喉頭炎，敗血症を含む），侵襲性髄膜炎，菌疾患（髄膜炎，肺炎，敗血症を含む），ジフテリア（咽頭型），マイコプラズマ肺炎，百日咳，肺ペスト，溶連菌性咽頭炎，猩紅熱，アデノウイルス，インフルエンザ，流行性耳下腺炎，パルボウイルス，風疹など。	多剤耐性菌感染症（MRSA，VRE，多剤耐性緑膿菌など），クロストリジウム・ディフィシル，大腸菌，O-157，赤痢菌，黄色ブドウ球菌，ジフテリア（皮膚型），A群連鎖球菌，A型肝炎ウイルス，ロタウイルス，RSウイルス，パラインフルエンザウイルス，単純ヘルペスウイルス，アデノウイルス，エンテロウイルス，疥癬など
手袋			部屋に入るときは手袋を着用し，汚物に触った後は交換する。部屋を出るときは外し，消毒薬で手洗いをする。
マスク	部屋に入るときはN95マスクを着ける。	患者の1m以内で作業するときはサージカルマスクを着ける。	
ガウン（プラスチックエプロン）			患者または環境表面・物品に接触しそうなときは，部屋に入る前に着用し，部屋を離れるときに室内で脱ぐ。ガウン（プラスチックエプロン）を脱いだ後は衣類が環境表面や物品に触れないようにする。
器具			できれば専用にする。できなければ，他の患者に使用する前に消毒する。
患者配置	個室隔離：部屋の条件 ①陰圧 ②1時間に6回の換気 ③院外排気 病室のドアは閉じておく。 ＊個室管理ができない場合，同一病原体による感染患者を同室とする。	個室隔離あるいは集団隔離あるいは1m以上離す。	個室隔離あるいは集団隔離あるいは病原体の疫学と患者集団を考えて対処する。
患者移送	制限する。 必要なとき，サージカルマスクを着用。	制限する。 必要なとき，サージカルマスクを着用。	必要な場合のみ制限する。
清掃	日常的な清掃に準ずるが，患者や医療従事者の手に触れやすい場所は最低でも1回/日アルコール消毒を行う。	日常的な清掃に準ずるが，患者や医療従事者の手に触れやすい場所は最低でも1回/日アルコール消毒を行う。	日常的な清掃に準ずるが，患者や医療従事者の手に触れやすい場所は最低でも1回/日アルコール消毒を行う。

注）　空欄は規定なし。

表 –6.5.2 飛沫と飛沫核の違い

	飛沫	飛沫核
感染様式	飛沫感染	空気感染
直径	5μm以上	5μm以下（～0.3μm）
落下速度	30～80cm/sec	0.06m～1.5cm/sec
周囲の水分	あり	なし
到達距離	短い（約1m）	長い
人体内での付着部位	鼻・咽頭粘膜，結膜など	気管支・肺胞

て広く撒き散らかされ，それを吸引することで起こる感染である。表–6.5.2に飛沫と飛沫核の違いを示す。飛沫が乾燥し小さなサイズになった粒子を飛沫核という。空気感染の感染病原核は，気化して長時間空気中を浮遊する。空気感染の対象となる主な感染症は麻疹，水痘，結核などである。なおレジオネラも空調などを介して空気感染するが，ヒトからヒトへの感染はない。

空気感染防止の具体的方法は，患者を個室に収容し，ドアは閉めておく。本来，空気感染予防を行うには，排菌がある患者は，陰圧で排気をHEAPフィルタでろ過できる特別な換気システムを備えた病室での管理が必要である。個室が利用できない場合，同じ活動性感染症を持った患者とともに同室にする。患者の病室から移動・移送は必要不可欠な目的のみに制限する。移送や移動が必要ならば，サージカルマスクを患者に着用する。

6.5.4 歯科医療での標準予防策

2003年12月のCDC勧告「歯科のための感染対策ガイドライン」の報告[3]では，歯科医療においては標準予防策を遵守することとしている。

歯科治療は出血を伴う治療（観血的治療）が多いため，血液およびその飛沫を介しての感染の可能性が高くなり，医療の中でも特有な治療機器や器具などが多く，滅菌・消毒についての注意が必要である。歯科治療はその内容により3つに分けられる。抜歯やインプラント植立などの観血的治療，歯内療法・歯周療法などの観血的治療に準じる治療，矯正治療や補綴治療などの非観血的治療である。以下に具体的な感染防止対策を解説する。

抜歯，小手術（膿胞摘出・膿瘍切開・歯根端切除など）・インプラント植立・歯周外科における観血的治療の場合，以下の対策が求められる。詳細については文献3)を参照されたい。

① 血液や体液などで衣服が汚染されている危険性がある場合は，ガウンまたはエプロンを着用する。
② 血液や体液の飛散が予想される場合には，マスク，フェースシールド，ゴーグルを着用する。
③ 防護用具は処置ごとに交換する。
④ 回転式切削器具（エアータービンなど）や超音波スケーラーなどの使用により，エアロゾルが発生する場合は，的確なバキューム操作や口腔外バキュームなどを使用して，飛散防止に努める。
⑤ 観血的治療の前処理として，患者に抗菌作用のある製品（ポピドンヨードなど）を用いて口腔内洗浄を行う。
⑥ 観血的治療に使用する器具類は滅菌処理したものを用いる。

表-6.5.3 歯科医療現場における感染予防のための手洗い

方法	使用物	目的	時間	適応
通常の手洗い	水と非抗菌性石けん（普通石けん）	汚れ・および一過性の微生物の除去	15秒	診察の前後（手袋装着前，除去後），血液，唾液等に汚染された物を触った後，歯科技工，処置の前後，目に見えて汚れているとき，手袋穿孔後手袋再装着前
手洗い消毒	水と抗菌性石けん（クロルヘキシジン，ポビドンヨードおよび塩化ベンザルコニウムなど）	一過性細菌の除去，殺滅，常在細菌叢減少	5分以上	外科的処置の前後
擦式手指消毒	0.2%酸化ベンザルコニウム エタノール溶液（カネパス・ゴージョー MHS）	一過性細菌の除去，殺滅，常在細菌叢減少	アルコールが乾燥するまで	
外科処置（手術時）手指消毒	水と抗菌性石けん（クロルヘキシジン，ヨードおよびヨードホール，クロルキシレノール，トリクロサンなど）または，持続効果のある手術用擦式アルコール製剤	一過性細菌の除去，殺滅，常在細菌叢減少（持続効果）	2〜6分（持続効果のあるアルコール製剤については製造業者の指示に従う）	外科処置に際して，滅菌手袋装着前

⑦ 観血的治療に使用する水は滅菌水を使用し，供給には外部注水器材や滅菌済シングルユースのシリンジなどを用いる。

⑧ 血液・体液で汚染された環境表面は，手袋をはめてペーパータオルで肉眼的な汚染を除去した上で，次亜塩素酸ナトリウムを用いて清拭消毒する。

矯正治療や入れ歯の治療など，非観血的な治療の場合でも，歯科治療に伴い発生する細菌を含んだエアロゾルの診療室内への飛散は大きな問題であり，診療室の環境感染を考える上で避けることができないので，以下の注意が必要である。

① 患者の口腔内に装着されていた義歯などの調整にあたっては，口腔外大型バキュームや集塵ボックスを用いてレジンなどの削片を吸引し，診療室内や床面への飛散を防ぐ。

② 義歯・矯正装置などの調整時は口腔外においても手袋を着用し，ワイヤー・クラスプなどは鋭利な器具と同様の扱いとして手袋の破損，手指の外傷を避ける操作が求められる。

表-6.5.3に，歯科医療現場における感染予防策としての手洗いについて示す。その目的や適応条件により，使用する消毒剤も変える必要があり，また，消毒時間にも注意を払う必要がある。

◎参考文献
1) 国公立大学付属病院感染対策協議会編集：病院感染対策ガイドライン改訂第2版，2015.1
2) 倉辻忠俊，切替照雄訳，小林寛伊監訳：医療保険施設における環境感染制御のためのCDCガイドライン，MCメディカ出版，大阪，2004
3) 田口正博，西原達次，吉田俊介訳：歯科医療現場における感染制御のためのCDCガイドライン，MCメディカ出版，2004.11

6.6 社会福祉施設

柳　宇

6.6.1 施設現状

　内閣府の平成25年版高齢社会白書[1]によれば，日本の総人口は2013年10月1日現在，12 730万人（前年度：12 752万人）であり，そのうち65歳以上の高齢者人口は過去最高の3 190万人（前年度：3 079万人）に上っている。また，総人口に占める65歳以上人口の割合（高齢化率）は25.1 %（前年度：24.1%）で，今後総人口が減少するなかで高齢化率は上昇し，いわゆる「団塊の世代」（1947～1949年に生まれた人）が65歳となる2015年には3 395万人となり，その後も増加し2042年に3 878万人でピークを迎えるとされている。それ以降は高齢者人口が減少に転じるが高齢化率は上昇する。2060年には高齢化率が39.9 %に達し，2.5人に1人が65歳以上になる。また，同じ年に75歳以上の人口が総人口の26.9 %となり4人に1人が75歳以上になる（**図-6.6.1**）。

　高齢者が利用または使用する社会福祉施設にはさまざまなものがあるが，本研究の対象に関係する老人福祉法による老人福祉施設数は全国で4 827箇所あり，在所者数は136 029人に達している（2011年10月1日現在）[2]。

　以上のことから，日本はこれからさらに高齢化社会に進み，それに伴って社会福祉施設を利用・使用する高齢者数が増えることが考えられる。一般的に高齢者は比較的免疫力が低下しており，環

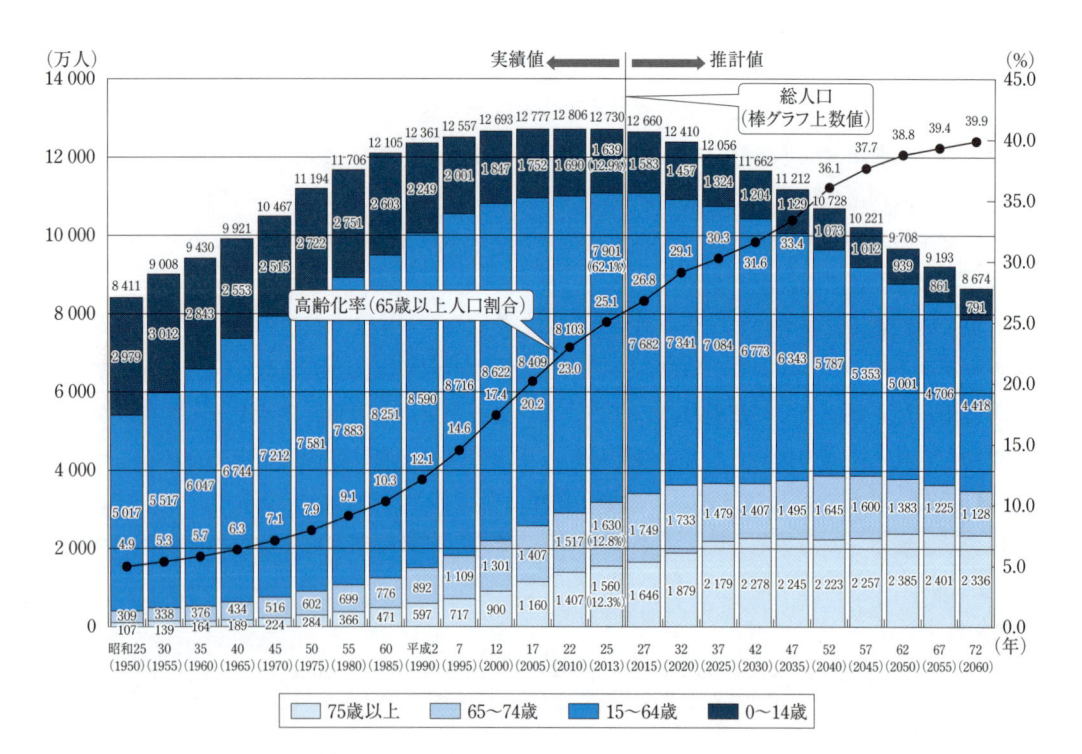

資料：2010年までは総務省「国勢調査」，2013年は総務省「人口推計」（平成25年10月1日現在），2015年以降は国立社会保障・人口問題研究所「日本の将来推計人口（平成24年1月推計）」の出生中位・死亡中位仮定による推計結果

注）　1950年～2010年の総数は年齢不詳を含む。高齢化率の算出には分母から年齢不詳を除いている。

図-6.6.1　高齢化の推移と将来推測

境中の空気汚染物質，とりわけ微生物に曝露されると，健常者と異なり弱毒性の病原体でも病気を引き起こす可能性がある（日和見感染症）。

6.6.2 実　　態
(1) 調査対象概要

表-6.6.1 に対象施設，測定対象室の建築，空調，換気設備などの概要を示す。施設 TO のデイルームに用いられる外気処理用エアハンドリングユニット（OAHU）に中性能エアフィルタ，他のパッケージ型空調機（PAC）とガスヒートポンプ（GHP）に粗塵用エアフィルタが備えられている。また，ほかの空調機類については空気清浄機が設置されているのは HF 施設のデイルームのみであった（測定期間中運転停止状態）。加湿器については，卓上式を含めばすべての測定対象室に設置され，運転されている（冬期）。一方，床材に関して，施設 KT の食堂・談話室と施設 KI のレクレーションルーム・居室は塩ビシートであるのに対し，他のすべてはフローリングである。本研究においては，表-6.6.1 に示す 5 施設の 10 室を対象とした。測定は，2011 年 8 ～ 10 月（夏季）と 2012 年 1 ～ 2 月（冬季）の合計 2 回実施した。調査場所は，多数の人が集まるデイルーム（KT では食堂・談話室，KI ではレクリエーションルーム），長時間滞在する居室，および外気の 3 箇所とした。

表-6.6.1　測定対象施設の概要

施設名	種別	所在地	建築概要	測定対象室	空調設備	換気設備	床数
TM	介護老人保健施設	東京都三鷹市	RC 造，地上 3 階，地下 1 階 延床面積：3 465 m²	デイルーム（1F）	FCU	HEX	61
				事務室（2F）			
TO	指定介護老人福祉施設	東京都練馬区	RC 造，地上 5 階，地下 1 階 延床面積：8 259 m²	デイルーム（1F）	OAHU + FCU	HEX	120
				居室（2F）	FCU		
KT	介護老人保健施設	京都府相楽郡	RC 造，地上 4 階 延床面積：5 190 m²	食堂・談話室（2F）	GHP	HEX	100
				居室（1F）			
KI	介護老人保健施設	京都府八幡市	RC 造，地上 4 階 延床面積：3 850 m²	レクレーションルーム	PAC	HEX	100
				居室（3F）	GHP		
HF	特別養護老人ホーム	広島県福山市	RC 造，地上 3 階 延床面積：3 846 m²	デイルーム（1F）	PAC	HEX	50
				居室（2F）			

注）OAHU：外調エアハンドリングユニット，FCU：ファンコイルユニット，HEX：全熱交換機，PAC：パッケージ型空調機，GHP：ガスヒートポンプ

(2) 調査結果
a. 温湿度

図-6.6.2 から図-6.6.4 に温度，相対湿度，絶対湿度の月別の四等分値（最大値，75 ％タイル値，中央値，25 ％タイル値）を示す。なお図中に参考まで建築物衛生法の管理基準値を線で示している（温度：17 ～ 28 ℃，相対湿度：40 ～ 70 ％）。

TM 事務室では室内温度が 25 ℃前後で制御されていることがわかる。外来者，居住者が利用するデイルーム，食堂，レクレーションについては，TO のデイルーム，KI 食堂がおおむね 17 ～ 28 ℃の範囲に推移しているのに対して，KI レクレーション，HF デイルームの室内温度は冬に向かって室内温度が低減していくことがわかる。また，TM デイルームについては，12 月に入ると，室内温度が低くなっていることがわかる。一方，24 時間を使用する居室については，TO 居室と

図 –6.6.2　各施設内温度の推移

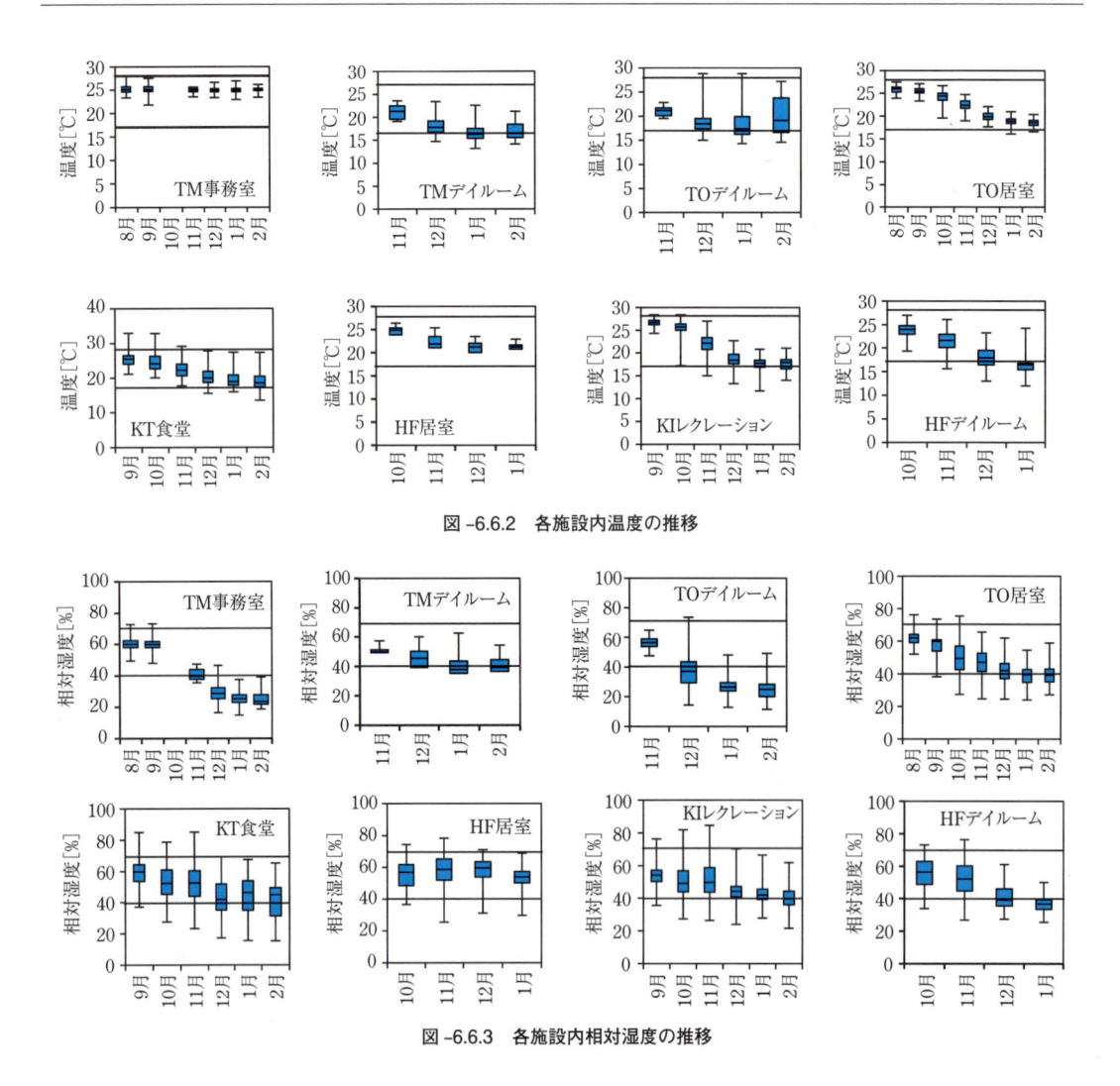

図 –6.6.3　各施設内相対湿度の推移

HF 居室が同様に，冬期に向かって室内温度が低下しつつあることがわかる。とくに HF の居室の室内温度が 8℃ までに低下していた。

　相対湿度について，25 〜 75 ％タイル値が 40 〜 70 ％の範囲にあるのは 8 室中 3 室（KI 食堂，KI レクレーションルーム，HF 居室）のみであった。TO デイルームと TO 居室では 75 ％タイル値が相対湿度 40 ％を下回っており，低湿度問題が浮き彫りとなった。TM デイルームと HF 居室をのぞいた施設の室内相対湿度が冬に向かって低下しつつあることがわかった。TM 事務室，TO デイルームは 12 月に入ると相対湿度が 40 ％を下回ったことが確認された。

　図 –6.6.3 に温度と相対湿度から求めた絶対湿度を示す。室内 22 ℃の場合，相対湿度を 40 ％以上に維持するには，加湿により絶対湿度が 0.007 kg/kg（DA）以上にすることが必要であるが，図 –6.6.4 中に示す 0.007 kg/kg（DA）の線からもわかるように，卓上式加湿器を常に稼働している HF 居室をのぞけば，すべての室内絶対湿度が 0.007 kg/kg（DA）を下回っており，加湿不足であることが明らかになった。

b.　微生物

　日本建築学会では，高齢者福祉施設の居室，食堂・談話室，デイルーム・機能訓練室内での浮遊

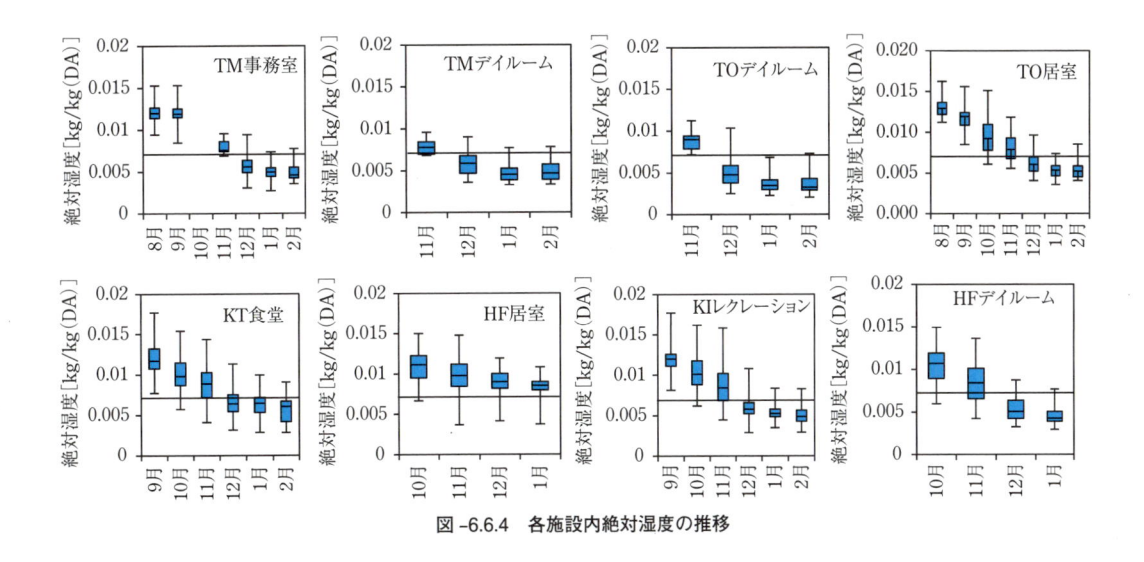

図-6.6.4 各施設内絶対湿度の推移

微生物（総菌：細菌と真菌の合計）の維持管理規準値を 500 cfu/m^3 以下と定めている[3]。図-6.6.5 に夏季における各施設の浮遊細菌，浮遊真菌，浮遊総菌（細菌と真菌の合計）の連続測定結果から求めた四等分値を示す[4]。なお，施設 KI の浮遊真菌は欠測のため，その施設の浮遊総菌濃度に参考として浮遊細菌濃度を示す。浮遊細菌，浮遊真菌濃度の 1 日の変動幅は 2 ～ 3 桁であった。また，浮遊総菌については，TM 施設の中央値が日本建築学会の規準値を超えていたが，ほかの施設の 75 % タイル値はその規準値以下であった。

浮遊微生物濃度の経時変化について，一例として図-6.6.6 に施設 TM の浮遊細菌，真菌，総菌

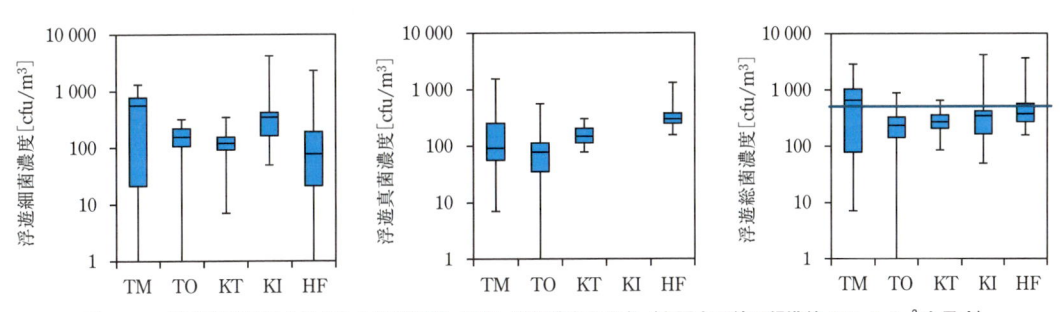

図-6.6.5 連続測定結果より求めた浮遊細菌・真菌・総菌濃度の分布（右図中の線は規準値 500 cfu/m^3 を示す）

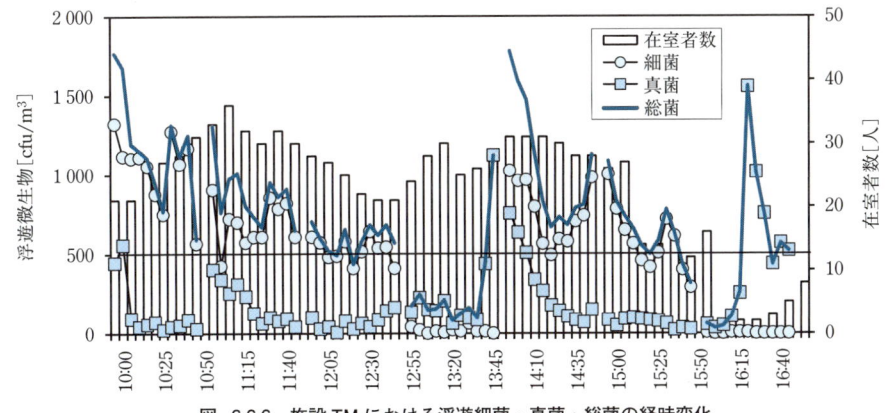

図-6.6.6 施設 TM における浮遊細菌・真菌・総菌の経時変化

濃度，および在室者数の経時変化を示す[4]。浮遊細菌濃度については10:00頃，14:00頃に高濃度，昼休み時間帯と15:30以後に低濃度となっている。10:00と14:00にはデイルームでイベントが行われており，その影響で室内が高濃度になったと考えられる。

図-6.6.7に施設TMにおける真菌測定培地を示す[4]。時計回りに12等分線を引いており，1等分中の真菌は各5分間（吸引量：5分×28.3 L/分 = 141.5 L）のコロニーを示す[4]。午前中の優先種はアオカビであったが，午後に入りコウジカビが多く検出されるようになった。夕方よりふたたびアオカビが多くなった。クロカビは1日を通して検出された。なお，ほかの施設も同様に時間帯によって検出される真菌の種類が異なっていた。

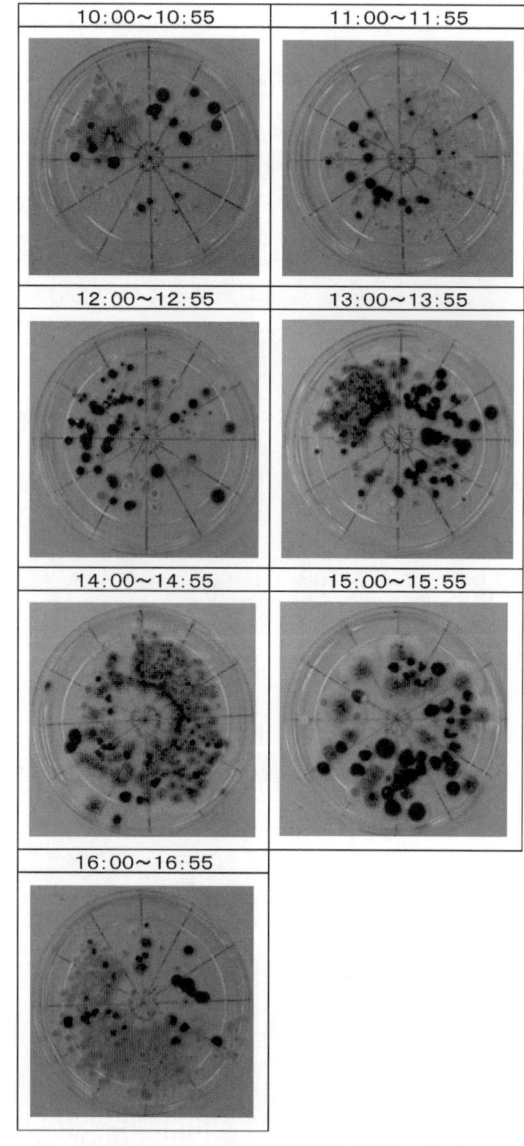

図-6.6.7　真菌の測定結果例（施設TM）

c. 室内細菌と真菌濃度の季節別特性

図 -6.6.8, 図 -6.6.9 に季節別の各施設の浮遊細菌濃度, 浮遊真菌濃度を示す[4]。浮遊細菌濃度, 浮遊真菌濃度は共に, デイルーム, 居室, 外気すべてにおいて, 冬季よりも夏季に高い傾向を示した。とくにその傾向は真菌で顕著であった。また, 浮遊細菌については外気より高い居室（KI, HF）があったが, 食堂・談話室（KT）, レクレーションルーム（KI）, デイルームでは外気より低かった。一方, 浮遊真菌については HF を除けば, すべて外気より低くなっている。

表 -6.6.2 に各施設で検出された日和見病原菌等の病原性菌を示す[4]。各施設で確認された日和見病原菌等の病原性菌について, 屋内環境において高頻度で確認される *Staphylococcus hominis* や *S. epidermidis* などの *Staphylococcus* 属や, *Bacillus cereus* が多くの場所で確認された。その一方で, TO ではデイルーム午後において日和見感染症の代表的な微生物であるセラチア菌（*Serratia marcescens*；BSL2）が確認された（検出率7％）。午前の測定時には確認されなかったことから, 午後, 保菌者がデイルームに来所したことで検出されたものと考えられる。それ以外に, 日和見病原菌である *Corynebacterium xerosis* や *C.freneyi*, *Acinetobacter baumannii* や, *A.calcoaceticus*, *Stenotrophomonas maltophilia* が確認された。これより, デイルームなど大勢の人が集まる場所では, 日和見感染症などのリスクが存在するものと考えられ, リスク低減対策を施すことが必要であるこ

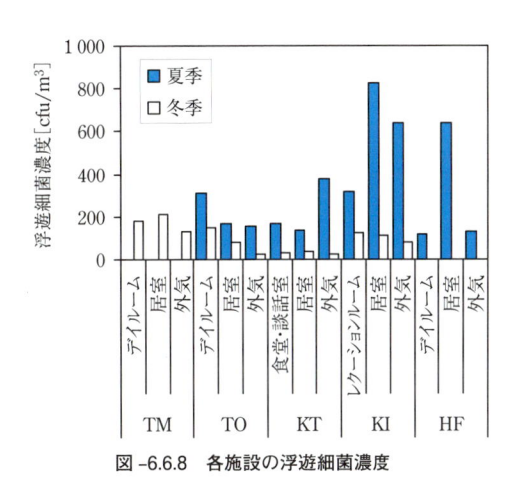

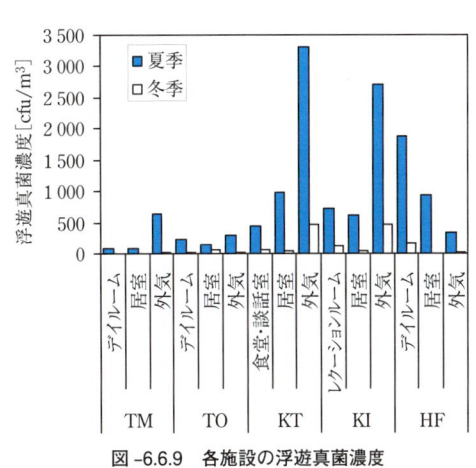

図 -6.6.8　各施設の浮遊細菌濃度

図 -6.6.9　各施設の浮遊真菌濃度

表 -6.6.2　各施設で検出された日和見病原菌等の病原性菌

施設名	時期	時間帯	属 (Genus)	デイルーム	居室
TM	冬季	−	*Corynebacterium*	検出されず	*C.xerosis*
			Staphylococcus	*S.haemolyticus*, *S.hominis* *S.epidermidis*	検出されず
TO	夏季	AM	*Acinetobacter*	検出されず	*A.baumannii*
			Staphylococcus	*S.hominis S.*	*saprophyticus*
		PM	*Bacillus*	検出されず	*B.cereus*
			Serratia	*S.marcescens*	検出されず
			Staphylococcus	*S.hominis*	検出されず
	冬季	−	*Acinetobacter*	検出されず	*A.calcoaceticus*
			Aerococcus	*A.viridians*	検出されず
			Corynebacterium	*C.freneyi*	検出されず
			Staphylococcus	*S.hominis*, *S.capitis*	*S.epidermidis*, *S.haemolyticus*
KT	夏季	AM	*Staphylococcus*	*S.saprophyticus*	*S.aureus*, *S.hominis*
		PM	*Bacillus*	*B.cereus*	検出されず
			Staphylococcus	*S.hominis*, *S.epidermidis*	*S. hominis*
	冬季	−	*Staphylococcus*	*S.hominis*, *S.haemolyticus*	*S.hominis*, *S.epidermidis*
KI	夏季	AM	*Bacillus*	*B.cereus*	検出されず
			Stenotrophomonas	*S.maltophilia*	*S.maltophilia*
		PM	*Bacillus*	*B.cereus*	*B.cereus*
			Staphylococcus	*S.capitis*, *S. S.haemolyticus* *S.epidermidis*, *S.hominis*	*S.hominis*
	冬季	−	*Staphylococcus*	*S.hominis*	検出されず
HF	夏季	AM	*Staphylococcus*	検出されず	*S.saprophyticus*
		PM		検出されず	検出されず

とがわかった。

一方、真菌については前述したとおり HF の夏季において真菌濃度が外気よりも高い傾向を示した。確認された真菌はクロカビが 80％以上を占め、外気もクロカビが優先種であったことから、フィルタによる除去が不十分であったと考えられた。TO、KT、KI のデイルームや居室では、コウジカビやクロカビ、アオカビが高濃度に確認された以外に、土ぼこり由来と考えられるさまざまな植物病原菌や担子菌が検出された。一方で、TM では土ぼこり由来の真菌がほとんど確認されなかった。

6.6.3　対　　策

対策方法について、「6.2 オフィス」、「6.3 化粧品・医薬品工場」を参照されたい。

◎参考文献
1) http://www8.cao.go.jp/kourei/whitepaper/w-2011/zenbun/23pdf_index.html（閲覧日：20140812）
2) http://www.mhlw.go.jp/toukei/saikin/hw/fukushi/08/index.html（閲覧日：20140812）
3) 日本建築学会環境基準 AIJES–A002–2005：微生物による室内空気汚染に関する設計・維持管理基準・同解説, 2013
4) 柳　宇, 四本瑞世, 杉山順一, 緒方浩基, 鍵直樹, 大澤元毅：高齢者福祉施設における室内環境に関する研究, 第 1 報—遺伝子解析法を用いた微生物汚染実態詳細調査の結果, 空気調和・衛生工学会論文集, No.215, pp.19–26, 2015

索　引

■あ行

アーキア　2
RNA ウイルス　20
アオカビ（ペニシリウム）　11-14, 36, 38, 39, 41, 56,
　　60, 86, 115, 120, 123, 126, 135, 138, 154, 156
アカカビ（フザリウム）　11, 38, 85, 86, 115, 120, 138
足白癬　23
アズキイロカビ（ワレミア）　39, 55, 85, 86, 122
アスペルギルス（コウジカビ）　5, 11, 13-15, 31, 36,
　　37, 39, 41-44, 56, 57, 60, 85, 86, 88, 92, 96, 120,
　　122, 123, 126, 135, 136, 145, 146, 154, 156
　　――オクラセウス　15
　　――テレウス　42
　　――ニガー　42
　　――フミガタス　36, 42
　　――フラバス　42
　　――プルランス　42
　　――レストリクタス　36, 39, 42, 55
アデノシン三リン酸　65
アトピー喘息　40
アナモルフ　13
アニーリング　57
アラゲカワラタケ　138
アルタナリア（ススカビ）　11, 36-41, 43, 85, 86, 88,
　　92, 112, 114-118, 120, 122, 126, 138
アレルギー　93, 94, 97
アレルギー性気管支肺真菌症　42, 43
アレルゲンコンポーネント　44

イチョウタケ　138
遺伝子再集合　20
イトラコナゾール　27
インピンジャ法　47, 50
インフルエンザウイルス　20

エアーサンプラー　54, 139
エアコン　115, 116
エアコン内部環境　116
栄養菌糸　10
栄養源　80
疫学調査　31, 34, 35, 52, 93
エネルギー源　80
エピデルモフィトン属　23
エボラ出血熱　21

応答　88, 90, 91
応答単位　90, 91
オウレオバシジウム　36

オガサワラハリヒラタケ　138
温度　82, 83, 97
温度勾配ゲル電気泳動法　69
温度制御　106

■か行

回転遠心衝突方式　139
化学的防除法　138
加湿　112, 113
カビ　120
カビ汚染　87, 91, 93-97
カビ汚染リスク　94
カビ過敏症　15
カビ指数　87-97, 110, 111, 116-118
カビ指数推定ソフト　97
カビ指数の推定　97-99, 112, 113
カビセンサ　87-96, 110, 111, 114, 116-118
カビ防止基本計画　94
カワキコウジカビ（ユーロチウム）　13, 36, 37, 55, 85,
　　86, 88-90, 95, 112, 113, 116-118, 120, 122, 123
環境・建築構造的防除法　138
カンジダ　36
カンジダの IgE 抗体　36

基準環境　88
寄生菌　14
寄託　18, 88
気中菌糸　10
気道過敏性　41
急性胃腸炎　22
菌糸　10-14, 24, 88-90, 94, 95, 135-137
菌糸状真菌　10
菌糸伸長曲線　88
菌糸体　10
菌糸長　88-91, 95
近隣結合法　61

空気感染　147
クモノスカビ　55, 120, 138
クラスタル解析　60
クラドスポリウム（クロカビ）　14, 36-41, 43, 56, 85,
　　86, 115, 120, 121, 123, 126, 135, 138, 154, 156
グラム染色　16, 55
グラム陰性菌　55
クローンライブラリー法　69, 71
クロカビ（クラドスポリウム）　14, 36-41, 43, 56, 85,
　　86, 115, 120, 121, 123, 126, 135, 138, 154, 156

157

索 引

蛍光カウンタ　51
蛍光染色法　62
系統分類　17
ケカビ（ムコール）　55，138
ケタマカビ（ケトミウム）　138
結核　31
結合水　83
血清特異的 IgE 抗体　36
結露　83，84，85，112，113，115，116，120，122，124，135，143
原核生物　2，9，16

好乾性アスペルギルス（好乾性コウジカビ）　88，92，136
好乾性カビ　9，85，86，88，95，113，114，123
抗菌　103
抗菌剤　86，106
口腔内細菌　17
コウジカビ（アスペルギルス）　5，11，13–15，31，36，37，39，41–44，56，57，60，85，86，88，92，96，120，122，123，126，135，136，145，146，154，156
好湿性カビ　9，85，86，88，113，114，123
好獣菌　23
抗真菌剤　27，106
高水準消毒　102
高水準消毒薬　109
高精度塩基配列　73
好熱菌　82
酵母菌　8
酵母様真菌　10
厚膜分生子　13
好冷菌　82
古細菌　2
コロナウイルス　21
コロニー　4，8，54，68，140，141，154
混釈培養法　54
コンパニオン・アニマル　25

■さ行

サーモレコーダー　141
細菌　16，84，119
細菌叢解析　68
在郷軍人病（レジオネラ症）　29
最尤法　61
殺菌　103，106
サルモネラ菌　55
酸素　3，4，82
3ドメイン説　2

シアノバクテリア　3
シークエンス　59
糸状菌　8，10
シスメックス・ビオメリュー　68
シックハウス症候群同様の症状　41
自動記録式温湿度計　141
子嚢胞子　13
しめり空気線図　83

臭化メチル　135
集合住宅　91
自由水　83
収蔵庫（収蔵室）　94，111，135，139
従属栄養　80
常在菌　17
消毒　102，103
消毒薬　108
衝突法　47，48
除菌　103
除湿　110
除湿機　110，111，112
しらくも　23
真核生物　2，3，9
真菌　8，120
真菌抗原感作　41
真菌症　15
深在性真菌症　15
寝室　93
真正細菌　2
迅速検出法　62

水蒸気圧　83
水分　83
水分活性　83–85
水分制御　105
ススカビ（アルタナリア）　11，36–41，43，85，86，88，92，112，114–118，120，122，126，138
ステイン　136
スペーサー領域　58
スリット方式　139

静菌　106
生態系　5
生物的防除法　138
生理活性菌測定法　64
接触感染　147
絶対湿度　83，110，114
全菌数測定法　63
全生物共通祖先　3
喘息　41
喘息発作　39
選択増菌培地　55

叢（そう）　68
総合的有害生物管理　135
相対湿度　83–85，97，105，112，114
送風　114

■た行

多孔板衝突方式　54
堆積真菌濃度　97
大腸菌　18，55
体部白癬　23
多孔板衝突方式　139
多細胞生物　3

多重相同性解析ソフト　59
多段多孔板方式　139
たむし　23
担子菌　8
炭素源　80
断熱　112
断熱材　113
ダンプネス　83，96

中温菌　82
中湿性カビ　9，85，86，123
中水準消毒　102
中水準消毒薬　109
β－チューブリン遺伝子　58
腸内細菌　17
頂嚢　11

ツチアオカビ（トリコデルマ）　120，138

低水準消毒　102
低水準消毒薬　109
テープ法　52
テレオモルフ　13
デング熱　21
天井　118

頭部白癬　23
独立栄養　80
土壌菌　24
トリコデルマ（ツチアオカビ）　120，138
トリコフィトン　23
　――メンタグロフィテス　24
　――ルブルム　24

■な行

内部乾燥プログラム　116
ナミダタケ　138
難培養微生物　5

二形性真菌　12

熱交換器　115

ノロウイルス　22，34

■は行

肺アスペルギルス症　15
バイオエアロゾル　126，133
バイオクリーンルーム　131
黴菌　8
ハウスダスト　51
白癬菌　23
曝露期間　91
発酵　6

皮下真菌症　15
美術館　93
微生物　1
微生物汚染　104
微生物制御　101，105，106
微生物叢　7，68
微生物腐食　104
微生物分解　104
微生物劣化　104
ヒト寄生菌　23
非特異的刺激物質　41
皮膚糸状菌　23
飛沫感染　147
表在性真菌症　15
標準菌　88
ピンホール方式　139

フィルタ法　47，49
フォクシング　93，95，136
ふきふきチェックⅡ　139
腐朽　104
腐朽菌　84
フザリウム（アカカビ）　11，38，85，86，115，120，138
腐生菌　14
付着カビの検査　139
物理的・機械的防除法　138
腐敗　104
浮遊カビの検査　139
浮遊真菌濃度　97
不連続変異　20
フローサイトメトリー　62
フローサイトメトリー法　65
フローラ　68
分芽型分生子　13
分生子　13
分生子頭　11
分節型分生子　13

ベイズ推定法　61
平板塗抹培養法　54
壁面温度　113
壁面環境　113
ペット由来感染症　78
ペニシリウム（アオカビ）　11-14，36，38，39，41，56，60，86，115，120-123，126，135，138，154，156
変性剤濃度勾配ゲル電気泳動法　69
変敗　104

防カビ剤　86，108
胞子　10
防腐剤　108
飽和水蒸気圧　83
保存科学　144
保存修復　144
ホネタケ目　23
ポリメラーゼ連鎖反応　57
ポンティアック熱　29

索引

■ま行

マイクロコロニー法　62，65
マイコトキシン　15
マラセチア　36

ミクロスポルム　23
　　——カニス　25
ミクロビオーム　7
ミクロフローラ　7
みずむし　23
ミトコンドリア　4

無性生殖世代　13
無性胞子　13

滅菌　102，103
滅菌スタンプ瓶　139

網羅的細菌叢解析法　69，71

■や，ら，わ行

ユーキャリア　2
有性生殖世代　13
有性胞子　13
ユーロチウム（カワキコウジカビ）　13，36，37，54，85，86，88–90，95，112，113，116–118，120，122，123
ユニバーサルプライマー　58

浴室　118
浴室換気扇　117，118

落下菌（落下カビ，落下真菌，落下細菌）　94，121，132，140
藍藻類　3

リボゾーム　2
リン酸生理食塩水　53

レジオネラ症（在郷軍人病）　29
連続変異　20

ワレミア（アズキイロカビ）　39，55，85，86，122

■英数字

16S rRNA 遺伝子　68
18S rRNA 遺伝子　68
28S rDNAD1/D2 遺伝子塩基配列　141
3 ドメイン説　2

ABPA　41，43
ABPM　42，43
aerial hypha　10
Alternaria　11，36，138
　　——*alternata*　88，93

anamorph　13
anthropophilic dermatophytes　23
api　68
ascospore　13
asexual spore　13
Aspergillus　11，56，135
　　——*conicus*　1
　　——*fumigatus*　36
　　——*gracilis*　136
　　——*ochraceus*　15
　　——*penicillioides*　88，93，135–137
　　——*pullulans*　42
　　——*restrictus*　36，55，136
　　——*versicolor*　138
　　——*vitricola*　138
　　——*westerdijkiae*　138
Aspergillus section *Restricti*　136
ATP　62，65
ATP 測定法　62
Aureobasidium　36
Aw　83–85

BCR　131
biodegradation　104
biodeterioration　104
BLAST　59，71，73

Candida　36
CFU　54
Chaetomium　138
Cladosporium　11，14，36，56，135，138
Clustal　59
Colony Forming Unit　54
conidia　13
conidial head　11
Coriolus hirsutus　138
CTC 法　64
cutaneous mycoses　15
CYA　141

DDBJ　58，75
dermatophyte　23
DGGE 法　69
dimorphic　12
direct viable count 法　64
DNA sequencing　59
DNA ウイルス　20
DNA シークエンサー　59
DVC 法　64

EMBL　58
Epidermophyton　23
Escherichia coli　55
Eukaryota　9
Eurotium　36，55
　　——*herbariorum*　87–89，93，136

FASTA   73
filamentous fungi   10
flora   68
foxing   136
fungal index   87
fungi   8
fungus   8
Fusarium   11, 38, 138

GenBank   58
geophilic dermatophytes   24
Gyrodontium versicoior   138

hypersensitivity   15
hypha   10

integrated pest management   135
IPM   135
IPM 技術者   144
irritant   41
ITS1   58

M40Y   141
Malassezia   36
microbial contamination   104
microbial corrosion   104
Microsporum   23
　——*canis*   25
MLST   58
ML 法   61
mold   8
mould   8
mt-Cytb 遺伝子塩基配列   141
Mucor   55, 138
mycelia   10
mycelial fungi   10
mycelium   10
mycoses   15
mycotoxin   15

NJ 法   61

O-157   18
Onygenales   23

parasitic fungi   14
Paxillus panuoides   138
PBS   53
PCR   57
PCR–DGGE 法   69, 71
PCR 法   54
Penicillium   11, 36, 56, 135, 138
pH   86

phosphate buffered saline   53
polymerase chain reaction   57
Prokaryota   9
putrefaction   104

qDVC 法   64
quantitative direct viable count 法   64

RADS   41
reactive airway dysfunction syndrome   41
relative humidity   83
RH   83–85
Rhizopus   55, 138
RNA ウイルス   20
rot   104

Salmonella   55
saprobic fungi   14
SARS   21, 31
Serpula lacrymans   138
sexual spore   13
sick building syndrome   41
spoilage   104
spore   10
SSU rRNA 遺伝子   58
stain   136
Stokes 数   48
subcutaneous mycoses   15
systemic mycoses   15

teleomorph   13
TGGE 法   69
Trichoderma   138
　——*viride*   138
Trichophyton   23
　——*rubrum*   24
　——*mentagrophytes*   24
β-tubulin 遺伝子塩基配列   141

UPGMA 法   61

VBNC 菌   5
vegetative hypha   10
vesicle   11
VNC 菌   5

Wallemia   39, 55
water activity   83

yeast-like fungi   10

zoophilic dermatophytes   23

161

室内環境における微生物対策

2016年3月20日　1版1刷発行

編　集	室内環境学会　微生物分科会
発行者	長　　滋　彦
発行所	技報堂出版株式会社

定価はカバーに表示してあります。

ISBN 978-4-7655-2591-6 C3052

〒101-0051　東京都千代田区神田神保町1-2-5

電　話	営　業	（03）（5217）0885
	編　集	（03）（5217）0881
	F A X	（03）（5217）0886
振替口座	00140-4-10	
U R L	http://gihodobooks.jp/	

日本書籍出版協会会員
自然科学書協会会員
土木・建築書協会会員
Printed in Japan

Ⓒ Society of Indoor Environment, Japan, 2016

落丁・乱丁はお取り替えいたします。

印刷・製本　三美印刷
装丁イラスト　田中武志
装丁デザイン　伊藤直樹

JCOPY　＜(社)出版者著作権管理機構　委託出版物＞

本書の無断複写は著作権法上での例外を除き禁じられています。複写される場合は，そのつど事前に，(社)出版者著作権管理機構（電話：03-3513-6969，FAX：03-3513-6979，E-mail：info@jcopy.or.jp）の許諾を得てください。